Stanford SOCIAL
INNOVATION Review
Japan

これからの
「社会の変え方」を、
探しにいこう。

スタンフォード・ソーシャルイノベーション・レビュー
ベストセレクション10

SSIR Japan

これからの「社会の変え方」を、探しにいこう。

CONTENTS

編集部注

- 訳注は脚注に記載しています。
- 未邦訳の書名は本文中に原題を併記しています。
- 各論文の著者や登場人物のプロフィールや団体名は、論文発表当時のものにしています。
- 原注は各論文の末尾に記載し、SSIR 論文は太字にしています。

「わたし」から物語を始めよう

井上英之

スタンフォード・ソーシャルイノベーション・レビュー 日本版　共同発起人

　世界は今、新しい「社会の変え方」を必要としています。

　この本は、『スタンフォード・ソーシャルイノベーション・レビュー』（SSIR）という、米国スタンフォード大学のビジネススクールから生まれた雑誌の数々の記事から、そのヒントとなる10本の論文を集めたものです。

　きっと、この本を手にしたあなたは、日々さまざまなニュースにもやっとしながら、何とかしたい、何とかなってほしいと思いながら、自分との間に距離を感じることも多いのではないでしょうか？なかにはもちろん、すでに「これを解決したい！」と何かを始めている人もいるかもしれません。

　現在の世界では、地球温暖化から、社会の格差拡大や性別の概念まで、いくつもの大きな課題や変化が現れています。そのなかには、いつまでも「問題だ」と言うばかりでもいられないことがたくさんあります。新型コロナウイルスの感染だって、まさに日々私たちに迫ってくる大変な問題です。

　同時に、じゃあ、「わたし」の毎日はどうしよう？と思うかもしれません。仕事のこと、学校のこと、家族のこと……あまりにも慌ただしく、世の中のことにかまっていられないと感じるのもよくわかります。とはいえ、今迫っている問題をよりよい方向に進めていかないと、社会全体としてこれまでの日常すら維持できなくなるかもしれません。

　何とかすることは、できるのでしょうか？

　誰しも、悪意があるわけではありません。あるとき生活習慣病になってしまった人でも、毎日の生活のなかで、病気になりたいという意図があったわけではありません。環境問題だって、地球環境の破壊を日々の目標にしている人なんて、まずいません。

　だからこそ、今、私たちは、何かのやり方を変えないといけない。これからの人生や、より多くの人たちや、次の世代にとっての明るい未来のためにも。

　では、何のやり方を変えるのでしょうか？それは自分の生活習慣かもしれません。会社での働き方や意思決定の進め方、学校での学び方かもしれません。さらには、家族のあり方や人生の優先順位かもしれません。こういう1つひとつのやり方が重なり、それぞれの足元から世の中が変わっていく。ひとりの偉大なリーダーが皆を引っ張って起こす変革や、政府の政策の転換にとどまらない、こうした小さなことの積み重ねが、今必要な「社会の変え方」のひとつなんだと、私は考えています。

　この本でご紹介するのは、そんな「社会の変え方」のヒントの数々です。

　SSIRという雑誌は、2003年にスタンフォード大学のビジネススクール内に誕生したセンター・フォー・ソーシャルイノベーション（Center for Social Innovation）が、ビジネスと政府と、NPO などの社会セクターをつなぎ（＝クロスセクターという表現をしています）、イノベーションの実践知を集め、アクションと新しい知の創造につなげるためのメディアとして創刊したものです。その後、同じスタンフォード大学内にある PACS（Center on Philanthropy and Civil Society）に発行母体が変わり、社会に向けて発信力を高め、さらに多くのアクションが生まれる場としてのメディアを志向するようになっています。

この本では、SSIR にこれまで掲載された多くの論文の中から、これからの「社会の変え方」のヒントとなる 10 本をセレクトしました。ご紹介しきれなかった興味深い論文は、まだまだ数多くあるのですが、今回、日本での最初のベスト 10 を選んだ意図は、下記のとおりです。

◆ 特に届けたい対象として、まずは一般のビジネスパーソンを意識して論文を選びました。それによって、社会的な活動や公的な仕事に関わる人たちにとっても、より意義あるものになると考えています。この世界で、とりわけ日本において、社会のあり方を変えていく推進力やリソース、果たしうる役割の点で、ビジネスセクターは重要な可能性を持っているからです。実際、「01 ソーシャルイノベーションの再発見」でも触れられているように、90 年代後半に世界中で起こった社会起業やソーシャルイノベーションといったムーブメントの始点となったのは、「ビジネスの力を社会変化に活かせないか？」という人々の意志でした。そこから次々と新しい「社会の変え方」が生まれていったのです。

◆ この流れで、「02 システムリーダーシップの夜明け」を選びました。現代のような社会状況の変化が早く、また、上意下達やピラミッド的な組織運営だけでは通用しない時代に、どんなリーダーシップが必要なのか、というビジネスにも共通する本質的なテーマについて探究しているからです。

◆ そして、「03 あなたのエンドゲームは何か？」「04 規模の拡大を目指して」「05 大きなインパクトの生み出し方」では、ビジネスとの重要な接点でもあり、ソーシャルイノベーションにおいて最も悩ましいテーマのひとつである、「スケール」（規模の拡大）を取り上げました。社会を変えるよりよいやり方を世の中に広げるには、どうすればいいでしょうか？　NPO や社会セクターのプロジェクトでよくある悩みは、ある地域でうまくいった事例でも、規模を大きくしたり、他の地域に展開したりしようとすると、いくつもの困難が立ちふさがることです。一方ビジネスの世界では、多くの場合、規模の拡大こそが至上命題となっていますし、これは得意分野と言えるかもしれません。半面、目的なき規模の拡大によってビジネスが社会問題を生み出してきた場合もあるでしょう。この 3 つの論文には、社会セクターとビジネスセクターが共に学び、新たな未来をつくるためのヒントがあふれています。

◆ さらに 06～09 では、個別のテーマを設けて、より詳しい情報や最新の状況を提供しています。ソーシャルイノベーション分野の研究では非営利のケースを取り上げることが多いため、それぞれ「企業」と「政策」の視点で 06 と 07 の論文を選びました。「06 グローバル企業に広がる B コーポレーション」は、行き過ぎた株主資本主義に一石を投じる企業認証の「B コーポレーション」が、その認証プロセスを通じて企業とその周辺のステークホルダーとの関係性を変えつつあること、そして、それが大企業にも採用されつつある状況を描いた、この本でいちばん新しい論文です。「07 カーブカット効果」では、私たちの日常にある歩道のデザインを、「カーブカット・スロープ」

という段差のないものにする取り組みから、社会全体が変わっていった様子が描かれます。ここでは、一般の人たちによる「やってみる」が、やがて政策となって広がっていった事例を取り上げながら、1人ひとりの動きが社会や政策を変えられる、という素敵な提案が盛り込まれています。

◆ また、専門的な分野からソーシャルイノベーションについて掘り下げたのが、08と09の論文です。「08 投資の可能性を拓く」は、いわゆる「投資」について、社会性と事業性は本当にトレードオフなのか、それをどうやったら乗り越えられるのか、という観点から、実務的なフレームワークを示しています。「09 デザイン思考×ソーシャルイノベーション」のテーマは、「デザイン思考」をどのように社会課題の解決に役立てるかというものです。この論文は、どれだけ善意や熱意があっても、顧客の目線に本当に立てているのかという、大切な問いを投げかけています。

◆ この本の最後に選んだのは、「10 コレクティブ・インパクト」です。01から09までの論文を通して、「これからのソーシャルイノベーションとは？」という問いについて、画素数を上げながら探究してきました。その締めくくりとして、「それぞれのセクター（企業、政府、社会）が越境してこれからの世の中をつくっていく」という物語が、最後の論文の「コレクティブ（集合的）なインパクト」という投げかけとともに、ひとまずみなさんのもとに手渡されます。

今、社会全般に影響を及ぼす問題に対して、既存の枠を超えて、互いにどう「協働」していくのか。この論文は、これまでのやり方とは異なる「新しい社会のつくり方」を提案したものですが、この提案がきっかけとなって、日本を含めた世界の各地に数多くのアクションが生まれ、さらなる知見のアップデートが始まっています。

「わたし」を取り戻すことで分断を超える

「コレクティブ・インパクト」をはじめとした、ここに収録した多くの論文で共通するテーマは、互いにどう「協働」していくのか、というものです。これは、社会課題に関する話ばかりでなく、どんな分野でも重要なテーマでしょう。社内にいる別部門の人たち、あるいは社外の組織やグループなど、立場の違う誰かとの協働によって、より大きな目標を実現しようとする場面が、私たちの社会で増えていると思います。

その目標が大切だと感じるからこそ、新たな展開を求めて「協働」しようとするわけですが、これを実践しようとしてみると、そんな簡単にはいかないと実感している人も多いでしょう。

コレクティブ・インパクトを実現しようとしても、政府や企業、組織や地域のグループといった、「集団」を単位とした発想だけで取り組むと、なかなかその壁を越えられません。そのなかで、それぞれのプレーヤーが、それぞれの持てる力をどうやって「集合」的に発揮していくのか。立場の違いを超えて、大切なものをつくりだすために協働しあう時だからこそ、じつは、それぞれが「わたし（私）」という存在に立ち還ることで、これまでにはなかった選択肢が増えるのではないでしょうか（この点に関して、「02 システムリーダーシップの夜明け」のコラムに、大切なヒントがあります）。

どこのセクターにいても、間違いなくそこにいるのは、「わたし」という、1人ひとりの存在です。どんな未来がほしいのか。セクターの違いは、道具（ツール）としての専門性や経験の種類の違いにすぎません。あなたがビジネスや行政、社会といった、どのセクターにいるかよりも、「わたし」という存在は、なぜこれに関わろうとしているのか。それを1人ひとりが問うことなしに、いかなる仕事においても、いかなる前進も変化もないのではないでしょうか。

実際のところ、現在、世の中がどんどん複雑になっていくなかで、かつてないほど社会の「分断」があちこちで見られます。この分断を、あらためてつなぎ直し、社会にイノベーションを起こしていくのは、それぞれの「わたし」という存在に他ならないと考えています。

私たち1人ひとりには、「自分」という存在の中にも多様性があります。あなたの「わたし」は、いろんな顔を持っているのではないでしょうか？誰かの子として、親として、地域のひとりとして、夢中になっている趣味を持った人として、学生として、そして働くひとりとして……。好きな食べ物があり、音楽があり、義憤を感じるようなテーマがあり、その1つひとつに物語があると思います。

しかし私たちは、つい、自分を同じような方向に向かせようとしてしまいます。業績が、成績が、と、しばしば「〇〇ができていない」と自分に対して厳しくなってしまうこともあります。ですが、「わたし」は、それだけではないはずです。いろいろな側面があるはずです。

そんな自分自身の持っている多様さに気づき、それを表現し、認めてあげることから、本来の力が発揮され、新たな可能性が広がるのではないでしょうか。

「わたし」のさまざまな側面に目を向けられると、同じように他者の中にもある多様性に気づきます。注意の向け方が変わります。それによって、いつの間にか固まっていた「わたし」や他者の新しい役割が見えてくる。そう、「集団」を単位としていたときとは違うかたちで、社会を捉えられるようになると思うんです。それが見えてきたとき、「わたし」たちがほしい未来に近づいていくための選択肢が、以前よりずっとたくさんあると気づくはずです。この本でご紹介する論文が、そんな「わたし」の新しいやり方の発見にもつながるとうれしいです。

「新しい選択肢」をつくりだそう

私は、ずっと、このSSIRという雑誌を日本に紹介したいと思っていました。

2003年の創刊より少し前、日本でも「社会起業」という分野が誰にも知られておらず、世界でもまだ産声を上げ始めた頃に、シアトルで開催された社会起業家たちの全米大会に参加したとき、ひとりの女性と出会いました。その人こそが、のちに、スタンフォード大学で、この雑誌を立ち上げたクリス・ダイグルマイヤーさんでした（01の論文の共著者でもあります）。

当時の彼女は、サンフランシスコでジュマベンチャーズという社会的企業（ソーシャルエンタープライズ）の経営者として、貧困などの難しい状況にある若者たち向けに、企業と協働して雇用や人生の機会を生み出す事業をしていました。有名ビジネススクールを卒業し、いわゆるエリートキャリアを進んでいた彼女が、「何とかしたい」という思いとともにこの仕事を選んだのです。ビジネスの力を活かして意義あることをしよう、という彼女の姿も声も生き生きとしていて、なぜこの仕事をしているのかを自分で理解している喜びにあふれていたのを、よく覚えています。

当時の私も、日本の外資系のコンサルティング会社を辞めて、どうやったら自分の生きる価値と働く価値を一致できるのか、さまざまな模索をしているときでした。その後、若手を対象にした、日本で初めてのソーシャルベンチャー向けのプランコンテストを開催し、またビジネスなどの現場で奮闘する仲間たちと社会起業向けの投資団体を立ち上げ、大学では、ソーシャルイノベーションについて学び実践する一連の授業群をつくり、教えるようにもなりました。

その取り組みを通じてずっとあったのは、ただ、「ソーシャル」や「ビジネス」といった大まかな議論ではなく、もっと画素数をあげて、実際の現場で必要な具体的なテーマをより多くの人た

ちと探究したいという思いです。たとえば、ソーシャルな事業を他の地域に展開する際、何が共通する難しさで、何が新たにわかった大切なことなのか？　今必要なリーダーシップとは？通常のビジネスとの違いは本当にあるのか？互いに学べることは何か？　何より、この世界の中で、仕事やビジネスが生み出す結果と、1人ひとりの個人がこうあってほしいと願う社会は、もっと調和できないのか？

　私が出合ってきた、ソーシャルイノベーションというアプローチから見える学びや知見は、とても奥深く、意義深いものばかりでした。

　この本に登場するSSIRの論文には、今、いろんな意味で次のステージに進化することが求められる資本主義や市場のあり方、ビジネスと人間の関係、人々の働き方や生き方など、この社会に生きる多くの人にとって大切なことが込められています。

　最後に、この本を通じて、伝えたいことがもうひとつあります。それは、「わたし（私）」という存在が、「やってみる」ことです。

　なぜなら、ソーシャルイノベーションの分野は言うまでもなく、やってみないと分からないことが多々あるからです。やってみたからこそ、初めて出合う情報や気づきがあり、人々の行動の背景を理解できて、実践知を得られるのです。それこそが、世の中のフロンティアを切り拓く大切な力になります。

　やってみて、その経験を共有することで、暗黙知のままになっていた、まだ言語化されていないことやよいやり方を、より意識的なものに進化させ、プログラムとして再現し、他の組織や地域に展開する。そうやって、新たな「選択肢」が生まれ、それぞれの場所から、私たちの「知」をバージョンアップさせることができます。このプロセスは、私たちが一緒に進んでいく、冒険

の旅路といえるかもしれません。

　これは本書に登場するような、大きな社会課題に関してだけではありません。あなたの日常における、こんなことをやってみた、こんな経験知がある、といったことには計り知れない価値があります。「やってみる」は、とても小さなことでかまいません。家庭でも、学校でも、職場でも、そこにはいろんな大切なことの縮図があると思います。もしかしたら、誰かにありがとう、と伝えるだけで、そこから始まる変化があり、その行動と変化は、多くの人が必要としていることかもしれません。

　SSIRの論文の前提になっているのは、それぞれの現場にいる実践者や研究者たちが誰かが「やってみた」ことからの知恵を共有しているということ、そして、どんなにすばらしい論文であっても、常に「途中経過」の報告であるということです。

　私がみなさんと一緒に始めたいのは、少し注意の向け方を変えてみて、自分や自分たちのことを知り、他の人たちのことを知り、そこから新しい選択肢をつくることです。そのきっかけとして、ここにある論文を使って、誰かと会話や新しいことを始めてみてほしいと思っています。もしかしたら、新しい話のきっかけとなるだけで充分で、論文の詳しい内容などあまり必要ないかもしれません。

　ぜひ、この本を通じて、気づいたこと、考えたこと、そして、「こんなことを知ってるよ！」ということを、教えてください。そしてぜひ、他の方と共有しあってください。どんな小さなことでも、それは「やってみた」ことです。そこから、新しい選択肢、新しい社会の変え方が生まれると、信じています。

　そんな願いを込めて、この1冊を、あなたに届けます。

ようこそ、社会を変える実践者たちの
グローバルなコミュニティへ！

エリック・ニー　Eric Nee
スタンフォード・ソーシャルイノベーション・レビュー　編集長

マイケル・ゴードン・ヴォス　Michael Gordon Voss
スタンフォード・ソーシャルイノベーション・レビュー　発行人

『スタンフォード・ソーシャルイノベーション・レビュー』（SSIR）は、社会をよりよくする重要な活動に取り組んでいる人たちが、さらによい仕事ができるような実践的な知見を提供することに力を尽くします。私たちのアプローチを支える哲学は、社会課題をもっと効果的に解決するという目標に向かって、公共・企業・非営利セクターの「境界をなくすこと」と「対話の橋渡しとなること」です。この出版を通じて私たちが貢献したいのは、より大きな社会の利益の実現に乗り出そうと、さまざまな活動を行いリソースを動かす、すべての人たちです。私たちの社会のあらゆる財団、企業、行政機関、そして、特に非営利団体のリーダーたちなのです。

2003 年の春、SSIR の編集者たちは、創刊号冒頭のエディターズ・ノートにこの文章を記しました。おそらく当時の編集者たちは、自分たちが始めたこの雑誌が、やがて世界のソーシャルイノベーション分野における、研究と実践に基づいた最先端の情報ソースと認知されるようになり、さらには今回の日本語を含む多くの言語に翻訳されるようになるとは、想像もしていなかったでしょう。しかし、彼らがよく理解していたのは、ソーシャルイノベーションの動きが本当に効果的なものになるためには、互いの境界を越えて実践されなければならない、ということです。

SSIR では、ソーシャルイノベーションは 1 つのグローバル事業であると考えています。気候変動、環境汚染、食糧や水の確保、貧困、人権といった多くの課題は、もともとの性質としても、またそれらが影響を及ぼすインパクトもグローバルなものです。そしてこうした課題を解決するために、多くの組織や資金提供団体がグローバルに活動しています。しかしもっと重要なのは、マイクロファイナンス、インパクト投資、コレクティブ・インパクト、デザイン思考といった革新的なアプローチも、グローバルであるということです。すなわち、1 つの国や地域で生まれたものが、世界の他の地域でも取り入れられていくのです。

「システムリーダーシップの夜明け」「デザイン思考×ソーシャルイノベーション」「コレクティブ・インパクト」などが収録された本書は、SSIR が過去 18 年にわたって発表してきた中でも最も重要で基本となる、ソーシャルイノベーションに関する代表的な考え方を提供しています。

しかし、この本は始まりにすぎません。

今こうして、SSIR 日本版を、中国語、スペイン語、アラビア語、韓国語といった世界各地に広がる SSIR の地域言語パートナーのファミリーとして迎えることができるのは、とても嬉し

いことです。近い将来、これらのパートナーや
それぞれのコミュニティ同士でコンテンツが共有
され、もっと力強く、そして活気のある、より効
果的な、グローバルなソーシャルイノベーション
のコミュニティが築かれていく姿を、私たちは思
い描いています。

　新しく生まれる SSIR 日本版では、さまざま
な人たちが社会課題に関する洞察や解決策につ
いて学び合い、共有するオンライン・プラット
フォームも始まります。あなたもぜひこのコミュ
ニティに参加して、日本語で初めて読めるように
なる SSIR の記事やコンテンツを探究し、また、
ご自身のアイデアや知見や観点を、ご提供くだ
さい。

　創刊号での最初のエディターズ・ノートでは、
ソーシャルイノベーションを次のように定義しま
した。

　　「社会のニーズと課題に対してまったく新し
　　い解決策を発明し、支援を得て、社会に実
　　装するプロセス」

　私たちは、この本と SSIR 日本版のあらゆる
活動が、あなた自身の「まったく新しい解決策」
を生み出し、そして実装するインスピレーション
となることを願っています！

　アメリカ合衆国、カリフォルニア州パロアルトより

Rediscovering Social

ソーシャルイノベーシ

誰が未来をつくるのか

ジェームズ・A・フィルズ・ジュニア　James A. Phills Jr.
クリス・ダイグルマイヤー　Kriss Deiglmeier
デイル・T・ミラー　Dale T. Miller

田口未和 訳

さあ、これからの「社会の変え方」を探す旅に出よう。今や、困難な問題を解決するために、いろんな人がいろんなチャレンジを行い、知見の探求も進んでいる。一方で、ソーシャルイノベーションの定義や解釈には幅がある。これまで注目された「社会起業家」や「社会的企業」と何が違うのか？　私たち1人ひとりが、どのように関わるのか？　また実践に役立つ考え方とは何か？　具体的な方法論を探求する前に、改めて「ソーシャルイノベーションとは何か」について考えてみたい。（2008年秋号）

01

Innovation
ョンの再発見

ジェームズ・A・フィルズ・ジュニア
James A. Phills Jr.

スタンフォード大学経営大学院センター・フォー・ソーシャルイノベーション（CSI：Center for Social Innovation）理事、組織行動学教授。CSIでは、社会起業家、非営利リーダー、助成団体向けの数多くのエグゼクティブ・プログラムを監修している。著書に『非営利組織におけるミッションと戦略の統合』（未訳／ *Integrating Mission and Strategy for Nonprofit Organizations* ）がある。

クリス・ダイグルマイヤー
Kriss Deiglmeier

スタンフォード大学経営大学院CSIエグゼクティブ・ディレクター。センターに参画する前は、営利、非営利、社会的企業の分野で、14年間にわたって経営に携わってきた。資産開発、社会的企業、行政と民間のパートナーシップなどをテーマに、国内外での講演実績多数。

デイル・T・ミラー
Dale T. Miller

スタンフォード大学経営大学院モーグリッジ研究所組織行動学教授、人文科学大学院心理学教授。CSIファカルティ・ディレクターも務める。主な研究分野は、正義の心理学、社会的規範、フィランソロピー、集団意思決定など。著書に『社会心理学への招待』（未訳／ *An Invitation to Social Psychology* ）、共編書に『日常生活における正義の動機』（未訳／ *The Justice Motive in Everyday Life* ）がある。

003年春、スタンフォード大学経営大学院センター・フォー・ソーシャルイノベーションは、『スタンフォード・ソーシャルイノベーション・レビュー』を創刊した。その冒頭のエディターズ・ノートで私たちは、ソーシャルイノベーションを次のように定義した。

「社会のニーズと課題に対してまったく新しい解決策を発明し、支援を得て、社会に実装するプロセス」

また、このメディアならではのソーシャルイノベーションを起こすアプローチについて、「公共・企業・非営利セクターの間の垣根を取り払い、対話の橋渡しをすること」と表現した。

過去20年にわたり、私たちは次のような状況を目にしてきた。まず、ビジネス界のアイデアや実践が、非営利分野や行政分野の活動に応用される事例が爆発的に増えた[1]。ビジネス界は「企業の社会的責任（CSR）」「コーポレート・シティズンシップ」「社会的責任を果たす企業」などの言葉とともに社会的価値の創造について取り上げるようになった。また、セクターをまたぐ活動の増加を示す兆候として、「ソーシャル」を企業セクターの概念と組み合わせた表現が多用されるようになった。たとえば、「ソーシャルアントレプレナーシップ（社会起業家精神／社会起業家*）」や「ソーシャルエンタープライズ（社会的企業）」、そしてもちろん私たちのお気に入りである「ソーシャルイノベーション」など、新しい用語が生まれた。

私たちは、ソーシャルイノベーションこそが、持続的な社会変化をどのように理解して創造するかを表現する際に、最も適切な概念ではないかと考えている。そして、より正確で深い洞察を得るために、ソーシャルイノベーションの定義を

*　ソーシャルアントレプレナーシップ（社会起業家精神／社会起業家）：社会起業家とは、社会課題の解決や新たなビジョン実現のために、新たな手法を見出し、社会に実装・展開するリーダーのことを指す。英語のsocial entrepreneurshipには、その社会起業家としてのあり方やマインドセットを意味する「社会起業家精神」が用いられることが多いが、本論文では、社会起業家・社会起業家精神の両方を指す意図で使われており、日本でも広く認知されている「社会起業家」のほうを採用している

次のように改めた。

> 「社会課題に対するまったく新しい解決策で、既存の解決策よりも、高い効果を生む・効率がよい・持続可能である・公正であるのいずれかを実現し、個人よりはむしろ社会全体の価値の創出を目指すもの」

たとえば、ソーシャルイノベーションの代表例であるマイクロファイナンスを考えてみよう。これは、従来の金融システムを利用できない貧しい人々に、ローンや貯蓄や保険などの金融サービスを提供するものだ。マイクロファイナンスは、貧困によってあらゆる場所で生じる手ごわい課題に立ち向かっている。その課題とは、大勢の人々が必要最低限のものしか賄えない生活サイクルにはまってしまい、貧困から抜け出す可能性のある活動に投資する資金を得られていないことだ。マイクロファイナンスが全体としてどの程度のインパクトと効果を生んでいるかについて懐疑的な見方はあるものの、多くの人が、この方法は既存の解決策よりも、高い効果を生み、効率がよく、持続可能で、公正だと考えている[2]。さらに、例外はあるものの、マイクロファイナンス機関によって生み出された収益は、起業家や投資家よりも、貧困層や一般市民のほうへ回るようになっている[3]。

現代における最も厄介な社会課題に対して、どうやって未来に残る新しい解決策を世に送り出すのかを提案したい

本記事では、私たちがどのような経緯で新しいソーシャルイノベーションの定義にたどり着いたのか、なぜこれが社会起業家や社会的企業などの用語よりも実践に活かしやすいと考えるのかを説明したい。さらに、アイデア、価値観、役割、関係性、資金がセクターをまたいで自由に流れることが、どのように現在のソーシャルイノベーションの原動力となっているかについて述べる。最後に、どうすればセクター間の垣根を払拭し続けられるのか、またそれによって、現代における最も厄介な社会課題に対して、どうやって未来に残る新しい解決策を世に送り出すのかを提案したい。

なぜ、いま「ソーシャルイノベーション」なのか

2006年、ノルウェー・ノーベル委員会は、バングラデシュのムハマド・ユヌス氏と彼が設立したグラミン銀行に、ノーベル平和賞を授与した。グラミン銀行は、マイクロファイナンスの先駆者だ。「社会起業家」の支持者はこの授賞を歓迎し、どうすればユヌスのような個人を見つけ出して育成できるかという、それまでの探求にいっそう打ち込むようになった。一方で、「社会的企業」の支持者、つまり社会的な目的を持つ組織により強い関心を持つ人々は、グラミン銀行のような社会的な目的を果たしながらも自立して成長できる組織をどのようにつくり出せるのか、またそのマネジメント方法や資金調達方法を見出そうとしてきた。

しかし、ユヌスがその実現に尽力し、グラミン銀行が実践した「ソーシャルイノベーション」は、マイクロファイナンスだ。私たち筆者は、ユヌス個人やグラミン銀行と同じくらい、マイクロファイナンスにも注目すべきだと考える。個人や組織だけでなく、イノベーションそのものに焦点を当てることで、よい方向への社会の変化につながったメカニズムをはっきり理解できるからだ。オックスフォード英語辞典によれば、「メカニズム」の定義は、「順序づけられた一連の出来事」、あるいは「複雑なプロセスのなかの相互に結びついた構成要素」である[4]。

ここで、社会起業家と社会的企業について、もう少し詳しく分析してみよう。社会起業家の

研究は、そのおおもとである「起業家精神（アントレプレナーシップ）」と同じように、新しい組織を立ち上げる人物の個人的資質に注目し、その人物の大胆さ、責任感、才覚、野心、忍耐力、非常識さを称賛する[5]。対照的に、社会的企業の研究は、組織に注目する傾向がある。一部の研究で、社会的な目的を持つ組織のマネジメントに関して幅広い視点で分析するものはあるが、ほとんどの研究が焦点を当てているのは、従来の社会サービスプログラムに財務面や運営面で貢献するような、商業活動、事業収入、営利のベンチャーとはどういうものかについてである[6]。

「社会起業家」と「社会的企業」という用語は、どちらも非営利セクターから生まれたものだ。そのため、研究領域を非営利団体に限定する傾向があり、暗にあるいは公然と、公的機関や営利企業を除外している[7]。研究者たちは、社会起業家や社会的企業にまつわる従来の考え方の幅をもっと広げようと価値ある努力を続けてきたが、その努力によって、共通の目的のために協働するグループが生まれたり、資金提供者の選択肢が変わったりするまでには至らなかった[8]。

社会起業家でも社会的企業でも、ほぼすべての人に通底する目的は、「社会的価値」の創出だ（この語の意味については後述する）。2つの考え方が受け入れられてきたのは、このようなより大きな目的を達成する新しい方法だったからだろう。

とはいえ、社会起業家や社会的企業はこの大きな目的を達成する唯一の方法ではないし、必ずしも常に最善の方法であるわけでもない。もちろん、社会起業家の存在が重要なのは間違いない。彼らは社会を変えるための新しいパターンと可能性を見出し、既存の組織が動こうとしないときにも、物事の新しいやり方を試し、結果を出そうとする強い意志を持つ。また、社会

的企業も、イノベーションを社会に実装するという点で重要だ。

しかし突き詰めていくと、社会的価値を生み出すのはイノベーションそのものである。イノベーションは、社会起業家や社会的企業ではない場所や人々からも生まれる。特に、大規模で成熟した、非営利団体、企業、さらには政府もまた、ソーシャルイノベーションを生み出している。

> 突き詰めていくと、社会的価値を生み出すのはイノベーションそのものである

それに加えて、ソーシャルイノベーションは、イノベーションに関する豊富な文献に支えられている。起業家研究と比べると、イノベーション研究は、その概念をより正確かつ矛盾のないように定義している。結果として、イノベーション研究のほうが、社会変化を起こす新しい方法についての知識を構築するうえでより強固な土台となるだろう[9]。実際に、「アントレプレナーシップ（起業家精神）」の名付け親とも言えるオーストリアの経済学者、ヨーゼフ・シュンペーターでさえ、目標であるイノベーションを実現する手段という点においてのみ、起業家たちに関心を持っていた。彼は代表的著書である『資本主義・社会主義・民主主義』（東洋経済新報社）の中で、起業家精神が引き起こす「創造的破壊」が、経済成長を生み出す主たる手段であるとしている。

イノベーションというレンズを通して肯定的な社会変化をどう起こせるかを検証する利点は、このレンズであれば社会的価値の源泉にとらわれずに済むことにある。社会起業家や社会的企業のような用語と違い、ソーシャルイノベーションは、セクター、分析範囲、そして、持続的なインパクトを生むプロセスを見出すための方法論（戦略、戦術、変化の方法論_{セオリー・オブ・チェンジ}*）など、個別

* 変化の方法論（セオリー・オブ・チェンジ）：社会課題の解決やビジョンの実現など、特定の変化を生み出そうとするときに、どのような手段や方法を用いて、どのような成果やインパクトが生まれるのかを描いたもの。その際、利害関係者（ステークホルダー）がどう関わるかを示す場合もある

の要素を超えられる。たしかに、もっと多くの社会起業家を見つけて訓練することも、ソーシャルイノベーションに含まれるかもしれない。また、社会起業家が立ち上げる組織や事業体への支援を含むかもしれない。しかし、今後あきらかに必要となるのは、社会課題への解決策を生み出す条件を理解し促進することなのだ。

イノベーションとは何か？

ソーシャルイノベーションをより明確に定義するため、まず、「イノベーション」が何を意味するかをよく吟味し、次に、「ソーシャル」の意味もじっくり検討してみよう。イノベーションはプロセスでもあり成果物でもある。したがって、イノベーションに関する学術文献は、2つの流派に分かれる。一方は、イノベーションを生み出す組織と社会的な「プロセス」、つまり、個人の創造性、組織構造、周辺環境の文脈、社会的・経済的要因などを探求する[10]。もう一方は、新しい製品、製品の仕様、製造方法など、具体的な「成果」として現れるイノベーションに焦点を当てる。こちらの流派の研究は、イノベーションの源泉や経済的な結果を分析する[11]。

> イノベーションの基準は、「目新しさ」と「改善」だ

変革の実践者、政策立案者、資金提供者も同じように、プロセスとしてのイノベーションと、成果としてのイノベーションを区別する。プロセスの観点からは、実践者はより多くの、よりよいイノベーションを生み出す方法を知る必要がある。政策立案者や資金提供者は、イノベーションを支える文脈をデザインする方法を知る必要がある。一方、成果の観点からは、どのイノベーションが成功するかを予測する方法を誰もが知りたがる。

プロセスにしろ成果にしろ、イノベーションとみなされるには2つの基準を満たさなければならない。1つは「目新しさ」だ。イノベーションは必ずしも独創的である必要はないが、ユーザーにとって、あるいは文脈やそれが使われる対象にとって新しいものでなければならない。もう1つの基準は「改善」だ。イノベーションとみなされるには、プロセスあるいは成果が、既存のものより効率的か効果的でなければならない。私たちはソーシャルイノベーションの定義の「改善」の項目として、より持続可能、あるいはより公正であることを加えている。「持続可能」とは、組織としてだけでなく、環境的にも持続可能であること、つまり、長い期間を通じて機能し続けられるものであることを意味する。たとえば、貧困問題に対する解決策として、石油の採掘や漁業など、天然資源の採取のような取り組みがあるかもしれないが、資源が無尽蔵ではないという制約がある。「改善」の定義で私たちは、「いずれか」という言葉を意図的に使っている。その理由は、ソーシャルイノベーションはこれらのどれか1つの点でも改善されればよいからだ。

これまでの定義の中には、規模の小さいイノベーションを除外するものもあれば、漸進的なイノベーションと急進的なイノベーションを区別するものもある[12]。私たちは、定義の一部に改善の規模や速さの度合いを含めることはしない。そうした判断は非常に主観的になるため、それらの度合いは創出される価値の1つの要素として扱うのがよいと考える。

ほかにも、創造的な解決策であっても、あまり広がっていなかったり導入例が少なかったりする場合はイノベーションとみなさない定義もある。しかし、イノベーションの拡散と導入を支えるプロセスは、イノベーションを生み出すプロセスとは別のものだ。たとえば、Dvorak配列のキーボードは優れた製品だが、あまり広がっていない理

由は性能とは無関係だ[13]。導入されるイノベーションとそうでないイノベーションの違いを説明するためには、導入および拡散と、イノベーションそのものを区別するような定義が必要だ。

　以上をまとめると、イノベーションの４つの特徴的な要素の区別が不可欠ということだ。第１はイノベーションの「プロセス」、すなわち、目新しい製品や解決策を生み出すことで、これには技術的、社会的、経済的な要素を含む。第２は製品やイノベーションそのもので、私たちが実際に「イノベーション」と呼ぶ成果のこと。第３はイノベーションの「拡散または導入」で、その動きを通して利用が広まること。そして、第４はイノベーションによって創出される最終的価値だ。この論法から、「ソーシャルイノベーション」の定義の最初の半分――「社会課題に対するまったく新しい解決策で、既存の解決策よりも、高い効果を生む・効率がよい・持続可能である・公正であるのいずれかを実現する」――が導かれる（社会課題の意味については、すぐあとで詳述する）。

ソーシャルとは何か？

「ソーシャル」が何を意味するかの説明は、本記事の議論の中心であるとともに、とりわけ厄介な部分でもある。この分野の観察者の多くが、ポッター・スチュワート連邦最高裁判事が言うところの「私は定義することはできないが、見ればわかる」というアプローチをとっている。その結果として、社会起業家や社会的企業や非営利組織のマネジメント分野の優れた論者の間でも、ソーシャル（social）という語はまったく異なるものを表現する言葉として使われている。たとえば「社会的な動機（social motivation）」や「社会的意図（social intent）」、あるいは法的分類としての「ソーシャ

ルセクター（social sector）」、はたまた「社会課題（social problem）」や「社会的インパクト（social impact）」といった具合だ。

「ソーシャル」を定義しようとする数多くの試みが、イノベーターや起業家の動機や意図にばかり集中してきた。社会起業家研究の第一人者であるグレゴリー・ディーズは、彼の代表的論文「『ソーシャルアントレプレナーシップ』の意味」で、営利目的のビジネスと社会起業家の大きな違いとして、「（単に個人的価値だけでなく）社会的価値を生み出し持続するようなミッションの採用」を挙げている[14]。ディーズはさらに、「利益を出し、富を生むこと、あるいは消費者の願望に応えること（中略）は、社会的な目的のための手段であって、目的そのものではない」と述べた。同様に、イノベーション研究の第一人者であるクレイトン・クリステンセンも、社会変化は「ほとんど意図せずして生み出される（中略）副産物」ではなく「主たる目的」であるという見解を示し、（ソーシャルな）「触媒的イノベーション」と、（営利目的の）「破壊的イノベーション」を区別した[15]。

　しかし、動機については直接観察できないし、いくつもの動機が重なっている場合が多い。その結果、何がソーシャルで何がそうでないかを決める信頼できる基準にはならない。ロジャー・マーティンとサリー・オズバーグは、『スタンフォード・ソーシャルイノベーション・レビュー』の2007年春号で、「起業家と社会起業家の違いについて、『起業家はお金を求め、社会起業家は利他主義によって突き動かされるという、単純な動機の違いである』という考え方を払拭することが重要だ」と指摘した。

　何がソーシャルかを決定するうえでは、セクターも判断基準とするには不十分だ。社会的価値を創出できる手段や機関の形態を、勝手に除外してしまうからである。たいていの人は、

最近のソーシャルイノベーション 10 例

チャータースクール Charter Schools	公的資金で運営される初等あるいは中等の学校で、公立学校に通常適用される規制のいくつかが免除されている。そのため、運営者、教員、保護者には革新的な教育メソッドを開発する機会が与えられる。
コミュニティ中心の計画 Community-Centered Planning	地元の住民の知識と資源を受け入れ、地域のニーズにふさわしい解決策の考案を助ける。住民が地域のための計画の作成と実施に参加していくことが、持続可能な開発につながる。
排出権取引 Emissions Trading	経済的インセンティブを使って汚染物質の排出量を削減するプログラム。一定の汚染物質の総排出量の上限を定め、参加企業すべてに排出権（クレジット）を発行する。排出量の多い企業は、排出量を減らした企業からクレジットを買うことができる。徐々に、上限は引き下げられる。
フェアトレード Fair Trade	コーヒー、チョコレート、砂糖などの製品に、高い取引基準を設ける組織的運動。生産者に生活賃金を支払い、その他の社会的、環境的基準を満たしている貿易業者を特定することで、農業従事者の生活を改善し、環境のサステナビリティを促進する。
生息地保全計画 Habitat Conservation Plans	野生動物保護のための経済的インセンティブを創出する取り決めで、土地所有者が別の場所の絶滅危惧種を保護することを条件に、絶滅危惧種の生育地での開発を認めるもの。この計画は、米国の魚類野生生物局と環境保護庁が運営している。
個人開発口座 Individual Development Accounts（IDA）	低収入労働者が大学教育や住宅取得、会社設立、その他の生産的な活動のための貯金に使える普通預金口座。貯金する 1 ドルごとに、フィランソロピー団体、政府、あるいは企業のスポンサーが平均 2 ドルをその口座に寄付する。
国際労働基準 International Labor Standards	労働者の自由、公正、安全、人間としての尊厳に関する権利を守る、法的拘束力を持つ基準。国際労働機関(ILO)、各国政府、雇用主、労働者によって開発された基準で、参加国が実施する。
マイクロファイナンス Microfinance	貧困や社会的に不利な立場にあることで、十分なサービスを受けられない個人向けに、銀行口座開設、融資、保険などのサービスを提供する金融機関。貯蓄をし、ローンを借り入れ、保険に入ることで、貧困層は生活を改善し、貧困から抜け出すことも可能になる。
社会的責任投資 Socially Responsible Investing（SRI）	経済的、社会的リターンの最大化を目指す投資戦略。この投資家は一般に、環境のサステナビリティ、人権、消費者保護などに取り組む企業や団体を支持する。
支援つき雇用 Supported Employment	障害を抱えるか、その他の不利な条件を抱える労働者が、よりよい職を見つけ働き続けられるように支援するプログラム。ジョブコーチ、移動支援、補助技術、特別な職業訓練、個別の助言などのサービスを含む。

「ソーシャルセクター」という言葉を、非営利団体や国際的な非政府組織（NGO）の意味で使っている。しかし、社会課題が複雑化し、企業と政府を含むセクター横断のアプローチが拡大している現在は、組織形態とソーシャルの定義を結びつけても、すぐに時代遅れになってしまう。

「ソーシャル」という言葉には、ニーズや課題の種類を表現する使い方もある。実際に私たちも、ソーシャルイノベーションは社会課題に取り組むものであると定義している。この定義方法なら、私たちは議論を少し進められそうだ。というのも、あるイノベーションの社会的性質をめぐる議論はあるかもしれないが、何が社会的ニーズや社会課題なのか、また、どのような種類の社会的な目的に価値があるのか（正義、公正、環境保護、健康増進、芸術と文化、よりよい教育など）については、社会でより大きなコンセンサス（総意）が得られやすいからだ。

人々が「ソーシャル」という言葉を使う最後の用法は、金銭的、経済的価値とは異なる種類の価値を表現する場合だ。著名な有識者の多くが、「社会的価値」や類似用語について説明してきた[16]。それらの研究を参照したうえで、私たちは「社会的価値」を次のように定義する。「社会的ニーズや社会課題に取り組む努力を通じて、社会のために利益を創出したりコストを削減したりすることであり、それは個人の利益や市場活動全体への利益を超えた形で実現される」。このような社会への利益は、これまで論じてきた種類の社会的な目的を含むことができるので、社会的に不利な人々や権利を奪われている人々と、社会全体の両方にとっての恩恵になりうるだろう。

多くのイノベーションは、主に雇用の増加や生産性の向上や経済成長を通して、社会への利益を生み出している。なかには、前述の社会的価値や明らかな経済的インパクト以上の社会的価値を生むものもある。コンピュータは、個人の生産性や学習能力や創造性を劇的に向上させた。自動車は自由な心や独立心を育む一方で、めったに会うことのできない人々を結びつけた。医薬品は命を救う。制汗剤などのデオドラント製品はおそらく、社会の結びつきを強化している。そして、これらの製品は個人だけでなく、社会全体に利益をもたらしている。

しかし、だからといって、これらの製品をソーシャルイノベーションと呼ぶことはない。私たちの定義に従えば、イノベーションは、社会的価値のほうにバランスが傾いたときにだけ、本当にソーシャルと言える。つまり、個人的価値——起業家、投資家、（社会的に不利な人々ではなく）一般消費者が得る利益——よりも、公共または社会全体への利益のほうが大きい場合に限られる。私たちは、ソーシャルイノベーションを普通のイノベーションと区別したい。なぜなら、普通のイノベーションならすでに次々と生み出されて広まり、世界中にあふれ返っているからだ。しかし公共財の場合など、市場がうまく機能しないときにこそ、ソーシャルイノベーションが重要となる。なぜなら、他のやり方では満たされそうにないニーズを満たし、生み出されそうにない価値を創出するからだ[17]。

そこで、営利の製薬会社が開発した、命を救う医薬品の例に戻って考えてみよう。これらのイノベーションには社会的価値があり、投資家、発明者、消費者の利益を超えて社会全体に利益をもたらしはするが、従来の市場メカニズムによって生み出され、おおむね効率よく分配されるイノベーションだ——ただし、製品を買う余裕のない一部の人々を除いては。この取りこぼされる層があるという社会課題を軽減するために、インスティチュート・フォー・ワンワールド・ヘルスのような非営利団体が現れて低所得層のための医薬品を開発し、メルク・アンド・

カンパニーのような製薬会社が公民パートナーシップを立ち上げて、開発途上国の患者向けにメクチザンのような薬を無償で提供してきた。

多くのイノベーションが社会課題の解決に取り組み、社会的ニーズを満たそうとしているが、ソーシャルイノベーションと呼べるのは、経済的・社会的価値の分配バランスが社会全体に傾いたものだけだ。このことから私たちは、ソーシャルイノベーションの完全版の定義にたどり着いた。「社会課題に対するまったく新しい解決策で、既存の解決策よりも、高い効果を生む・効率がよい・持続可能である・公正であるのいずれかを実現し、個人よりはむしろ社会全体の価値の創出を目指すもの」。製品、製造プロセス、テクノロジーのどれでもソーシャルイノベーションになりうるが（この点では一般的なイノベーションとほとんど変わらない）、それだけにとどまらず、1つの原則やアイデア、法律、社会運動、介入、あるいはこれらを組み合わせたものもそうなりうる。実際に、マイクロファイナンスのような、ソーシャルイノベーションとして最も知られているものの多くは、これらの要素が組み合わさったものだ。

> ソーシャルイノベーションと呼べるのは、経済的・社会的価値の分配バランスが社会全体に傾いたものだけだ

フェアトレード（公正な取引）を例に挙げてみよう。これは「フリートレード（自由な取引）」を引き合いに出して、その倫理的な代替手段と表現されることが多い。フェアトレードには、一定の取引基準を満たしたコーヒー、花、コットンなどの製品を認証してそのラベルを付与するという仕組みがある。認証を統括する国際フェアトレードラベル機構（FLO）は、認証基準として、公正な価格、労働条件、直接取引、民主的で透明性のある組織、地域の開発、環境のサステナビリティなどを定めている。FLOや他のフェアトレード組織は、これらの基準を奨励するだけでなく、生産者や貿易業者向けにトレーニングを提供して個別に認証を与えることによって、基準の実践にも力を入れている。最後に、フェアトレードはフェアトレード認証製品を購入するメリットについて、消費者への啓発を行ってもいる。

フェアトレードの新しさは、バリューチェーン*における多くの構成者——農業従事者から販売員へ、さらに消費者へ——に働きかけていることだ。また、モデル自体が新しいだけでなく、大きな社会的、環境的価値を創出している。それは、持続可能な農業技術や国際認証ラベル、児童労働の防止、公正な価格など、数々の保護策を展開することで実現している。さらに、フェアトレードは重要な経済的価値も生み出している。トランスフェアUSAの調査によれば、1999年から2005年の間に、コーヒー農場の経営者はアメリカのフェアトレード市場での取引で、約7,500万ドルの追加収入を得た。適正な賃金が保証されることで、労働者は収穫前の時期の金融業者による搾取から解放されるし、よりよい保健医療を受け、子どもたちにはよりよい教育を与え、経済力を培うことができる。さらに、地域コミュニティの団結も強化されている。FLOの推計によれば、フェアトレードは2007年に、アフリカ、アジア、南米にわたる58の開発途上国で、150万の農民に直接の恩恵をもたらした。

ソーシャルイノベーションのメカニズム

ソーシャルイノベーションは、歴史上の特定の時期における文脈の中で生まれ、導入され、拡散する。私たちのソーシャルイノベーションの定義は時代の枠を超えるものだが、ソーシャル

---

* バリューチェーン：価値の連鎖。マイケル・ポーターが提唱。事業プロセスを、各工程における物資の加工や取引をモノの連鎖として捉えるサプライチェーンに対して、各工程において創出される付加価値の連鎖として捉える考え方

Stanford SOCIAL INNOVATION Review Japan

イノベーションのメカニズム（イノベーションにつながる一連の相互作用と出来事）は、社会やその制度の進化とともに変化する。したがって、アメリカにおいてソーシャルイノベーションが最も花開いた時期の1つを引き起こしたダイナミクスである大恐慌は、現在のソーシャルイノベーションを引き起こしているダイナミクスとは異なるのだ。ソーシャルイノベーションを十分に理解するためには、歴史的事例も検証しなければならない。

1930年代の経済不況は、アメリカにも世界にも破壊的な影響をもたらした。国際貿易は極端に衰退し、個人所得、税収、物価、利益も落ち込んだ。世界中の都市や地域全体が、飢え、住居喪失、失業、病気などの増加に苦しんだ。

これらの劇的な経済の変化によって、大きな社会的ムーブメントが生まれ、政府に対して人々の困窮を軽減するように圧力をかけた。アメリカ連邦政府は、ニューディール政策でそれに応えた。この政策の下で、雇用促進局（WPA）が失業者のために雇用をつくり、社会保障局（SSA）は生活費が不足する高齢者層に月々の給付金を支給した。連邦預金保険公社（FDIC）は、混乱したアメリカ市民に、銀行を信頼して預金するように促した。これらのソーシャルイノベーションでは、政府が社会課題の解決に、より大規模で直接的な役割を果たした。そしてこれらのイノベーションは、各セクターに疑念と敵意の風潮が広まる中で実施された。

ここ数十年においては、ソーシャルイノベーションを形作る社会の支配的な風潮は大きく異なっている。1981年に大統領に就任したロナルド・レーガンは、その就任演説で「現在の危機に際して、政府はこの国の問題への解決策とはなっておらず、政府自体が問題となっている」と述べ、政府は社会課題を解決する主要な手段になれるし、そうなるべきだ、という考えをきっ

ぱりと否定した。レーガン政権はその後、フードスタンプ（食料配給券）、メディケイド（低所得者向け医療費補助制度）、児童扶養世帯扶助制度（AFDC）などのプログラムを削減していった。また、航空産業、トラック輸送業、貯蓄貸付業などを含む、幅広い産業分野の規制緩和を実施した。

企業や非営利セクターへの公共サービスの民営化は、現在も続いている。営利・非営利団体によるチャータースクールの経営、保健医療の提供、介護施設の運営が増え、ニューディール政策のWPAと同じように、人々を公的福祉から遠ざけて職に就かせようとした。たとえば、民間企業のブラックウォーター・ワールドワイドは軍事サービスを提供し、エジソン・スクールが公立校を運営している。

同時に、企業セクターに事業の社会的インパクトを考慮に入れることを求める圧力が非常に高まっている。「企業の社会的責任（CSR）」という用語は、1960年代から広く使われてきた。しかし、ザボディショップ、ベン＆ジェリーズ、パタゴニアなどの企業が、「事業を利益の創出だけでなく、社会をよくするための手段ともみなす」というCSRのビジョンを積極的に取り入れるようになったのは、1980年代後半になってからだ[18]。今では多くの企業が、社会における企業の役割という野心的なビジョンを受け入れ、積極的に採用するようにすらなっている。

そして、レーガン政権以降、非営利団体や政府機関もまた大きく変わってきた。非営利サービスへの需要が拡大する一方で、非営利団体への公的資金の供給が縮小してきたために、多くの組織が営利のベンチャーを立ち上げて事業収入を得ようと考え始めた。そして、非営利団体と政府もまた、より効率的に事業を運営するために、企業の手法をあてにするようになった。

過去30年のあいだ、非営利団体、政府、

企業は、気候変動や貧困などのグローバルな課題の複雑さに理解を深めてきた。これらの問題には洗練された解決策が必要だと、多くの組織が理解するようになった。その結果として、誰もが影響を受ける社会課題に、3つのセクターが協力して取り組む例が増えている。

さまざまな要因で、非営利団体、政府、企業の間の垣根が取り払われてきた。境界線がなくなることによって、アイデア、価値観、役割、関係性、資本が、今では以前より自由にセクター間を流れている。このセクター横断の土壌の肥沃化が、ソーシャルイノベーションの3つの重要なメカニズムを支えている。それは、「アイデアと価値観の交換」「役割と関係性の変化」「企業の資金を公共や市民による支援活動に統合する」である。

> 境界線がなくなることによって、アイデア、価値観、役割、関係性、資本が、今では以前より自由にセクター間を流れている

アイデアと価値観の交換

非営利団体、企業、政府の間に今より隔たりがあったころは、アイデアも同じように、各セクターの壁の内側に閉じ込められていた。非営利団体がマネジメントや法律を議論することはめったになかった。企業が社会課題の解決策を追求するのは珍しく、政府との関係はしばしば敵対的なものだった。政府は企業に税金と規制を課し、非営利団体には多くの社会的害悪を正す責任を委ねていた。

しかし近年になって、非営利団体と政府のリーダーたちは、マネジメント、起業家精神、実績評価、利益の創出について、企業から学ぶ姿勢を見せるようになった。政府と企業のリーダーたちは、社会や環境の課題、草の根での組織化、フィランソロピー、アドボカシーについて、非営利団体の知恵を借りるようになった。そして、

企業と非営利団体のリーダーたちは、政府と協力して公共政策を立案するようになった。この相互作用の結果として、多くのソーシャルイノベーションが生まれたのだ。

たとえば、社会的責任投資（SRI）について考えてみよう。SRIは最も純粋な経済的意思決定である投資という活動に、非営利セクターの倫理を取り入れて、投資による社会的、環境的、経済的な影響を同時に考慮するものだ。アメリカにおける初期のSRIの例は、1750年代にクエーカー教徒が奴隷貿易への投資を禁じたことだ。そして1980年代には、より有名なSRIの事例が生まれた。多くの個人投資家と機関投資家が、アパルトヘイトへの抗議の表明として、南アフリカでビジネスを行う企業の株を売却したのだ。

近年、SRI資産の価値と認知度は大きく成長している。社会的投資フォーラムの調査によれば、1995年から2005年の間に、SRI投資は6,390億ドルから2兆2,900億ドルへ、258パーセント以上増加した。その後の2年間には、運用管理下のSRI資産は18パーセント以上増加した一方で、すべての運用管理下の投資資産の成長率は、わずか3パーセントに満たないものだった。

SRIには3つの形がある。「投資スクリーニング」（一定の社会的、環境的基準を満たす企業にのみ投資すること）、「コミュニティ投資」（十分なサービスを受けていないコミュニティに資本を振り向けること）、「株主アクティビズム」（コーポレート・ガバナンスの手続きを通して、企業の社会あるいは環境に対する行動に影響を与えようとする活動）である[19]。

SRIファンドの実績については不確かながらも、SRIという現象そのものが、資本市場を通じて社会の変化に影響を与えようとする個人や機関の台頭によって、セクター同士の距離が縮まっ

ている状況をよく表している。株主アクティビズムは、株主価値を損なう経営陣を律する昔ながらの手法を、社会的価値を損なう経営陣を律するという形で応用したものだ。

これらの重要なアイデアと価値観の交換なしでは、SRIは企業の意思決定に影響を与えられなかっただろうことは言うまでもなく、そもそも存在しえなかったかもしれない。SRIを通じて、大口投資家も小口投資家も資本市場の力を利用して、企業に自分たちの行動が持つ社会的意味を考えさせたが、それはもう1つのソーシャルイノベーションであるCSRの出現に貢献したのだ。

役割と関係性の変化

現在のソーシャルイノベーションを生んだ第2の源泉は、3つのセクターの役割と関係性の変化だ。今や企業は多くの社会課題でリードするようになり、政府や非営利団体とは敵対者や嘆願者としてではなくパートナーとして協力するようになっている。同様に、非営利団体は企業や政府と手を組んで社会的事業に乗り出している。政府もまた、規制や税金を押しつける敵対的な役割から、パートナーや支援者といった協力的な役割へと変わってきた。

役割と関係性におけるこれらの変化は、排出権取引をはじめとする多くのソーシャルイノベーションの効果を左右する。排出権取引は、市場の仕組みを使って大気汚染の軽減を目指すアプローチだ。「キャップ・アンド・トレード」とも呼ばれるこの温室効果ガス削減の取引制度を成功させるには、3つのセクターすべての関与が必要になる。まず、中央権力——通常は政府——は、企業の温室効果ガス排出量の上限を決める。そして、それぞれの企業に特定の汚染物質について許容できる排出量を表すクレジットを発行する。もしその企業がそれより多く排出する必要があれば、他の企業からクレジットを買うことができる。一方、もしその企業が排出量を引き下げれば、クレジットを他の企業に売ることもできる。このように適切なインセンティブをつくり、関係者同士の自発的な取引を認めることで、排出権取引はいつ、どこで、どのように汚染物質を削減するかの選択を分散化させ、最も費用対効果の高い削減が実現されるようにしている。

たとえば、米国環境保護庁（EPA）は1990年大気浄化法で、排出権取引を導入した。このイノベーションはアメリカ北東部での酸性雨の問題を軽

> 今や企業は多くの社会課題でリードするようになり、政府や非営利団体とは敵対者や嘆願者としてではなくパートナーとして協力するようになっている

減したと広く評価され、温室効果ガス削減への応用にも期待されている[20]。

非営利団体は排出権取引のプロセス全体で、企業と政府を支援している。たとえばNGOは、企業がどれほど排出量を減らしているかの測定や検証など、技術的支援を提供している。同様に、カーボン・ディスクロージャー・プロジェクト（CDP）は、世界の大企業の炭素排出に関するデータを、投資決定の指針として提供している。CDPは機関投資家と連携し、企業に炭素排出データの自発的開示を求め、株主や企業に対して、気候変動と温室効果ガス排出によるビジネス上のリスクと機会に関する情報を提供している。メリルリンチ、ゴールドマン・サックス、HSBCなど、CDPに参加している機関投資家は、世界中の大企業3,000社から報告されるすべてのデータに自由にアクセスできる。

排出権取引では、非営利団体、企業、政府それぞれが、新しい役割を担う必要がある。これまで、政府機関は規制を定めて企業を監視し、それに対して企業は規制と監視に抵抗し、

非営利団体はお目付け役となって、不正を働く企業や手ぬるい政府機関があれば告発してきた。今では、政府、非営利団体、企業が協力して、環境の改善に取り組んでいる。これらの新しい役割がなければ、排出権取引のシステムは生まれていなかっただろう。そして、具体的なプログラムの設計からモニタリングや改善方法に至るまで、産業界、政府機関、環境保護団体の相互協力がなければ、目的の達成も不可能だっただろう[21]。

企業の資金を公共や市民による支援活動に統合する

　社会のなかの、サービスが十分に行き届いておらず存在が見過ごされている層は、保健医療費、食費、家賃などの基本的な生活費すら支払う余裕がない。その結果、自由市場はこれらの人々が必要とする品物やサービスを生産しない。市場におけるこのギャップを埋めるために、政府や慈善団体が必要なモノやサービスの費用を負担したり、助成金を出したりしてきた。実質的に、施しを与えてきたということだ。しかし、セクター間の垣根を取り払うことで、非営利団体、政府、企業が資金源や資金提供モデルを融合し、持続可能で、ときには利益さえ生み出すソーシャルイノベーションを創出している。

> 多くのソーシャルイノベーションには、新しいビジネスモデルが実装される

　多くのソーシャルイノベーションには、新しいビジネスモデルが実装される。サービスが行き届いていない層のニーズを、より効率的、効果的に、そして、利益を出すまではいかなくても持続可能な形で満たせるモデルだ。これは、コストを引き下げる構造とより効率的なサービス提供チャネルの確立によって、また、市場と非市場のアプローチの組み合わせによって、そして、特に事業収益

と公的あるいはフィランソロピーによる財政支援を組み合わせることによって達成できる。これらのハイブリッドのビジネスモデルにはトレードオフが生じるし、両者の間に緊張が高まることも往々にしてあるものの、純粋に営利目的のみ、あるいは慈善目的のみの組織が社会課題や社会的ニーズに取り組むときに直面する多くの限界を克服できる。

　その1つの例として、1990年代半ば、セルフヘルプ（Self-Help）という革新的なコミュニティ開発金融機関が、ノースカロライナ州においてマイノリティが大半を占める低所得世帯でも住宅を所有できるようにすることを目指す、強気のキャンペーンを展開した。この組織は、地方の金融機関が資本を増やせるような創造的なビジネスモデルを確立して、このキャンペーンを成功させた。その過程において、セルフヘルプは低所得の住宅所有者のローンをパッケージ化して売買する、不動産担保証券の二次市場を創出した。

　このモデルは次のように機能する。まず、セルフヘルプは低・中所得層の住宅取得者が契約したローンの抵当権を商業銀行から買い取る。次に、このローンを再パッケージ化して、ファニーメイ（連邦住宅抵当公庫）に売る。ファニーメイの引き受けに関する制約を回避するため、とりまとめたローンが債務不履行になるリスクはセルフヘルプが負う。ファニーメイへの売却で得た資金で、セルフヘルプはさらに多くのローンを商業銀行から買い取ってこれらの銀行に追加資金を与えることで、低所得層へのさらなるローン契約ができるようにする。セルフヘルプは低所得世帯に関する深い知見を活用して、提携する商業銀行がクライアントのニーズに応えるローンを考案するのにも協力している。

　1998年には、このセルフヘルプのプログラムを全米に拡大するために、フォード財団が5,000

万ドルの助成金を提供した。商業銀行のリスクを引き下げ、低所得層の借り手の信用価値を示すことで、フォードの 5,000 万ドルの助成金は、2003 年には手頃な住宅ローンという形で 20 億ドル以上の価値になっていた。ファニーメイはその後、2008 年にセルフヘルプから 25 億ドル以上のローンを再購入した。低所得層やマイノリティのコミュニティで住宅取得率が低いという問題に対するこの解決策は、セクター横断の提携で生み出された、市場の仕組みを活かす解決策だ。このプログラムは比較的小さなフィランソロピー資本の注入でスタートした。そして、フォードからの助成金は、その資本金が営利の銀行と非営利のコミュニティ開発機関、連邦政府系列であり公開市場で取引を行う営利の融資機関、そして最終的には民間の投資家の間をスムーズに流れるようにした。

　もちろん、サブプライムローン危機がこのソーシャルイノベーションに影を落とした事実は認めなければならない。しかし、その危機をもっとよく調べてみれば、問題はイノベーションそのものではなく、過剰な利益追求にあったとわかる。いわばソーシャルイノベーションが暴走させられた形だ。セルフヘルプを設立したマーティン・イークスは、こうしたサブプライムローンの搾取的な性格——過度な手数料、当初金利の高さ、爆発的に上昇する変動金利、早期に完済する場合の罰則——については憤慨している（『スタンフォード・ソーシャルイノベーション・レビュー』2008 年夏号掲載のイークスのインタビュー記事を参照）。彼は、セルフヘルプや他の責任ある融資機関は、30 年固定金利、所定の頭金、繰り上げ返済の罰則なし、ローン申請者に対する公正な調査など、消費者を助ける慣行を取り入れていると述べている[22]。

誰がソーシャルイノベーションを担うのか

　私たちが示してきたソーシャルイノベーションの考え方は、各分野の第一線のリーダーたち、政策決定者、資金提供者、実践者の活動に影響を与えられるだろう。社会の変化の担い手が実現したい目的だけでなく、その目的を達成するための手段の全体像をしっかりと捉えているからだ。社会起業家と社会的事業の研究分野が主に注目しているのは、変化への道筋のうち、特に、新しい非営利ベンチャーの立ち上げの部分だ。しかし、既存の非営利団体や政府機関も、重要な社会変化を生み出している。企業もまたそのリソースを活用して、より公正で豊かな社会をつくるために貢献する事例が増えている。社会の変化を生み出す人々も、資金を提供してそれを支える人々も、社会起業家や社会的企業という限定的なカテゴリにとどまらず、もっと視野を広げなければならない。実際に、この視野を広げるという点は、アショカを設立したビル・ドレイトンの、「誰もがチェンジメーカーである世界（Everyone a Changemaker）」という主張とも重なる[23]。

　第一線のリーダーたちが本当にソーシャルイノベーションを支え、発展させる知識を生み出そうと思うなら、この現象の捉え方は、より明確で、正確で、一貫していなければならない。この記事で私たちが最も伝えたいことは、ソーシャルイノベーションが出現し、拡散し、成功（あるいは失敗）するプロセスは、ソーシャルイノベーション、社会起業家、社会的企業の定義と一緒くたにするのではなく、切り離して考える必要があるということだ。

　最後に伝えたいのは、セクター横断のダイナミクスが本質的な役割を果たすと認識することが何よりも重要であると、私たちは確信している

ということだ。アイデアと価値観の交換、役割と関係性の変化、そして、公共、フィランソロピー、企業のリソースの一体化だ。建前としては、セクター間の垣根を取り払おうという風潮を多くの人が受け入れている。しかし実際には、それぞれのセクターが個別の取り組みで奮闘し続けている。いまだに中心的な役割を果しているのは、ビジネス・フォー・ソーシャルレスポンシビリティや全米非営利協議会のような、それぞれのセクターにおける専門家が集まるネットワークだ。セクターの内側でさえ、コミュニティは役割によって分断されている。非営利セクターを例に挙げれば、センター・フォー・エフェクティブ・フィランソロピー、全米財団評議会、グラントメーカーズ・フォー・エフェクティブ・オーガニゼーションズなどの最も傑出した財団であっても、主催する会議には助成団体しか参加できないよう、厳密に制限している。

特に深刻で重要な社会課題は、非営利、公共、企業のすべてのセクターが関わらないと、解決はもちろん理解すらできない。たとえば、エクソンモービルや BP のような世界的石油企業、EPA やエネルギー省のような国の機関、国連や世界銀行のような超国家の国際機関、そして、グリーンピースやエンバイロメンタル・ディフェンスなどの非営利団体の役割を考慮しなければ、地球温暖化対策について考えることすらできないのだ。

イノベーションは、セクター同士の距離が縮まる場所でますます花開くようになっている。その交差点では、アイデアと価値観の交換、役割と関係性の変化、企業の資金を公共や市民による支援活動に統合することが、社会的価値を創出するための新しい、よりよいアプローチを生み出している。セクター横断の協働を支援するためには、アイデア、価値観、資本、人材などのセクターの壁を越えた交流を阻み、セクター同士の役割と関係性を縛るような政策や慣行を見直さなければならない。

この世界は、もっと多くのソーシャルイノベーションを求めている。それは、世界を最も悩ませる問題の解決を望むすべての人々——起業家、リーダー、経営者、活動家、変化の推進者——にとっても同じだ。その人たちがビジネス界、政府、非営利団体のどこに属していようと、分離や父権主義や対立意識という古いパターンから脱却して社会的価値を生む新しい方法を見つけるために、セクター横断のダイナミクスを理解し、受け入れ、活用する努力をし続けなければならないのだ。

> 建前としては、セクター間の垣根を取り払おうという風潮を多くの人が受け入れている。しかし実際には、それぞれのセクターが個別の取り組みで奮闘し続けている

本記事の草稿を読んで役立つ指摘をしてくれたジェフリー・ブラダック、J・グレゴリー・ディーズ、サム・ケイナーに、また、リサーチに協力してくれたアリソン・スチュワートとレイラニ・マタサウア・メッツに感謝する。

1　James C. Collins, *Good to Great and the Social Sectors: A Monograph to Accompany Good to Great*, 1st ed., Boulder, Colo.: Jim Collins, 2005. 〔ジェームズ・C・コリンズ『ビジョナリーカンパニー【特別編】』山岡洋一 訳，日経 BP，2006 年〕

Mark Harrison Moore, *Creating Public Value: Strategic Management in Government*, Cambridge, Mass.: Harvard University Press, 1995.

Albert Gore and Scott Adams, *Businesslike Government: Lessons Learned from America's Best Companies*, Washington, D.C.: National Performance Review, 1997.

Christine Letts, William P. Ryan, and Allen Grossman, *High Performance Nonprofit Organizations: Managing Upstream for Greater Impact*, New York: Wiley, 1999.

2　Beatriz Armendáriz and Jonathan Morduch, *The Economics of Microfinance*, Cambridge, Mass.: The MIT Press, 2005: 21.

3　グラミン銀行の財務諸表によれば，2006 年のユヌスの報酬は 6,879 ドル 99 セントだった．

4　"Mechanism, n.," The Oxford English Dictionary OED Online, Oxford University Press, 2008. ポール・ライトは『スタンフォード・ソーシャルイノベーション・レビュー』2006 年秋号の記事で，「社会起業家精神・社会起業家」の定義を広くするように訴え，まさにこの点を主張している．しかし，これは「起業家精神」の基本的な意味を拡張することになる．そのため，私たちはソーシャルイノベーションを分析するうえでは，イノベーションのほうがよりよいツールになると考える．

5　Skoll Foundation, "Background on Social Entrepreneurship," http://www.skoll.org/aboutsocialentrepreneurship/index.asp

Schwab Foundation for Social Entrepreneurship, "What Is a Social Entrepreneur?" http://www.schwabfound.org/definition.htm

Ashoka, "What Is a Social Entrepreneur?" http://www.ashoka.org/social_entrepreneur

John Elkington and Pamela Hartigan, The Power of Unreasonable People: How Social entrepreneurs Create Markets That Change the World, Boston: Harvard Business School Press, 2008. 〔ジョン・エルキントン，パメラ・ハーティガン『クレイジーパワー──社会起業家──新たな市場を切り拓く人々』関根智美 訳，英治出版，2008 年〕

経営学教育という文脈においては，起業家精神や社会起業家精神を教える者は，起業のプロセス（つまり，個人が新しい組織を設立し成長させるために用いる手段）

に集中する傾向がある．これはソーシャルイノベーションの観点により近くはあるものの，社会のより広い経済システムのことよりも，起業家個人や新しい会社を立ち上げる経営上の課題に集中する傾向がある．たとえば，以下を参照．

William B. Gartner, "'Who Is an Entrepreneur?' Is the Wrong Question," *American Journal of Small Business, 12*, no. 4, 1988.

Jane Wei-Skillern et al., *Entrepreneurship in the Social Sector*, Thousand Oaks, Calf.: Sage, 2007.

6　再考察に関しては，以下を参照．
Cynthia Massarsky, "Coming of Age: Social Enterprise Reaches Its Tipping Point," in *Research on Social Entrepreneurship: Understanding and Contributing to an Emerging Field: ARNOVA Occasional Paper Series*, edited by Rachel Mosher-Williams, Washington, D.C.: Association for Research on Nonprofit Organizations and Voluntary Action, 2006: 67-87.

7　Paul light, "Searching for Social Entrepreneurs: Who They Might Be, Where They Might Be Found, What They Do," in *Research on Social Entrepreneurship: Understanding and Contributing to an Emerging Field: ARNOVA Occasional Paper Series*, edited by Rachel Mosher-Williams, Washington, D.C.: Association for Research on Nonprofit Organizations and Voluntary Action, 2006: 13-37.

8　たとえば，以下を参照．
J. Gregory Dees and Beth Battle Anderson, "Framing a Theory of Social Entrepreneurship: Building on Two Schools of Practice and Thought," in *Research on Social Entrepreneurship: Understanding and Contributing to an Emerging Field: ARNOVA Occasional Paper Series*, edited by Rachel Mosher-Williams, Washington, D.C.: Association for Research on Nonprofit Organizations and Voluntary Action, 2006: 39-66.

こうした努力の影響についての私たちの主張は，アショカ，ファスト・カンパニー・ソーシャル・キャピタリスト賞，社会起業のためのシュワブ財団，スコール財団などの優れたネットワークから助成や賞を受けている団体は，圧倒的に非営利団体で構成されているという私たちの分析に基づいている．資金提供分野における注目すべき例外は，オミディア・ネットワークで，営利の社会起業家を支援するため，社名と法人形態を変更した．

9　これは比較的おおざっぱな主張ではあるが，イノベーションと起業家精神に関する 2 つの文献の対比に支えられる．
J.T. Hage, "Organizational Innovation and Organizational Change," *Annual Review of Sociology*, 25, 1999.

Patricia H. Thornton, "The Sociology of Entrepreneurship," *Annual Review of Sociology*, 25, 1999.

10 Rosabeth M. Kanter, *The Change Masters: Innovation and Entrepreneurship in the American Corporation*, New York: Simon & Schuster, 1983: 20.〔ロザベス・モス・カンター『ザ チェンジ マスターズ——21世紀への企業変革者たち』長谷川慶太郎監訳, 二見書房, 1984年〕

T. M. Amabile, "A Model of Creativity and Innovation in Organizations," in *Research in Organizational Behavior*, edited by Barry M. Staw and L.L. Cummings, Greenwich, Conn.: JAI Press, 1988.

11 William J. Abernathy and James M. Utterback, "Patterns of Industrial Innovation," *Technology Review*, 80, no. 7, 1978.

Eric von Hippel, *The Sources of Innovation*, New York: Oxford University Press, 1988.〔E・フォン・ヒッペル『イノベーションの源泉——真のイノベーターはだれか』榊原清則訳, ダイヤモンド社, 1991年〕

12 von Hippel, *The Sources of Innovation*.〔E・フォン・ヒッペル『イノベーションの源泉』〕

John E. Ettlie, William P. Bridges and Robert D. O'Keefe, "Organization Strategy and Structural Differences for Radical Versus Incremental Innovation," *Management Science*, 30, no. 6, 1984.

13 効果的なイノベーションの拡散の失敗例については, 以下を参照.

Everett M. Rogers, *Diffusion of Innovations*, 5th ed., New York: Free Press, 2003.〔エベレット・ロジャーズ『イノベーションの普及』三藤利雄訳, 翔泳社, 2007年〕効果のないイノベーションの拡散の成功例については, 以下を参照.

Sarah A. Soule, "The Diffusion of an Unsuccessful Innovation," *The Annals of the American Academy of Political and Social Science, 566*, November 1999.

14 J. Gregory Dees, "The Meaning of 'Social Entrepreneurship,'" Center for the Advancement of Social Entrepreneurship, 2001.

15 Clayton M. Christensen et al., "Disruptive Innovation for Social Change," *Harvard Business Review, 84*, no. 12, 2006: 96.〔クレイトン・M・クリステンセン, ハイナー・ボーマン, ルディ・ラグルス, トーマス・M・サドラー「破壊的イノベーションで社会変革を実現する」,『DIAMOND ハーバード・ビジネス・レビュー』2008年1月号, ダイヤモンド社〕

16 社会的な目的, 公的価値, 公共善, 外部性などの関連する概念の詳しい説明は, 以下を参照.

J. Gregory Dees, *Social Enterprise: Private Initiatives for the Common Good*, Boston: Harvard Business School, 1994.

Mark Harrison Moore, *Creating Public Value: Strategic Management in Government*, Cambridge, Mass.: Harvard University Press, 1995.

Charter Wolf Jr., *Markets or Governments: Choosing between Imperfect Alternatives*, 2nd ed., Cambridge, Mass.: MIT Press, 1993.

17 さらに詳しい議論については, *Public Goods and Market Failures: A Critical Examination*, edited by Tyler Cowen, New Brunswick, N.J.: Transaction Publishers, 1992 を参照.

18 David Vogel, *The Market for Virtue: The Potential and Limits of Corporate Social Responsibility*, Washington, D.C.: Brookings Institution Press, 2005: 28.

19 Joshua Humphreys et al., *2005 Report on Socially Responsible Investing Trends in the United States*, Washington, D.C.: Social Investment Forum, 2006.

20 John McMillan, *Reinventing the Bazaar: A Natural History of Markets*, New York: W.W. Norton & Company, 2002.〔ジョン・マクミラン『市場を創る——バザールからネット取引まで』瀧澤弘和, 木村友二訳, NTT出版, 2007年〕

A. Denny Ellerman, Paul L. Joskow, and David Harrison Jr., *Emissions Trading in the U.S.: Experience, Lessons, and Considerations for Greenhouse Gases*, Pew Center on Global Climate Change, 2003.

21 McMillan, *Reinventing the Bazaar*.〔ジョン・マクミラン『市場を創る』〕

22 Eric Nee and Martin Eakes, "15 Minutes: Interview with Martin Eakes," *Stanford Social Innovation Review*, 5, no. 3, 2008.

23 このセクションについて意見を述べ, この引用に私たちの注意を向けてくれたグレッグ・ディーズに感謝する. William Drayton, "Everyone a Changemaker: Social Entrepreneurship's Ultimate Goal," *Innovations*, 1, no. 1, 2006.

The Dawn
システムリ

of System Leadership

ーダーシップの夜明け

変化を起こすのではなく、変化が生まれるように導く

ピーター・センゲ　Peter Senge

ハル・ハミルトン　Hal Hamilton

ジョン・カニア　John Kania

友納仁子 訳

「社会が変わる」と言っても、どれか１つの解決策では実現できず、複雑なシステム全体を変化させる必要がある。それは、ビジョンや解決策を示して先頭に立つ、英雄的なリーダーが解決に挑むのでは限界がある。問題に関わる多くの人々を支援し、「自分も変わるべきシステムの一部なのだ」と気づかせ、それぞれが変化を起こせるように導く存在──すなわち、システムリーダーが必要だ。システムリーダーシップの本質とは何か？　どうすればシステムリーダーになれるのだろうか？　現在さまざまな場所で生まれつつある、これからの時代に欠かせないリーダーのあり方に迫る。（2015年冬号）

Peter Senge

マサチューセッツ工科大学（MIT）スローン経営大学院の組織学習センター上級講師兼ディレクター。組織学習協会（SoL）設立者兼初代会長。アカデミー・フォー・システム・チェンジ（Academy for Systems Change）共同設立者。著書に『学習する組織』（英治出版）、共著に『出現する未来』（講談社）、『持続可能な未来へ』、『フィールドブック　学習する組織「5つの能力」』（以上、日本経済新聞出版社）、『学習する学校』（英治出版）など。

Hal Hamilton

サステナブル・フード・ラボ（Sustainable Food Lab）ディレクター、アカデミー・フォー・システム・チェンジ共同設立者。これまでにサステナビリティ・インスティテュート（Sustainability Institute）、センター・フォー・サステナブル・システムズ（Center for Sustainable Systems）のエグゼクティブディレクターを務めた。

John Kania

FSG取締役兼マネージングディレクター。同社のコンサルティングプラクティスを統率する。本書収録論文「10 コレクティブ・インパクト」共著者。『スタンフォード・ソーシャルイノベーション・レビュー』への寄稿多数。

2013年の終わりにネルソン・マンデラが亡くなると、世界中がその素晴らしい一生を称えた。しかし、マンデラの功績ばかりにスポットライトが当たったため、彼がなぜ南アフリカ共和国に、そして国境を越えてこれほどの長期的インパクトを与えることができたのか、その理由の多くには光が当たらなかった。マンデラは、分断された同国で取り残された人々をまとめ、共通の課題に集合的に向き合い、新しい国家をつくり上げていくために、さまざまな方法で介入していった。その意味でマンデラは、集合的（コレクティブ）なリーダーシップを生み出すことができるシステムリーダーの体現者であった。

マンデラは、1990年に自身が釈放されてから最初の全人種参加選挙までの不安定な4年間に、かつては禁止されていた黒人政党が集まって同国の未来に向けたいくつものビジョンをつくるという、シナリオ構築プロセスを支援した。異なるイデオロギーやその含意を皆でオープンに検討したことで、国を分断する対立の種となりかねない相違——たとえば重要産業の国有化の是非をめぐる見解の違い——を乗り越えた[1]。

システムリーダーとしてのマンデラの活動を最も如実に示すのは、おそらく真実和解委員会（The Truth and Reconciliation Commission）だろう。これは、南アフリカ共和国の分断による精神的な傷跡を癒やす抜本的なイノベーションで、黒人と白人が力を合わせて過去と向き合い未来づくりに参加する取り組みだった。多大な犠牲を強いられた人々と、その犠牲が生まれる行動をした人々が互いに向き合い、真実を語り、許し、前進することは可能だというこのシンプルな考え方は、国の発展に向けた重要な意思表示であっただけでなく、この考え方があることで、集合的なリーダーシップが醸成されていった。実際このプロセスは、デズモンド・ツツ大主教やF・W・デクラーク元大統領のような人々

のリーダーシップがなければ実現しなかっただろう。

それだけでなく、このプロセスは、同国の新たな現実を共に築く一歩に何千もの人々を参加させ、それによって、リーダーシップの本来の意味を体現した。「lead」はもともと「leith」というインド・ヨーロッパ語を語源としているが、その文字通りの意味は、「敷居を越える」である。つまり、敷居を越えて、最初の一歩を踏み出し、前進を制限するあらゆるものを手放すことなのだ。

> 「lead」の語源である「leith」の文字通りの意味は、「敷居を越える」である。つまり、敷居を越えて、最初の一歩を踏み出し、前進を制限するあらゆるものを手放すことなのだ

歴史上、このようなシステムリーダーが今ほど求められている時代はない。私たちは既存の機関やその階層的な権力構造では太刀打ちできない、数々のシステムレベルの課題に直面している。気候変動、生態系の破壊、水不足の深刻化、若者の失業、根深い貧困や格差といった問題には、さまざまな組織、セクター、さらには国家によるかつてないコラボレーションが必要だ。そのため、この10年で国レベル、地域レベル、そして世界レベルで非常に多くの協働的な取り組みが始動している。しかし、参画する組織の内部あるいは組織間で、集合的なリーダーシップを醸成できなかったために頓挫する取り組みがあとを絶たない。

本稿の目的は、集合的なリーダーシップの醸成に必要となるシステムリーダーに関して、我々著者らが現在得ている学びを共有することだ。システムリーダーであることについて、またシステムリーダーとして成長し続けることについて、その意味を噛み砕いて説明したい。マンデラのような模範例を持ち出すと、彼らは特別で一般人とは次元が違うという印象が強くなりがちである。しかし我々は光栄なことに、多くの「マンデラ的」な人々と仕事をする機会に恵まれてきた。そしてその経験から、彼らには共通のコア能力があり、その能力は育成できると確信するに至った。公的な地位や権威は重要ではあるものの、我々はさまざまな地位の人々がシステムリーダーとして貢献する姿を目にしてきた。ロナルド・ハイフェッツがアダプティブ・リーダーシップの研究で示したように、これらのリーダーは、その他の人たち——特に問題を抱えた人たち——が、問題の克服に向けて集合的に学んでいけるように状況を整えていく[2]。そして何よりも、我々はシステムリーダーたちが1人の人間として成長する様子を見て、多くのことを学んだ。システムリーダーとしての成長は簡単なことではなく、進化を遂げる人は、自分の学びや成長に対して特別なコミットメントを尽くしている。彼らが通る「関門」を理解することで、このコミットメントを明確にし、これが選ばれし者たちだけの神秘的な領域ではないことを解き明かしたい。

今や多くの同志が「同じ川で泳いで」いる。つまり、私たちの文化的コンテクストで主流な考え方は依然として1人の英雄的リーダーという幻想に深く根ざしているものの、世界各地のさまざまな状況下で同志たちは集合的なリーダーシップを開拓しようとしている。この新たなタイプのリーダーシップを探求する中で、システムリーダーに関する私たちの学びを加速させる真の可能性が生まれるのだ。私たちが直面する、見えてはいるがはっきりとしない問題のスケールに合ったシステムレベルの変化をいかに引き起こし、導くのか。私たちは間違いなく、その学びの始まりの始まりにいる。

システムリーダーのコア能力

　個々の性格やスタイルが大きく違っていても、本物のシステムリーダーが与えるインパクトは驚くほど似通っている。システム全体を健全なものにしようとする深いコミットメントが、周囲に刺激を与え、長い時間をかけて、他者の同じようなコミットメントを育む。システムリーダーは、自分とはまったく違う人々の視点から現実を見る力を持つが、それによって他の人たちにもよりオープンになることを促す。また、彼らはじっくり傾聴することから人間関係を構築し、そこから信頼と協働のネットワークが花開く。さらに、何かが成し遂げられるはずだという自信を持っていて、完全に計画ができあがるのを待たないため、かえって人々を自由にし、皆が一歩を踏み出して進みながら学ぶことを後押しする。実は、システムリーダーの貢献の中でも最大のものが、無知の強みから生まれることもある。この強みによって、自明と思えるような質問を投げかけたり、継続的な学びと成長を求めるオープンな姿勢やコミットメントを体現したりすることが可能になり、ひいてはこれらの行動が、より大きな変化の取り組みに浸透していくからだ。

　このようなシステムリーダーの登場によって、それまで対立や無力感に悩まされてきた状況に余白が生まれ、手の施しようがないと思われていた問題がイノベーションの機会と捉えられるようになる。短期的で反応的な問題解決が、長期的な価値創出ともっとバランスのとれた解決策になる。そして組織の自己利益の文脈も再構成される。なぜなら、より大きなシステムの幸福を創出できるかどうかが、そのシステムの一部である自分や所属組織の成否を決めるということを人々が理解するからだ。

　システムリーダーは、3つのコア能力を磨くことで、集合的なリーダーシップを育むことができ

る。1つ目は、より大きなシステムを見る能力だ。複雑な状況では、人はたいてい自分に都合のよい視点から、システムの中でもいちばんよく見える部分に注目する。このことは通常、懸案の問題について誰の視点が正しいか、という議論を引き起こす。複雑な問題についての共通理解を構築するためには、人々がより大きなシステムに目を向けられるように支援することが欠かせない。この共通理解に基づいて、協力する各組織が、それぞれの立場だけからでははっきりと見えない解決策を共に生み出したり、局所的な対症療法をただ追求するのではなくシステム全体の健全性のために協力したりすることが可能になる。

　2つ目は、内省（リフレクション）と、より生成的な対話を促すことに関する能力だ。内省が意味するのは、自分の思考について考察すること、自分を鏡に映し、当たり前のものとして対話に持ち込んでいる先入観がないかを確かめること、そして、メンタルモデルがいかに自分を制約し得るかを理解することである。深く内省してそれを共有することは、組織や個人から成る集団が、それぞれの異なる意見を本当の意味で「聞き」、互いが見ている各々の現実を、頭でだけでなく感情としても理解し合うために欠かせないステップだ。このことは、不信がはびこる中で信頼を築き、集合的な創造性を育むための重要な出発点になる。

　3つ目の能力の軸になるのは、集合的な着目点（フォーカス）を、反応的な問題解決から未来の共創へと移行することだ。多くの場合、望ましくない現状が変化の出発点になるが、有能なシステムリーダーは、人々が単に問題に反応するのではなく、前向きな未来のビジョンをつくり出せるよ

> 深く内省してそれを共有することは、組織や個人から成る集団が、それぞれの異なる意見を本当の意味で「聞き」、互いが見ている各々の現実を、頭でだけでなく感情的に理解し合うために欠かせないステップだ

うに支援する。一般的にこのプロセスは、リーダーの後押しによって、人々が心の奥底にある願いを表現し、共に達成した目に見える成果から自信を得ながら、ゆるやかに進んでいく。この移行を実現するためには、人々を勇気づけるビジョンを見せるだけでなく、目の前の厳しい現実に向き合うことや、ビジョンと現実の緊張（テンション）を利用してまったく新しいアプローチを生み出す方法を学ぶことも必要である。

このようなリーダーシップ能力については、組織学習に関する文献や、能力開発を支援するツールを通して多くが語られてきた[3]。しかし、そのような取り組みの多くはまだあまり知られていないか、知られているとしても、システムレベルの変化を目指す協働的な取り組みに関わる人々の間に限られている。

システムリーダーになるための関門

何年も前のことだが、我々のメンターの1人で、ハノーバー・インシュアランス・カンパニーのCEOだったウィリアム・オブライエンが、ある重要な問いを発した。「多くのビジネスリーダーが、ビジョン、明確な目的意識、成長を実現するための人材育成といった理想を掲げている。もしこのような狙いが広く共有されているなら、なぜそれを実現している組織がこれほど少ないのだろうか」。オブライエンの答えはシンプルだった。「それは、そのような企業をつくるために必要なコミットメントの本質を、ほとんどの人が正しく理解していないからではないか」。我々が考えるにこの洞察は、システムレベルの変化に向けた協働的なネットワークの構築に貢献しようとする、システムリーダー予備軍にも当てはまる。

システムリーダーが成長してい

く様子を観察していると、その成長には深いコミットメントが必要なことが繰り返し浮かび上がり、システムリーダー予備軍が成長の旅の始まりに通る関門が明確になってきた。この関門が旅路の全体を決めるわけではないが、旅がそもそも始まるかどうかを決めることは間違いない。この関門を通ることを躊躇する者は、システムリーダーシップについていかにも正しそうなことをいくら述べ立てても、その願いを体現するという点で大きく前進できる見込みは低いだろう。

注意の方向を変える——「あちら側」にある問題は「こちら側」にもあり、その2つがどうつながっているかを捉える

今やっていることをもっと懸命に、あるいはもっと賢く行うというアプローチでは、出てくる成果は大して変わらないだろう。本物の変化は、私たち自身も私たちが変えたいシステムの一部なのだと認識することからスタートする。私たちが正そうとしている恐れや不信は、私たちの中にも存在する。怒り、悲しみ、疑念、不満もそうである。私たちの行動は、その奥にある意識や思考の性質を変えない限り、より効果的なものにはならないだろう。

ロカ（Roca, Inc.）は1988年にボストン地区で設立された、地域の青少年の育成を目指す組織である。ロカが支援するのは主に、他に誰も支援しようとしない若者たちだ。ロカのスタッフの多くはギャングの元メンバーであり、現在は街頭に出て、現役のギャングたちが人生を方向転換するための支援をしている[4]。2013年には、ロカが行う仮出所者や前科者のためのプログラムに参加した高リスクの若者のうち、89％が再逮捕されることなく、95％が新たに規則違反を犯さず、69％が仕事を維持した。こうした成果を評価して、マサチューセッツ州は2013年、ロカと2,700万ドルのソーシャル・インパクト・ボンド[*]を契約した。この契約にお

Stanford SOCIAL INNOVATION Review Japan

＊ ソーシャル・インパクト・ボンド：行政と民間の金融機関が連携し、社会的インパクトを目指す事業を支援するための、投融資スキーム。このスキームに参画する資金提供者には、事業が目指す成果や社会的インパクトを達成した場合、行政からそれに見合った金銭的リターンが還元される

いて、ロカはリスクのある若者たちが刑務所に入ることのないように活動し、達成した成果に応じた報酬を直接受け取ることになった[5]。

ロカの成功に重要な役割を果たしてきたのが、支援対象となる若者との間に、変化につながる人間関係を構築する能力である。ロカはこれを、「徹底的な」働きかけと関係作りによって実行する。ロカの設立者でCEOのモリー・ボールドウィンは、「私たちの最初の仕事はシンプルで、子どもたちの前に『姿を見せる』ことです。事実として、いつでも頼れるような相手に人生で一度も出会ったことがない子がたくさんいるんです」と話す。

若者たちの前に姿を見せるということは、アメリカ先住民の平和維持手法である「ピースキーピング・サークル*」のようなプロセスを用いるということだ。ロカはこの手法を、路上での揉めごとの解決から量刑審問や仮釈放審問に至るまで、さまざまな状況に応用している。この手法では、どんな状況でもすべての重要な当事者を集めてサークルを開き、1人ひとりが心の奥にある意図を短く言葉にすることから始める。サークルの核にある考え方は、個人に影響を与えていることはコミュニティにも影響を与えているため、両方を一緒に癒やす必要がある、というものだ[6]。ロカの青少年支援ワーカーであるオマール・オルテスは、「サークルでは互いに傾聴し合うことを学びます。すると、ある問題は誰か1人の問題ではなく、私たち皆の問題だということがわかるのです」と話す。

ピースキーピング・サークルをつくり上げるのは簡単なことではなく、それはボールドウィンにとっても同じだ。15年前にロカが初めてのサークルトレーニングを実施したときのことを、彼女はこう振り返る。「40人が集まりました。若者たち、警察官と保護観察官、コミュニティの住民や私たちの知人などです。しかしオープニングセッションの途中ですべてがめちゃくちゃになりました。人々は騒ぎ、少年たちは悪態をつき、皆が『そら見ろ！　こんなことがうまくいくわけがない！』と言いました。セッションが壊れる様子を見るのは本当に辛いことでしたが、最後には、私は自分がいかに結束ではなく対立に加担していたか、いかにピースメーカーに程遠い存在だったかを理解できました。『私たちと彼ら』を分けて考えることの問題を心の底から理解し、私が個人的にも組織としてもその考え方を持ち続けていたことを痛感しました。『私が正しく、あなたは間違っている！　問題はあなたであって、私たちではない。なぜなら私たちは道徳的に上の立場にいるのだから！』と主張し続けることは、本当の意味で人々や状況を支援することを妨げる、大きな原因になっていました」

オットー・シャーマーとカトリン・カウファーは著書『出現する未来から導く』で、システムの変容に必要な3つの「開放」を示した。すなわち、「思考を開く（前提を再検討してみる）」「心を開く（自分の弱さを見せ、互いに本当の意味で傾聴し合う）」「意志を開く（すでに決まっている目標や課題を手放し、本当に必要なことや実現できることに目を向ける）」である。この3つの開放は、多くの変化に向けた取り組みに潜む盲点を克服する。多くの取り組みはしばしば、硬直した前提や課題を土台にしているが、システムの変容とは突き詰めれば、そのシステムを構成する人々の関係性を変容させることだという点を見落としている。リーダーがこのシンプルな真実を受け入れられない、あるいは受け入れようとしないために、それ以外の点においては善意に基づく変化に

> システムの変容に必要な3つの「開放」は、「思考を開く」「心を開く」「意志を開く」である

---

* ピースキーピング・サークル：「全員が対等で発言する機会がある」「共通の目標に向けて協力し合う」「合意によって意思決定する」などの原則にのっとった、協働で平和な関係性を築くための場づくりのアプローチ。「ピースメイキング・サークル」と呼ばれることもある

向けた取り組みの多くが失敗している。システムリーダーとしてのボールドウィンの成長は、自身が持つ偏見や欠点（そして、その欠点がいかにロカの活動の効果を妨げているか）に向き合おうとする意志と、組織全体の雰囲気をつくり上げるには時間がかかることを受け入れるオープンな態度から始まった。

> システムリーダーは、変化が生まれ、その変化が自律的に持続するような状況づくりに焦点を当てる

このような思考と心と意志を開こうとする姿勢によって、ロカは、今や組織を取り囲んでいた壁をはるかに越えて広がり、ギャング、警察、裁判所、仮釈放委員会、学校、社会福祉機関をつなぐ重要な橋渡しとしての役割を果たすまでに進化している。実際のところ、ロカの重要な協力機関の多くは、ロカが活動するコミュニティにあるいくつもの警察署だ。警察官をしばしば敵と見なしていたかつての社会活動家たちがここまで来るには、長い道のりがあったのである。

戦略の方向を再設定する――変化の場を生み出し、集合的な知性と知恵を出現させる

あまり効果を生めないリーダーは、自ら変化を起こそうとする。これに対しシステムリーダーは、変化が生まれ、その変化が自律的に持続するような状況づくりに焦点を当てる。複雑な協働的な取り組みを成功させるための必要条件を解明していく中で、我々はこの戦略上の焦点の微妙な違いと、変化の場をどう生み出すかを学んでいる人が発揮するすばらしい力に、いっそうの価値を見出している。

ダーシー・ウィンズローの場合、システムリーダーへの旅が始まったのは、ナイキの先端研究部門の責任者としてガスクロマトグラフを用いた毒性分析をレビューした 1998 年のことだった。彼女は分析結果についてこう語る。

「当社の主力ランニングシューズの 1 つに含まれる化学物質が、初めて明らかになりました。自社商品やその製造過程に、既知の毒性物質や、未知のリスクをはらむ多数の化学物質が含まれているというこの結果を見て、商品担当副社長は驚くようなことを言いました。『私は何をすべきだと君たちは思うか』と聞いてきたのです。私たちは、彼こそがこの領域の責任者なのだから、答えがわかるはずだと思っていました。しかし、しばらくして理解しました。当社の商品に含まれる物質は、コストや機能、デザイン、素材をめぐる選択の結果として、そこに存在したわけです。本当に問うべきは『このきわめて複雑な問題への取り組みの先頭に立てる――そして立つべき――人物は誰なのか』だったのです」

その後の数週間から数カ月で、ウィンズローはひらめきを得た。

「ナイキはものづくり企業です。『イノベーションは私たちの本質である』が当社の第一の原則です。私たちが話をするべき相手はデザイナーでした。当時ナイキには約 2 万 5,000 人の社員がいましたが、その中でデザイナーはわずか 300 人ほどでした。変化の皮切りとなるクリティカルマスに必要な規模が 5〜10% なら、わずか 15〜30 人程度です。俄然、それはそんなに大変なことではないと思えてきました。そこで私は彼らと話をしに行ったのです」

ウィンズローは報告書を持ってデザイナーたちを訪ね、その結果をただ見せて、どう思うかと聞いた。

「2 分も話せば、その人が何かせずにはいられないと感じるかどうかがわかりました。そういう反応がなければ次に行きました。反応を見せた人にはもう一度会いたいと伝えました」

そして間もなくウィンズローは、意欲あるデザイナーや、商品開発にかかわるその他の人々を集め、新たなネットワークが形成され始めた。

「優秀なデザイナーに、何かは不可能だ――た

Stanford SOCIAL INNOVATION Review Japan

とえば、接着剤を使わずに世界トップレベルのランニングシューズをつくることなんてできないだろう――と言うと、ものすごくやる気を出します。彼らはこのような難題に引きつけられるのです」

それから2年以内に、約400人のデザイナーと商品マネジャーを集めた2日間のサミットが開催された。そこで、主だったサステナビリティの専門家や経営幹部が一緒になって、サステナビリティに配慮したデザインコンセプトを検討した。ナイキの内部で1つのムーブメントが生まれたのである。

現在ではナイキの取り組みが刺激となり、スポーツアパレル業界全体で、廃棄物、毒性、水や電力の問題に関する集合的なリーダーシップが発揮されている。たとえば、グリーンピース、ナイキ、プーマ、アディダス、ニューバランスなどの共同の取り組みである「有害化学物質排出ゼロを目指す共同ロードマップ」は、システム全体で主要毒物を特定し、中国をはじめとして世界のスポーツアパレル製造業界全体で有害化学物質の排出ゼロを達成することを目指している[7]（ウィンズローは2008年にナイキを離れ、現在はアカデミー・フォー・システムズ・チェンジの代表を務めている）。

変化の場を生み出すための関門を理解するという点で、私たちは皆、学習曲線の急上昇フェーズにいる。しかし変化の場の創出は、協働的な取り組みが始まるときだけでなく、そこから最終的に何が生まれ出るか、という点においても非常に重要だと思われる。数年前、本稿の共著者であるジョン・カニアは共同執筆論文を発表したが、ある綿密なコラボレーションのアプローチを「コレクティブ・インパクト」と名付け、さらにその取り組みにおいて大きな前進を果たすための5つの条件を説明した[8]。そして今、我々がコレクティブ・インパクトをもたらす有効な取り組みの調査と観察を続ける中で、この5つの

条件以上に存在感を増しているものがある。それは、綿密に設計された利害関係者（ステークホルダー）の参加プロセスを通して徐々に形成される、集合的な知性である。そしてその性質は、我々が決して事前に予想できなかったものだ。

システムレベルの変化はデータや情報だけでは成し得ない。真の知性と知恵が必要なのだ。我々のシステム思考のアプローチを形作ったシステムダイナミクスの創始者、ジェイ・フォレスターは、複雑な非線形システムが「直感に反する動き」を示すことを指摘した。彼はその説明として、政府による多くの介入が、測定可能な症状を短期的に改善することを狙い、結局は根底にある問題をさらに深刻化させて

> システムレベルの変化はデータや情報だけでは成し得ない。真の知性と知恵が必要なのだ

失敗していることを挙げた。たとえば都市部の治安維持活動を強化して短期的に犯罪率の抑制に成功するが、根深い貧困の源を是正する措置を取らないために、長期的な受刑率が上昇するといった例である[9]。同じくシステム思考の先駆者であるラッセル・エイコフは、知恵とはある介入の短期的効果と長期的効果を区別できる能力だ、と説いた[10]。問いは、レバレッジの低い（つまり労力に比して効果が小さい）対症療法的な介入を求めるプレッシャーを越えていくような知恵が、実践の場からいかにして生まれるかということである。

ボールドウィンやウィンズローのようなシステムリーダーは、集合的な知恵を工場で大量生産したり、前もって計画に入れておいたりするのは不可能だということを理解している。また、あらかじめ決められた改革アジェンダを「推進」しようとするリーダーが、集合的な知恵をもたらす可能性は低いだろう。システムリーダーはその代わりに、場を生み出すことに尽力する。そこでは問題を抱えて生きる人々が集まって真実

を語り、本当に起きていることについて深く考え、一般的な見方にとらわれずに選択肢を模索し、行動と内省の漸進的なサイクルと時間をかけた学びを通してレバレッジの高い変化を模索する。複雑な問題にたやすく出せる答えはないと知っているシステムリーダーたちは、新たな考え方や行動、あり方が次第に生まれていくような熟成プロセスを通じて、時間をかけて集合的な知恵が出現する環境を整えるのである。

システムリーダーシップに馴染みのない者にとって、場を生み出すという態度は受動的で、ともすれば弱腰だと感じられるかもしれない。強力なリーダーシップとは、何よりもまず計画を遂行することだと考えるからだ。もちろん計画は常に必要だ。しかしオープンさがなければ、まるで当初の航路を守ることに懸命になるあまり、風の変化に合わせて針路を調整しようとしない船乗りのように、出現しようとしているものを見逃す可能性がある。さらに重要なこととして、場

> システムリーダーは、「やってみる」ことをやめない

をつくり出す、本当の問いについて人々に考えてもらう、隠れたアジェンダなどない明らかな意図のもとに人を集めるなど一連の行動を意識的に実践することは、「自分の」計画に人々を従わせようとする場合とはまったく異なるエネルギーを創出する。ウィンズローがデザイナーたちを訪ねたとき、彼女は基本的なデータとともに、「これについてどう思いますか。私たちはどうするべきでしょうか」という大きな問いを投げかけた。彼女は 15 年にわたって、コラボレーションと、共通のコミットメントが実現したすばらしいネットワークの構築に成功し、その影響は今も広がり続けているが、その始まりはこの基本的な戦略の転換にあったのだ。システムリーダーは、計画と場がリーダーシップの陽と陰であることを理解している。両方とも必要だが、それにも増して必要なのは、両者のバラ

ンスをとることである。

とにかくやってみる──すべての学びは「やってみる」から生まれ、実践は本質的に成長につながる

コラボレーションの歴史が浅く、メンタルモデルが違い、それぞれが異なる──ときには対立しているようにも見える──目的を持つ多様な利害関係者を集めることは、リスクの高い行為である。優れた意図があるだけでは不十分だ。スキルが必要なのである。しかしスキルは実践によってのみ培われる。誰もがシステムレベルの変化のためのツールを欲しているが、自分や周りの人々の能力を育てるために十分熟練したうえでツールを使いこなす準備ができている人はあまりにも少ない。

だからこそ、ボールドウィンやウィンズローをはじめとするシステムリーダーは、固定化したメンタルモデルによって見えにくくなっているより大きなシステムに目を向けられるように人々を支援すること、真のエンゲージメントや信頼が徐々に生まれていくようなさまざまな対話を促すこと、出現しつつある可能性を感じ取り、集合的な着目点(フォーカス)を単なる問題への反応的な対応から集合的な創造性の発揮へと移行させることについて、「やってみる」ことをやめないのである。実践は内向きにも外向きにも行われるが、そのための規律が必要なのだ。

幸いにもここ数十年で、システムリーダーシップのコア能力を開発するためのツールが、さまざまな領域で多数登場している。中でも重要なのは、実践でも役に立つと同時に、人々の世界に対する考え方や捉え方に影響を及ぼす、という2つの機能を持つツールである。発明家のバックミンスター・フラーの言葉を借りれば、「人の考え方を変えようとするのは諦めよ。あなたが他人の考え方を変えることはできない。彼らに

Stanford SOCIAL INNOVATION Review Japan

ツールを与えよ。それを使うことで、その人が徐々に違う考え方をするようになるツールを」ということだ。

ここからは、そうしたツールをいくつか取り上げて、リーダーシップの各種コア能力の開発に生かす方法を紹介する。

◆ より大きなシステムを視野に入れるためのツール

人々がより大きなシステムに目を向けることを支援するツールは、多様な利害関係者の異なるメンタルモデルを統合し、より包括的な理解を生み出す。その出発点はたいていシンプルな問いかけであり、たとえばウィンズローの場合は「私たちの商品に何が含まれているか知っていますか？」だった。教育者なら「学校の外でこの子どもに何が起こっているのでしょうか？」となるかもしれない。この問いかけを拡張していくときに使えるのが「システムマッピング」の手法で、利害関係者たちがふだん前提にしている境界線（バウンダリー）を越えて関係性や相互依存性を視覚的に捉えることに役立つ。

たとえば、小児喘息の治療結果の改善に注力するダラスの取り組みでは、医師、病院管理者、コミュニティの諸団体、保険会社、市の保健担当者、宗教系の団体、インフラ・建造環境の専門家、フィランソロピスト（慈善家）、公立学校で構成される運営委員会においてそれぞれが協力し合って、自分がその一部である子どもの健康をめぐるシステムのマップを作成した。この取り組みのリーダーたちは、小児喘息の全体像を描き出すためには異なるすべての視点が必要だという点で、あらかじめ合意した。また初期の対話を進めていく中で、喘息の治療成績が芳しくない原因や解決策に関する参加者それぞれの見解が異なることも明らかになった。

同グループが作成したシステムマップは、参加者全員がシステムの全体像をよりよく把握することに役立った。また専門家1人ひとりが、子どもの健康に影響を与える要因のうち、それぞれの仕事の中だけでははっきりと見えないものを把握することにも役立った。最終的に同グループは「喘息から健康への方程式」を作成した。これはシステムマップから得られた知見に基づいて、喘息の誘発要因に関する医学的情報、喘息管理の方法、家族やコミュニティが喘息の子どもたちの自己効力感を促進する支援体制をつくるためにどんなリーダーシップを発揮できるかを、イラストの形で表現してまとめたものである（右図「喘息治療のシステムマップ」参照）。このマップが特に役立ったのは、臨床の専門家が、臨床的介入という視点だけでなく、家族やコミュニティが喘息に与える影響という見過ごされがちな視点をも取り入れたことだった。また医療関係者ではない参加者、たとえば学校や公営住宅の管理者が、自らの行動が医療コミュニティとどのように関連するのかを、より明確に理解することにもつながった[11]。

◆ 内省と生成的な対話を育むためのツール

内省と、問題解決につながる行動に必要な知識を得たり考えを深めたりするための生成的な対話を支援するツールが狙うのは、参加者が複雑な問題について他者の視点を「試着してみる」時間を確保できるように、グループのペースを落ち着かせることである。この種のツールは、組織や個人が自身に染み付いている思い込みを再検討し、修正し、多くの場合はそれを手放せるようにする。ロカが用いたピースキーピング・サークルや、ウィンズローが実行した対話インタビュー（ダイアログ）がその例だ。

それ以外に、多くのシステムリーダーがよく使っていた2つのツールが「ピア・シャドーイング」と「ラーニング・ジャーニー」だ[12]。世

喘息治療のシステムマップ

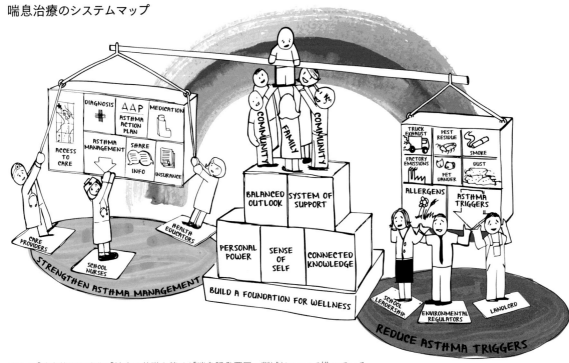

左から「喘息管理の強化」「健康の基礎を築く」「喘息誘発要因の削減」について描いている

界最大級の食品メーカー、国際的 NGO、各国 NGO など 70 以上の組織（半分が NGO、半分が企業）のネットワークで、「持続可能な農業を主流システムにする」ことに共同で取り組むサステナブル・フード・ラボ（Sustainable Food Lab）の構築には、この両方が使われてきた。

オックスファム、ユニリーバ、W・K・ケロッグ財団の呼びかけで 2004 年に始まった同ラボでは、食品メーカー、社会や環境に関わる NGO などの経営幹部ら 30 人から成るチームが、互いの組織で時間を過ごしたり、一緒に現場訪問に出かけたりすることを通して、それまで見えていなかった食品システムの側面を理解した。たとえば企業幹部は農業協同組合を訪ね、社

会活動家は多国籍食品メーカーのオペレーションを観察した。ユニリーバの取締役で、ラボの設立メンバーの 1 人であるアンドレ・ファン・ヘームストラは、「業務や成果を追いかけて忙殺される毎日では、こんなことが起こるなんてほぼありえません」と述べた。

企業と NGO からの参加者の間で、個人として、また専門家としての相互理解が深まるにつれて、徐々に認識の不一致が少なくなり、異なる視点の生み出す力が育っていった。ある企業からこのプロセスに参加して 1 年ほどになるメンバーは、「実際、私たちの世界の見方は非常に異なっていて、そしてそのことが私たちの最大の強みなんです」と述べた。

今やサステナブル・フード・ラボは、協働

的なプロジェクトの強力な育成の場になっている——たとえば、健全な農村コミュニティと生態系に基づいた、長期的に安定する世界規模のサプライチェーンをどうしたら運営できるのかを、企業とNGOが共に学ぶプロジェクトがある。そしてプロジェクトや集まりには、ラーニング・ジャーニーをはじめとする手法がたびたび取り入れられている。

ピースキーピング・サークル、対話インタビュー、ピア・シャドーイング、ラーニング・ジャーニーといった手法には、観察と深い対話のための「推論のはしご」と呼ばれるシステム思考に基づいたアプローチが組み込まれている[13]。このはしごを使う実践に力を入れるシステムリーダーは、自分がどのデータに気づいたり気づかなかったりするのかや、どんな結論を出すかといった、自分の認識を形作る際に作動しがちな無意識の前提に、もっと注意を向けることを学ぶ。このはしごはまた、主観的な前提を真実として主張してしまう振る舞いを方向転換し、人々が実際に抱えている事実と、それを解釈する際の人々の論法を区別して見極めるための道筋も示す。ウィンズローはこれを「協働による変化を目指すリーダーのネットワーク構築を実現する、より深い傾聴に不可欠なツール」と呼ぶ。

◆ 反応的な対応から未来の共創へと移行するためのツール

反応的な対応から共創へと移行する力を伸ばす基本となるのは、次の2つのことをしっかりと問うことだ。「私たちが本当に生み出したいものは何か」、そして「現状はどうなっているか」である。この2つの間にビジョンと現実のギャップが見えてくるが、それは「創造的緊張（クリエイティブ・テンション）」であり、さながら2つの柱の間に張られたゴムひものようにエネルギーを生み出す。自分や他者が創造的緊張

を生み出し、それを維持できるようにするのは、システムリーダーが行うべき実践の1つになっている。

我々が観察した中でも、創造的緊張を体現し、多数の利害関係者がからむ大規模な取り組みに役立つアプローチの1つが、アプリシエイティブ・インクワイアリー（AI）サミットだ。2010年に始まったある取り組みでは、ニューヨーク州の少年司法制度の改革を目的として、警察、草の根の活動家、裁判所、保護観察官、州の機関、民間機関、教育機関、医療提供者、慈善団体を集めるためにAIサミットが用いられた[14]。最初の段階で、20の利害関係者から成るこのグループ（実際、ある訴訟の当事者同士も含まれていた）が合意に到達できると考える参加者はほとんどいなかった。しかし、これまで本当の対話のために彼らを集め、共有し合えるビジョンを探ろうとする人など、誰もいなかったのである。

最初に参加者たちは、「ニューヨークの再犯率が全米で最も低くなり、ニューヨーク州の少年司法制度が全国のコミュニティのモデルになった姿」を、集合的に思い描くように促された。そうして感動的な未来を集合的に想像したことによって、まるで魔法のように活気が生まれ、最後には、彼らが協力して取り組める2つの目標——治安を改善することと、州の司法制度によって被告人にされた若者たちを効果的に更生させること——について合意したのである。

このグループは10カ月以内に、これらの目標を本格的な改革プランに落とし込んだ。そして1年後、改革プランの内容が州知事に採用され、法制化され、州全体のコミュニティに展開された。本記事の執筆時は改革の3年目に当たるが、ニューヨーク州の少年司法制度のもとで勾留中の若者の数は45％減少し、犯罪は

> 「私たちが**本当に**生み出したいものは何か」と「**現状はどうなっているか**」を、しっかりと問う

まったく増加していない[15]。当初からの参加者の多くがAIサミットについて語ったのは、過去の現実にとらわれた人々を、魅力的な未来に胸を躍らせる組織や個人のネットワークへと一変させた、重要なイベントだった、というものだ。

この例は、我々が幾度となく目にしてきたことを示している。問題解決から創造への移行という基本的な考え方はシンプルなものだが、計り知れないインパクトを生み出しうる。ウィンズローはこう述べる。「マネジャーである私たちは皆、問題解決が得意です。しかし、望んでいない物事への反応にとらわれて、人々が『本当に望んでいること』に対する気持ちや想像力に触れることや、そこから生まれるエネルギーを『私たち対彼ら』のマインドセットを超えるために使う、ということがまったくできない状態に陥りがちです」。そしてもう1つ我々が確認したのは、集合的で創造的なアプローチが最も確実に育まれるということである。それは、人々がより大きなシステムに目を向けられるように支援し、内省を促し、質の異なる対話をすること──すべてAIサミットが推進していることでもある──と連動したときに起こるのだ。

> システムリーダーとしての成長は終わりのないプロセスなので、成功するためにはそれを仕事そのものに織り込んでおく必要がある

最後に付け加えておきたいのは、システムリーダーたちは、上記のような学習ツールを用いて実践するグループの構成や特徴に常に気を配っているということだ。ツールが本当に成長をもたらすものとなるのは、自己の成長に対してオープンな人の手に渡ったときだけだからだ。しかし、オープンだが行動する力のないグループもあれば、行動する力はあるがオープンではないグループもある。完璧なグループなど存在しない。だからこそシステムリーダーが「適切な人を部屋に集める」という高度な技術を発揮することに終わりはないのである。

システムリーダーへの道を進むためのガイド

明らかに、システムリーダーになる道のりは簡単な旅路ではない。どんな困難な仕事でもそうであるように、いくつかのシンプルなガイドを心に留めておくことが有効だ。

現場で学ぶ

システムリーダーとしての成長は終わりのないプロセスなので、成功するためにはそれを仕事そのものに織り込んでおく必要がある。トレーニングなどの一時的な介入も役に立つだろうが、こうしたものは持続的な内省とコラボレーションを後押しするような職場の文化に組み込まれることで、最大の効果を発揮する。大半の組織は目の前の仕事をこなすことだけで消耗してしまう。また、ほとんど見返りのないようなスタッフ育成に多大な支出をしている組織もある。そこにしばしば欠けているのは、仕事自体をいかに成長につながるものにするかという明確なビジョンである。つまり成果、プロセス、人としての成長を織り込んだ変化のモデルを採用し、それをロカのピースキーピング・サークルやサステナブル・フード・ラボのラーニング・ジャーニーのような成長につながる実践手法に組み込むことで日常において運営可能なものにする必要があるということだ。

主張と傾聴のバランスを取る

変化には必ず、熱心な支持者が必要である。しかしそうした支持者はしばしば、自分の見解にこだわって、異なる見解を持つ人々へ効果的に働きかけることができなくなる。効果的なシス

テムリーダーが、聞く能力や、相容れない見解に耳を傾けようとする意欲を高め続けるのはこのためである。本当の傾聴を通じてリードしようと言うのは簡単だが、それは熱心な支持者たちにとって奥深い成長への旅を伴うものだ。支持者たちは、協働的なネットワークが成熟していくにつれて、主張と傾聴のバランスを制度的に確立する方法を学んでいく。たとえば、サステナブル・フード・ラボには非常に多くの熱心な支持者がいる。ラボのNGO－ビジネス運営委員会は、これらの支持者による熱心な主張が他の人々に（たとえその内容には賛同していても）防衛反応を起こさせてしまうリスクを理解して、すべての主要ミーティングを「売り込みなしの場」にすることを宣言した。つまり自分のアジェンダに他の人を引き込もうとする場ではなく、皆で一緒に考える安全な場としたのである。

境界を越えて人々に働きかける

人はたいてい、見解や来歴を共有する相手と一緒にいるときに最も心地よく感じるものだ。しかしこの快適な範囲（コンフォートゾーン）の中で活動している限り、システムレベルの変化に必要な多様な関係者——たとえばロカにとっての警察、サステナブル・フード・ラボに参加したNGO設立者たちにとっての多国籍食品メーカーなど——に働きかけることには決してつながらない。境界の向こう側に手を差し伸べることはどのような場面でも困難だが、とてつもない見返りを生む可能性がある。ウィンズローは「システムを別の視点から見て初めて、イノベーションが実現することが多いのです」と述べている。

手放す

システムリーダーには戦略が必要だが、最も効果的なリーダーは、「エネルギーに従うこと」、そして予想外の道や機会が出現した場合には戦略を横に置くことを心得ている。サステナブル・フード・ラボの場合、それまで持続可能な農業にほとんど力を入れてこなかった多くの企業が、リーダーの役割を果たすようになったが、これは巧みなシステムリーダーたちの助けで、より大きな全体像に目を向けるようになった結果だ。たとえばある企業では、「低所得層向け」ビジネス推進の担当者が行き詰まっていた。その女性が副社長に農村の低所得層の窮状を訴えたところ、副社長は同情を示しながらも、それは慈善活動の領域なのだから企業財団に相談するべきだと答えた。するとその女性の同僚の1人が、副社長は重要商品の長期的な供給について大きな不安を持っており、その点で彼女の問題意識と一致するのではないかと指摘した。そこでその女性が副社長に、自社が農家コミュニティの幸福のために投資しなければ、会社が重要な食料品を調達できなくなる可能性があると説明したところ、「なぜ先日は、そうしなければ当社の製品を店頭に出せなくなると言わなかったのだ」という質問が返ってきた。現在この会社は、食品サプライチェーンにおけるイノベーションの世界的なリーダーとなっている。この女性は「低所得層の擁護者という自分の立場を手放して初めて、多忙なマネジャーたちに、どのように彼らが理解できるように問題を伝えればよいのかがわかりました」と述べた。

自分のためのツールキットをつくる

有効なツールやアプローチが多種多様に存在し、ますます増えている今、システムリーダーは何が利用可能なのかを十分に把握しておく必要がある。我々の仕事では、さまざまな領域に由来するツールを頻繁に活用している。たとえば、システム思考と組織学習のための「5つのディシプリン」アプローチ、「U理論」や「プレゼンシング」、「アプリシエイティブ・インクワイ

アリー」、「免疫マップ」、ロカの「ピースキーピング・サークル」、レオス・パートナーズが開発した「チェンジ・ラボ」や「シナリオ・プランニング」などである[16]。最近、我々研究者の一部では、システムレベルの変化のための総合ツールキットを提供するべく、これらのツールを体系化する作業を開始した[17]。ただし気をつけてほしいのは、ツールキットをつくることは、ただ矢筒に矢を入れる以上の活動であるということだ。しっかりとした実践を経て、射手になるための方法を時間をかけて学ぶことが大切なのである。

他のシステムリーダーと協働する

より効果的なシステムリーダーになるために成長していくのは、大変な作業だ。目に見える成果を上げなければならないプレッシャーや困難もある状況下で、この能力開発を遂行する必要がある。どれほど実績のあるシステムリーダーでも、自分1人でできると考えるのは軽率だろう。我々の見る限り、効果的なシステムリーダーがパートナーなしで大きな成功を収めた例はない。願いや課題を共有できるパートナー、困難な変革に立ち向かいつつ自分自身の成長を後押ししてくれる——つまり、仕事の時間と、内省や行動や沈黙にかける時間とのバランスを取ることをサポートしてくれるようなパートナーが必要なのだ。また、それぞれが成長の旅の異なるステージにある仲間と交わることも必要である。さらに、時間に追われる切迫した状況の中で、予期しない出来事の出現を受け入れることも必要である。同じ旅路を歩んでいる他の人とつながることは、道中を明るく照らし、組織やシステムの変化のペースが自分自身の変化のペースよりも遅いと感じるときに必要な忍耐力を養う助けになるだろう。

> 最高のリーダーは、人々に「自分たちの力でやった」と言わせる

覚醒の夜明け

我々は、今この時代にはシステムリーダーシップが欠かせないと確信しているが、その背後にある考え方は、実は相当古い。約2,500年前に、中国の哲学者である老子が、集合的なリーダーシップを広げていく人物像について雄弁に説明している。

悪いリーダーは、人々に蔑まれる。
良いリーダーは、人々に尊敬される。
最高のリーダーは、人々に「自分たちの力でやった」と言わせる。

今の現実における問いは「気の遠くなるようなシステムレベルの課題に私たちが立ち向かえるようになるために、十分な数の効果的なシステムリーダーが現れることは現実的に望めるのか」である。いくつかの理由から、楽観できると我々は考えている。

第1に、重要な社会課題が持つ、相互に関連し合う性質が徐々に明らかになるにつれて、物事をシステムとして捉えようとする人が増えている。システムレベルのアプローチと集合的なリーダーシップがコインの裏表であることを見抜ける人の数はまだクリティカルマスに達していないものの、実践的なノウハウの基礎は築かれつつある。

第2に、過去30年でシステムリーダーを支えるツールが劇的に増えている。その一部は本稿で触れた通りだ。正しいツールを、正しいタイミングで、オープンな正しい精神で戦略的に使用することを通して、利害関係者が集合的な成功を生み出す力が飛躍的に伸びる例を、我々は数え切れないほど目にしてきた。人々の関心が正しい方向にシフトすると、取り組もうとする問題の複雑さに見合ったコラボレーションのネッ

トワークが生まれ、それまで手がつけられなかっ
た状況がほぐれ始めるのである。

　そして最後に、本当の変化のプロセスに対す
る渇望は、いまだ明確に表現されているとは言
いがたいものの広く存在する。だからこそマン
デラのような人物が、あれほど人々の心を打つ
のだ。最も困難な問題への対処に用いられる戦
略があまりにも表面的なため、問題の深層まで
たどり着けないのではないかという不信感が広
がっている。このような状況は、運命論的な感
覚——我々の社会、生物、経済、政治的シ
ステムは、どのみちカオスと機能不全の方向に
押し流されていくのだという静かな絶望感——
を生みやすくするかもしれない。しかし一方で、
新たな道を模索するために、人々のオープンさ
を高めるきっかけになる可能性もある。わずか
数年前と比べてみても、より踏み込んだ変化の
口火を切って導いていこうと、表面的なものに
とどまらない新たなアプローチを探求する人が大
勢現れている。本稿で紹介した組織や取り組み
が成功を収めたのは、人々の内側の変化と外
側の世界の変化はつながっている、という認識
の広がりがあったからだ。これから我々がさらに
覚醒していく中で、集合的なリーダーシップを
推進するシステムリーダーはますます増えていく
だろう。

1　Adam Kahane, *Solving Tough Problems*, San
Francisco: Berrett-Koehler, 2004.〔アダム・カヘン『手
ごわい問題は、対話で解決する——アパルトヘイトを解
決に導いたファシリテーターの物語』ヒューマンバリュー
訳、ヒューマンバリュー、2008 年〕

2　Ronald Heifetz, *Leadership Without Easy Answers*,
Cambridge, Mass.: Harvard University Press, 1994.
〔ロナルド・A・ハイフェッツ『リーダーシップとは何か！』
幸田シャーミン訳、産能大学出版部、1996 年〕

　本稿著者の 1 人であるジョン・カニアが、Ronald
Heifetz, John Kania, and Mark Kramer, "Leading
Boldly," *Stanford Social Innovation Review*, Winter
2004. の中で、社会的変化の文脈で研究した。

3　システム思考と組織学習ツールについては、次の書籍の
要約が参考になる。
Peter Senge, Art Kleiner, Charlotte Roberts,
Richard Ross, and Bryan Smith, *The Fifth Discipline
Fieldbook*, New York City: Doubleday, 1994.〔ピー
ター・センゲ他『フィールドブック 学習する組織「5 つ
の能力」——企業変革をチームで進める最強ツール』（柴
田昌治、スコラ・コンサルト監訳、牧野元三訳、日本
経済新聞出版社、2003 年〕

Peter Senge, Art Kleiner, Charlotte Roberts, Richard
Ross, and Bryan Smith, *The Dance of Change*,
New York City: Doubleday, 1998.〔ピーター・センゲ
他『フィールドブック 学習する組織「10 の変革課題」
——なぜ全社改革は失敗するのか？』（柴田昌治、ス
コラ・コンサルト監訳、牧野元三訳、日本経済新聞出
版社、2004 年〕

Peter Senge, Nelda Cambron-McCabe, Timothy
Lucas, Bryan Smith, Janis Dutton, and Art Kleiner,
Schools that Learn, New York City: Doubleday,
2013.〔ピーター・M・センゲ他『学習する学校——子
ども・教員・親・地域で未来の学びを創造する』リヒテ
ルズ直子訳、英治出版、2014 年〕

4　人口で世界の 5％に満たない米国が、服役囚の数では
世界の 25％を占めており、受刑率に大いに偏りがある。
米国司法省によると、アフリカ系の米国人男性の 3 人に
1 人が生涯のうちに刑務所に入ると予測される。これに
対しヒスパニックの場合は 16％、白人の場合は 6％で
ある。

5　プログラムの成功に対する支払いとして、服役期間の減
少分に応じて、ニューヨーク州の収監費用（1 人当た
り年間 4 万 5,000 ドル）の一定割合をロカが受け取る。
収監者数を十分に抑制できない場合、ロカの損失となる。

抑制に成功すれば利益となり、それを支援対象の若者を増やす資金として使用する。アイデアは単純だが、これほどの規模で実行された例は過去になかった（Boston Globe, September, 2013）。

6 http://www.restorativejustice.org/university-classroom/01introduction/tutorial-introduction-to-restorative-justice/processes/circles

7 http://www.roadmaptozero.com

8 John Kania and Mark Kramer, "Collective Impact," *Stanford Social Innovation Review*, Winter 2011.〔本書収録論文「10 コレクティブ・インパクト」〕

9 同様の問題は多くの財団法人の戦略に影響を及ぼしており、現状のシステムレベルの現実ではなく、一般的にその財団法人が恣意的に決める期間内の達成を目指す「測定可能な結果に対する説明責任」を重視することがもてはやされている。

10 Russell L. Ackoff, "From Data to Wisdom," *Journal of Applied Systems Analysis*, 1989, vol. 16, pp. 3-9.

11 システムマッピングの多くのアプローチの中でも我々が好むのは、重要な因果関係や、レバレッジの高い／低い介入を特定することに役立つシステムダイナミクスの手法に基づくアプローチである。以下を参照。

Jay W. Forrester, *Collected Papers of Jay W. Forrester*, San Jose: Pegasus Communications, 1975.

John Sterman, *Business Dynamics: Systems Thinking and Modeling for a Complex World*, New York City: McGraw Hill, 2000.〔ジョン・D・スターマン『システム思考——複雑な問題の解決技法』（枝廣淳子、小田理一郎訳、東洋経済新報社、2009 年〕

12 対話インタビュー、ピア・シャドーイング、ラーニング・ジャーニーの詳細は、C・オットー・シャーマー『U理論——過去や偏見にとらわれず、本当に必要な「変化」を生み出す技術』（中土井僚、由佐美加子訳、英治出版、2010 年〔第二版の邦訳版は 2017 年〕）Otto Scharmer, *Theory U*, San Francisco: Berrett-Koehler, 2008 および www.presencing.com を参照のこと。

13 Senge et al., op. cit.〔ピーター・センゲ他『フィールドブック 学習する組織「5つの能力」』など〕を参照。

14 David L. Cooperrider, Diana Whitney, and Jacqueline M. Stavros, *Appreciative Inquiry Handbook*, second edition, Brunswick, Ohio: Crown Custom Publishing, 2008.

15 ニューヨーク州刑事司法部（New York State Division of Criminal Justice Services：DCJS）：統一犯罪統計報告書および事件報告システム（Uniform Crime Reporting and Incident-Based Reporting System）、保護観察作業負荷システム（Probation Workload System）、DCJS 司法運営事務局の家庭裁判所 JD ／ DF 訴訟処理データベース（DCJS-Office of Court Administration Family Court JD/DF Case Processing Database）。
ニューヨーク州児童家庭サービス局の勾留・施設収容データベース（New York State Office of Children and Family Services detention and placement databases）。

16 Peter Senge, Bryan Smith, Nina Kruschwitz, Joe Laur, and Sara Schley, *The Necessary Revolution*, New York City: Doubleday, 2008.〔ピーター・センゲ他『持続可能な未来へ——組織と個人による変革』有賀裕子訳、日本経済新聞出版社、2010 年〕

Peter Senge, *The Fifth Discipline*, New York City: Doubleday, revised edition, 2006.〔ピーター・M・センゲ『学習する組織——システム思考で未来を創造する』枝廣淳子、小田理一郎、中小路佳代子訳、英治出版、2011 年〕

Otto Scharmer and Katrin Kaufer, *Leading from the Emerging Future*, San Francisco: Berrett-Koehler, 2013.〔C・オットー・シャーマー、カトリン・カウファー『出現する未来から導く——U理論で自己と組織、社会のシステムを変革する』中土井僚、由佐美加子訳、英治出版、2015 年〕

Cooperrider, Whitney, and Stavros, op. cit.

Robert Kegan and Lisa L. Lahey, *Immunity to Change: How to Overcome it and Unlock Potential in Yourself and Your Organization*, Cambridge, Mass.: Harvard Business Press, 2009.〔ロバート・キーガン、リサ・ラスコウ・レイヒー『なぜ人と組織は変われないのか——ハーバード流 自己変革の理論と実践』池村千秋訳、英治出版、2013 年〕

Adam Kahane, *Transformative Scenario Planning*, San Francisco: Berrett-Koehler, 2012.〔アダム・カヘン『社会変革のシナリオ・プランニング——対立を乗り越え、ともに難題を解決する』小田理一郎監訳、東出顕子訳、英治出版、2014 年〕

17 現在までに、システムレベルの変化のプロセスに使用された 130 種のツールを特定している（www.academyforchange.org）。

食品業界を変えるシステムリーダー

ハル・ハミルトン　Hal Hamilton

友納仁子 訳

システムリーダーは、実際の取り組みにおいてどのように生まれ、どのような変化を起こすのか？　「システムリーダーシップの夜明け」の共著者が、同論文の事例であるサステナブル・フード・ラボの食品業界での取り組みを掘り下げ、ラーニング・ジャーニーやシステムマッピングなどのツールの活用法とともに、自らのシステムリーダーシップをどう育んで発揮していくかを示す。（2014 年 11 月オンライン掲載）

"System Leaders for Sustainable Food" in "Leading Systems," *Stanford Social Innovation Review.* https://ssir.org/articles/entry/leading_systems

　ピーター・センゲ、ジョン・カニアと私は、「システムリーダーシップの夜明け」の論文で、集合的なリーダーシップを促進する「システムリーダー」について解説した。記事の冒頭、私たちはネルソン・マンデラが南アフリカ共和国の白人たちに、同国の黒人たちに加わるよう呼びかけ、共通の未来を目指す最初の一歩を踏み出すに至った経緯について書いた。

　私が担当した箇所は、サステナブル・フード・ラボ（Sustainable Food Lab）という、食品メーカーと NGO のネットワークのバックボーン組織*の、立ち上げから現在共同代表を務めるまでの経験を土台として執筆したものだ。本コラムでは、食品業界における私たちの活動の中で、システムリーダーシップの育成が重要な役割を果たすようになった過程を探る。センゲはフード・ラボを始めたときからアドバイスをくれる存在で、

私たちは常々、システムレベルの変化を起こす能力として彼が提唱した「三本脚の丸椅子」という言葉を使ってきた。この能力とはすなわち、システムの理解、内省的な対話、未来の共創である。また私たちは、オットー・シャーマーが開発した U 理論[1]を加えながら、複数の利害関係者が関わるシステムレベルの変化を組織する仕組みである「チェンジ・ラボ」も実践で試してきた。

　2004 年、3 つの大陸から集まった企業、NGO、政府組織のリーダー 30 人のグループが、食品業界に定着したシステムにおけるサステナビリティを加速させるため、フード・ラボを立ち上げた。私たちが当初声をかけたすべての人が、フード・ラボに参加したわけではない。ある食品メーカーのシニアバイスプレジデントは私に、「サステナビリティは、まだ当社の視野には入っていないので

す」と言った。しかし、ここ 10 年でサステナビリティは広く取り入れられるようになった。今ではほぼすべての食品メーカーが自社の工場やオペレーションで生じる環境負荷の削減を掲げているし、大半の企業はサプライチェーンにまで対応範囲を広げている。

　食品業界のシステムの複雑さや、環境負荷の削減のために企業に強いられるトレードオフは、気が遠くなりそうなほど大きい。食品メーカーの企業価値の大半はそのブランドに根差しているため、企業としてはよい評判が必要だ。各社は、「水環境

*　バックボーン組織：本書収録論文「10 コレクティブ・インパクト」で示された、多様な組織の連携による取り組みをサポートする、全体の支柱となる組織。多くの場合、他の参加組織からは独立した立場で、取り組み全体の計画、マネジメント、ファシリテーション、コーチングなどを行う

の改善」や「小規模農家の生活向上」と結びつけて捉えてほしいと考えている。また、安定した原料調達も必要であり、そのためには豊かな水と健康な土壌が欠かせない。こうしたことから各社は、たとえばオックスファム（Oxfam International）や世界自然保護基金といった世界的なNGOから認められる必要があるし、これらの団体の現地スタッフが持つテクニカルな専門技能から恩恵を受けることも学んできたのだ。さらに、ライバル企業と協力し、共通の基準や測定ツールを開発する必要もある。これらをすべて達成するために、食品メーカーとNGOにはシステムリーダーが必要なのだ。

システムリーダーを生み出す

システムリーダーになるための第一歩は、他者の視点でシステムを見る能力を育むことである。フード・ラボの創業者の1人であるラリー・プリアムは、2004年にフード・ラボで行った「ラーニング・ジャーニー」を通してこれを経験した。彼のグループには、企業のマネジャーのほか、政府、NGO、小規模企業のリー

＊ ビジョンクエスト：ネイティブアメリカンが行う、成人になるための通過儀礼。複数日にわたって、荒野など大自然の中で1人で時間を過ごし、自身の将来などに関するビジョンが浮かび上がるのを待つ。このような自己発見のプロセスが、企業などの研修にも採用されている

ダーがいた。彼らは大小の農家を訪ね、労働組合の運営者、工場経営者、起業家、規制当局者と話をした。プリアムは最初は驚いたという。「皆で同じ話を聞いても、実際にはそれぞれが実にさまざまなことを聞き取っています。グループの他のメンバーと共に学ぶことで、とても多くのことを学んでいます」

プリアムはヒューストン出身の保守的な共和党員で、退職前は400億ドル企業の経営陣の1人だった。その企業、すなわちシスコ・コーポレーション（Sysco Corporation）のCEOから、同社を代表してフード・ラボの立ち上げに参加するよう指示されたプリアムは、環境活動家やコミュニティ・オーガナイザーの集まりに初めて参加した。一時は私に向かって、「ハル、私はあの人たちにあまりよく思われていないと思います」と言うこともあった。しかしその後、ブラジルの農村地域の農家や工場を訪ねて回り、アリゾナ州の山岳地帯でビジョンクエスト＊を共に体験したプリアムは、グアテマラの小規模農家を支援するために、オックスファムと先駆的な協力関係を築く取り組みに携わった。あるとき私が他のビジネスリーダーとの会合の開会の言葉を依頼したところ、そこで彼はこのような話をした。

「激しく競い合うライバル同士が集まり、より高い良き目的のために協力し合えるということは、本当に普通ではないことです。しかし、まさ

にこれが重要なのです。サステナブル・フード・ラボの本質、つまりそのパワーとは、私たちが力を合わせることによって、個々で取り組んだ場合の100倍、1,000倍の仕事ができるということです。私たちの行動は、この世界にとって、正しく、よいと思えることなのです。そしてそれは、私たちのビジネスのためにもなります。シスコにとって、この取り組みに関わること自体が競争優位にはなりますが、サステナビリティを主流にすることを目指すこのグループの参加者と協力し合うことなしに、この競争優位を十分に確立することはできないのです[2]」

ラーニング・ジャーニー

システムを的確に理解する能力を育む最も効果的な方法の1つは、ラーニング・ジャーニーに参加することだ。プリアムがブラジルで参加したようなラーニング・ジャーニーは、単なる現地視察ではない。このジャーニーで行われる内省的な対話は、多様な参加者からなるグループで行われる必要がある。そのためフード・ラボは、食品産業や農業のシステムについて幅広くさまざまな経験やものの見方を持つ人々を労力をかけて集めている。1日の始まりには、参加者に沈黙の中で座ってもらい、その日の訪問についてどのような仮説を持っているか、何に好奇心を感じているか、どのような

1 日となってほしいかをそれぞれの
ノートに書き記してもらう。そして
現地訪問を終えるたびに、参加者
らは再び沈黙の中で座り、驚いたこ
とや気づきを振り返る。それから 1
人ずつが自分の感じていることをグ
ループに共有し、その間、コメント
や議論は挟まない。この共有がある
ことによって、その後の内省的な対
話が促される。ときに白熱すること
もあるが、いつも互いに信頼し共に
探求するという前提のもとで対話は
進んでいく。当初はまさに活動家的
な視点を持っていた、ある参加者の
コメントを紹介する。

「このプロセス全体を通して興味
深かった点の 1 つは、皆の問いか
ける力が育まれたことです。難しい
問いを投げかけても、それに対し
て安心した状態で答えられることや、
『ちょっと、よくわからないです』と
認めることができるかどうかが大切
なのです。私はフード・ラボに、他
の人たちとともに、いつも真剣に問
いに答えようという姿勢で臨んでい
ます。そのためにラボに求めるのは、
私たちが安心して学べる場が継続
的に維持されることです」[3]

2008 年、フード・ラボはコスタリ
カで年次のリーダーシップ・サミット
を開催した。それに先立って、10 人
のグループがホンジュラスでラーニ
ング・ジャーニーを行った。このラー
ニング・ジャーニーには、ユニリー
バ（Unilever）やシスコなど複数の大
手食品メーカーの幹部が、農家の世

話役、現地 NGO、オックスファム・
グレートブリテンの中米在勤スタッフ
らとともに参加した。この多様性の
あるグループは、小規模農家、協同
組合、貧困克服のミッションを掲げ
る NGO を訪問した。

ジャーニー開始時点の参加者らの
ものの見方はまるでばらばらだった。
食品メーカーからの参加者は、十分
な質と量の原料を求めていることを
繰り返し主張し、（その心情を要約すると）
「これらの小規模農家や農業組合の
生産量はごくわずかで、品質や安全
性の基準もありません。したがって、
商業の世界とはまったくかけ離れて
いるのです」と述べた。当然のこと
ながら、オックスファムや現地 NGO
の姿勢は正反対で、「小規模農家が
貧しいのは、富める者を優遇して貧
しい者から搾取する不平等な世界経
済のせいです。企業には支援するべ
き道義的責任があります」と述べた。

しかしラーニング・ジャーニーが
終わる頃には、参加者の視点はかな
り歩み寄っていた。彼らは協力して、
グアテマラで行われるフード・ラボ
全体のリーダーシップ・サミットで
発表するレポートを執筆した。この
ラーニング・ジャーニーで、グルー
プは主に 3 つの成果を達成した。

- 彼らが携わるシステムについての
  共通理解
- 低所得層の生活改善に対する共
  通のコミットメント
- 共通のコミットメントに対して、各

組織がどう貢献しうるかに関する
いくつかの構想

ラーニング・ジャーニーを終えた
オックスファム・グレートブリテンの
中米スタッフは、それ以降、企業と
の協働の実験を続けている。ユニリー
バは世界の小規模農家 50 万人の生
活改善に取り組むことを掲げた。シ
スコはグアテマラのオックスファムと
提携し、自社のサプライヤーである
スーペリア・フーズをフード・ラボに
参加させた。その結果、ここ 4 年間で、
グアテマラの高地に住む数百の小規
模農家が、ブロッコリーの栽培方法
や、それを現地市場と北米市場向け
の冷凍工場に出荷する方法を学んで
いる。

この事例のように、協働的なプロ
ジェクトの中でシステムリーダーシッ
プが現れた場合、システムを変容
するほどの成果が生まれうる。しか
し、それほどうまくいかないこともあ
る。失敗の原因はたいてい、信頼と
創造性を引き出す場づくりに必要な
主要プレイヤーを集められないこと
だ。たとえば数年前、水産業に携わ
る大手の NGO が、コレクティブ・
インパクトの取り組みを推進するた
めに私たちを招いた。私たちが気づ
いた大きな課題は、この NGO がす
でに、乱獲された漁場を再生する
にはこういう戦略が必要だ、という
確固たる考えを持っていたことだっ
た。私たちは多様なプレイヤーを一
堂に集め、そこで参加者たちは創造

性にあふれたさまざまな協働的なプロジェクトを構想した。しかし、互いに異なる組織戦略を持つ参加者たちの間に十分な信頼を醸成できなかったために、この取り組みは頓挫した。それぞれが漁場再生について異なる戦略を持つ、いくつかの重要なプレイヤーのなかには、全面的に歓迎されている感覚をどうしても持てない人たちがいて、そのような信頼の欠如によってグループは行き詰まったままになってしまったのだ。

失敗するのは惨めではあるが、成功の前提条件を振り返る絶好の機会でもある。システムリーダーを生み出すために不可欠な3つの関門がある。それは、「注意の方向を変える」、「戦略の方向を再設定する」、そして「とにかくやってみる」だ。以下に各関門の重要性を示す例を紹介する。

注意の方向を変える

システムリーダーが通過しなければならない第1の関門は、システム全体における自分の役割を理解し、その役割から一歩踏み出して、他者の視点や利害を通して世界を見られるようになることである。

私が何らかの取り組みにおいて、それに参加しそうな人たちと話をするときは、彼らの利害が重なる点を探す。たとえばアダム・カヘンと私は、フード・ラボ創設チームのメンバー候補と最初に面談するに当たり、3つの大陸を巡って、農家、企業幹部、NGOのリーダー、政府機関の人々と話した。

私たちが尋ねた最も重要な問いは、「あなたの既存のパートナーやリソースの力だけではできないような、今実現しようとしている野心的な目標を1つ挙げてください」だ。この問いの答えを積み上げていくことが、新たなパートナーシップを生み出す豊かなイノベーションの土壌になる。そしてこのような新たなパートナーシップが発展するにつれて、誰もが、それぞれの組織で定められた自分の役割が、必ずしも創造的な解決策に貢献するものではないことを理解し始める。振り返り、共有、内省、そして安全な場によって、それまで存在しなかった可能性が生まれるのだ。

ユニリーバ、シスコ、オックスファムの例では、それまでずっと強欲な企業を批判してきたオックスファムの活動家たちが、企業側の人々も小規模農家の生活に個人的な関心を示しているのだと気づくと、次第に見方を変えて、企業パートナーと協力できる可能性に理解を示すようになった。同様にシスコの幹部は、小規模農家や加工業者の利益になるような、新たなビジネスの方法を見出した。

そして、このような形で協力することにより、NGOや企業からの参加者は、ミッションや戦略を拡張するよりも、もっと根本的なことに気づく。つまり、個人として伸ばしたい能力を発見するのだ。たとえば、他者

のニーズや価値観を感じ取る能力は、ヒューストンの企業幹部とグアテマラの農業組合リーダーの間で共通の目的を見出すためには不可欠になる。人の人生はそれぞれ大いに異なるが、取引を行うためには互いを十分に理解する必要があるのだ。相互理解が深まると、自分と相手のそれぞれの世界観を形作る「文化の違い」という壁を認識するようになる。システムリーダーはその壁の向こう側を見ようと努力し、自分自身がそうした壁の構築に加担してきたことに気づく。すると注意の方向が、「あちら側」のシステムを変えることから、「こちら側」の価値観や認識も同時に変えることへと変化するのだ。

戦略の方向を再設定する

個人の注意の向け方や物の見方を変えることが、参加者自身の組織の戦略の変化につながる場合がある。これを促進するために、フード・ラボのチームは、参加者がそれぞれの戦略を保留したまま、自分自身の根源にある課題に取り組む機会を見つけられるような、安全な場をつくり出すことに懸命に取り組んでいる。ターゲット・コーポレーション（Target Corporation）のリサ・ボイドは、水不足に悩むペルー北西部でのラーニング・ジャーニー後、同僚に何を伝えたいかと問われて、「私がここに来

るまでに持っていた思い込みが、一つ残らずひっくり返ったと伝えようと思います」と話した。不確実性は学びの前提条件である可能性があり、これによって、今までには予想もしなかったような組織や人々と連携するための、よりオープンな姿勢が生まれるのだ。

　大手の食品・飲料メーカーの多くは、特に世界のさまざまな地域で水不足が深刻化していることを受けて、原料となる農作物の安定した供給の維持に不安を感じ始めている。これらの企業がまず注目するのは、たとえば水使用量の大幅削減やリサイクルの方法を学んで、自社製品の工場の効率を向上させることだ。それから、農業生産の変化を後押しするため、農家と直接協力する。たとえばドリップ灌漑を導入して水の使用量の削減を目指す取り組みなどだ。

　水資源リスクを軽減するこのような戦略は重要だが、往々にして十分ではない。たとえば、ビール醸造所が大麦農家に対し、水の使用量を減らすのに最も有効な方法を促すインセンティブを与えても、その大麦生産地における水の消費量が利用可能な量を上回れば、やはり農家は危機に瀕するだろう。

　水資源リスクを克服するためには、その地域の主要なプレイヤーと水利用者の全員が集まってコラボレーションに取り組むことが必要だ。どんなプレイヤーであっても単独では有意義な解決策を実現できないとは

いえ、コラボレーションは一筋縄ではいかず、巧みな人集めと円滑な運営が求められるものだ。フード・ラボは現在、最大手の食品・飲料メーカーの多くが参加する、水資源に関するグローバルなコラボレーションの組織化を支援している。このコラボレーションでは、主要作物の栽培地域に関するデータを共有したり、水資源リスクに直面する地域を地図上に可視化したりすることで、参加企業が協力できる場所の特定や、ザ・ネイチャー・コンサーバンシーなどの自然保護活動を行うNGOから支援を獲得するのに役立てている。

　集合的なアクションに至る道のりは平坦ではない。各企業の調達担当者は、企業秘密かつ自社の競争優位に関わりそうなデータの共有を迫られる。現場のNGOは、提携先や資金の獲得をめぐって競合関係になることがある。政府機関は、自らの限られた責任範囲を超えた領域に目を向けることが難しい。人々がそれぞれの戦略を方向転換するための学びを得られる安全な場をつくるには、システムリーダーシップを発揮するための一連のツールが求められるのだ。

とにかくやってみる

　ラーニング・ジャーニーやシステムマッピングといったツールは、使えば使うほど、使いこなせるようになる。それは当たり前だと思うかもし

れないが、その時間を割かない人があまりに多い。たとえばシステムマップの作成と活用のしかたを教える場合、適切な方法と不適切な方法がある。私はあるとき、事前に作成済みのシステムマップを与えられたグループの人々が、そこに描かれた線や矢印をすべてたどろうとして、うんざりしている様子を目にしたことがある。またあるときは、システムマップを共につくり上げるグループに参加し、参加者たちが同じシステムに属するさまざまな組織間のシナジーに気づき始めて、皆の脳内の電球にぱっと明かりが灯る様子を目にしたこともある。

　システムリーダーとしての能力開発を支援するために、私は同僚とともに毎月3種類のピアコーチング・グループの集まりを開いている。1つはNGOの人々を、他の2つは食品・飲料メーカーでサステナビリティ業務の担当者を対象としている。それぞれの集まりでは、最初に沈黙に集中する時間を短く取り、それから1人の参加者が仕事で抱える課題を皆に共有する。事例提供者が自らの課題を共有し終わったら、他の参加者はそれぞれ、よく振り返り、自分の反応を共有する。私たちはセッションの終わりまでアドバイスを控え、できるだけ深く内省のための対話が生まれるようにする。各参加者は他者の視点で物事を見ることを学ぶ。集合的であることで、個別の力を越えた聡明さが生まれるのだ。彼

らは何カ月もかけて内省的な対話を実践しながら、システムを理解し、次の段階で何が生まれるのかを集合的に想像する。

フード・ラボは毎年の年次会議の前にラーニング・ジャーニーを実行し、ときには5つか6つのジャーニーを同時に行うこともある。私たちは会議の参加者を、企業とそれ以外のメンバーが混ざるように小グループに分け、対話を丁寧にファシリテーションしていく。影響力を持つ世界のリーダーの中には、この年次会議を、新たなアイデアに触れたり他の組織やセクターの人々と関係を深めたりする機会として、絶対に逃すまいとしている人もいる。

こうした経験にはある種の伝染性がある。食品業界のシステム全体で企業とNGOのパートナーシップが増加しているが、これは開発途上国で人道支援を行うカトリック救済サービス（Catholic Relief Services）などの組織が、途上国から原料を調達する企業との協働プロジェクトを行うことで、もっと効果的にミッションを果たすことができると気づいているためだ。そして多くのビジネスリーダーが、どうシステムを見るのかを学んでいくことで、当初はNGOの専門家から教わる立場だったのが、場合によってはそれを上回る専門知識を築くようになっている。

しかしこの先は協働の範囲が拡大し、各社の調達部門全体、NGOの国レベルの拠点、農政当局の政策立案者、世界中の農業組合のリーダーたちと取り組んでいくことになるため、さらに多くのシステムリーダーが求められる。私たちは、より多くのシステムリーダーの能力を開発し、彼らが効果的なコミュニケーションと明確な目的意識を持って協働できるようにしていく必要がある。

フード・ラボで働く私たちは、しばしば成功の評価基準について聞かれることがある。私たちは現場で何を達成してきただろうか。バックボーン組織として、何百万人もの生活改善や何百万エーカーもの土地の環境向上に取り組むプロジェクトに、全体のデザインやマネジメントのサポートという形で貢献してきた。だがこれらの成果について、協力する組織と切り離して私たちの功績を主張することはできない。とはいえ、新しい協働の形や新たなビジネスのやり方を生み出している何十もの組織で、何百人ものシステムリーダーが誕生するのを支援してきたことは、たしかな成果だと言えるだろう[4]。

1 C. Otto Scharmer, *Theory U*, Society for Organizational Learning, Cambridge, Mass., 2007.〔C・オットー・シャーマー『U理論——過去や偏見にとらわれず、本当に必要な「変化」を生み出す技術』中土井僚、由佐美加子訳、英治出版、2010年. 現在は第二版が発行されている〕

2 シスコのエグゼクティブバイスプレジデント兼グループプレジデントである, ラリー・プリアムの発言（2004年）.

3 Susan Sweitzer, Sustainable Food Lab Learning History, 2006より, 参加者のコメントを引用.

4 楽観的な状況のときには, オットー・シャーマーとカトリン・カウファーの共著書である, *Leading From the Emerging Future: From Ego-System to Eco-System Economies*, San Francisco: Barrett-Koehler Publishers, 2013〔C・オットー・シャーマー、カトリン・カウファー『出現する未来から導く——U理論で自己と組織、社会のシステムを変革する』中土井僚、由佐美加子訳、英治出版、2015年〕で提唱した「資本主義4.0」に向かっていると感じている.

BUSINESS

WHAT'S YOUR EN

あなたのエンドゲーム

「本当に目指したい姿」を見出す

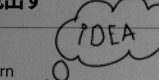

innovation

IDEA

アリス・ググレフ　Alice Gugelev

アンドリュー・スターン　Andrew Stern

遠藤康子 訳

Tea

あなたが最終的に叶えたいビジョンに、今の努力は本当につながっているか──？　インパクトを実現するために、組織の規模を拡大すべきだと考えるリーダーたちは多いが、必ずしもそれが最適解になるとは限らない。インパクトを最大化するための組織と事業の形＝「エンドゲーム」には多様な選択肢がありうるのだ。ここでは、数多くの事例から導かれた6つのエンドゲームを提案し、組織と事業の目指すべき姿を見つけるための指針を示す。（2015年冬号）

Time

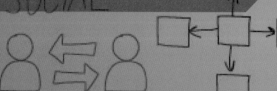

SOCIAL

PLAN

DGAME?
は何か？

アリス・グゲレフ
Alice Gugelev

グローバル・ディベロップメント・インキュベーター（GDI：Global Development Incubator）のプロジェクト「GDI 社会的企業アクセラレーター」ディレクターとして、大規模な社会変化の可能性を秘めた組織や取り組みを支援している。前職はコンサルティング会社ベイン・アンド・カンパニーと非営利団体専門コンサルティング団体ブリッジスパン・グループ（The Bridgespan Group）のコンサルタント。ムスコカ財団（Muskoka Foundation）の設立者でもある。

アンドリュー・スターン
Andrew Stern

GDI エグゼクティブ・ディレクター。新興国に特化したアドバイザリー企業ダルバーグ・グローバル・ディベロップメント・アドバイザーズ（Dalberg Global Development Advisors）の元パートナー。マザーズ 2 マザーズ（mothers2mothers）の元共同理事長で、現ディレクターでもある。

レシプロシティ財団（Reciprocity Foundation）は、米ニューヨーク市でホームレス状態の若者たちの支援に取り組んでいる。多くの非営利団体の例にもれず、比較的少数の人々に対して深く大きなインパクトをもたらそうと、懸命な努力を続けている。設立者らの信念は、90 人の若者の生活を根底から長く変えるほうが、何千人もの若者を相手にしたうわべだけの取り組みより有意義である、というものだ。また設立者らは、次のような懸念も抱いている。自分たちのような組織が規模の拡大を目指してニューヨーク州内や全米に新たな拠点を立ち上げたとしても、組織がもたらすインパクトも弱まるし、組織全体のサステナビリティも損なわれるのではないか、と。

レシプロシティ財団が挑む課題の大きさを思うと、重大な疑問が浮かび上がってくる。「これほど規模の小さな非営利団体が、急速に悪化していく社会課題にほんの少しでも切り込むにはどうしたらいいのか？」。ニューヨーク市だけでも 2 万人以上の若者がホームレス状態で、アメリカ全体では推定 170 万人の未成年者が住む家を持たない。同財団のプログラムは、そうした若者すべてに役立つはずではないのか。

レシプロシティ財団は近年、新たなアプローチで活動規模をめぐる課題を解決しようとしている。組織そのものを拡大するのではなく、大手の社会事業団体と提携してスタッフにレシプロシティのモデルを教育し、その団体の拠点でプログラムを実施してもらっているのだ。レシプロシティ財団の共同設立者タズ・タゴールは、「これは、密かに規模を拡大する方法です。拠点やスタッフを増やすことも、資金を調達することもなく、インパクトを拡大しているわけです」と述べている。他の組織とパートナーシップを結ぶことで、インパクトを拡大して優れた成果を出し、セクター全体に貢献できるようになったのだ。

言いかえれば、組織の規模とインパクトの大きさは必ずしも同じではない、ということだ。むしろ、ほとんどの非営利団体は、単独で変化を引き起こせるほどの規模に成長することはない。構造的な障壁が高すぎて、持続的かつ著しい成長のために必要な資金を獲得できないからだ。そうした障壁があるということを考えると、非営利団体のリーダーは「どのように組織をスケールアップさせるのか？」ではなく、もっと根本的な問いと向き合うときが来ているのだ。今こそ考えてほしい問いとは、「What's your endgame?（あなたのエンドゲームは何か？）」である。

「エンドゲーム」とは、その組織が自身の核となる事業モデルや介入策の有効性を証明したあと、最終的にどのような形で社会課題全体の解決に貢献していくのか、というものだ。私たちの考えでは、非営利団体が検討すべきエンドゲームは6つある。そして、スケールアップによって実施中のサービスを維持・拡大しようとするのは、エンドゲームの1つにすぎない。非営利団体は、特定の課題領域において解決しうる項目全

> あなたのエンドゲームは何か？　それは「成長と拡大を続けていくこと」なのか？　リーダーたちがそう考えたくなるのも無理はない。しかし、それが正しい答えだとは限らないのだ

体の中で、自分たちはどう貢献できているのかという視点に立って自らの成功を評価すべきだと私たちは主張する。ほとんどの非営利団体の場合、リーダーは自組織の活動を、6つのエンドゲームのいずれかに到達するまでの期間限定の取り組みとして捉えるべきなのだ。

では、あなたのエンドゲームは何か？　それは「成長と拡大を続けていくこと」なのか？　ソーシャルセクターが抱えるとてつもない課題を踏まえれば、非営利団体のリーダーたちがそう考えたくなるのも無理はない。しかし、それが正しい答えだとは限らないのだ。

スケールアップをめぐる問題点

スケールアップを目指す非営利団体が、実際にそれを達成できる見込みはほとんどない。仮に「大規模組織のマネジメント」をテーマにした会議が開かれれば、会場を埋め尽くすのは営利企業の最高経営責任者（CEO）であり、非営利団体のCEOはごくわずかとなるだろう。アメリカでは1970〜2003年の間に年間収益が5,000万ドルを超えた営利企業は4万6,136社だった一方で、非営利団体はわずか144団体だった。最近は非営利団体を取り巻く環境がわずかに改善されつつあるが、1975〜2008年の間に年間収益が5,000万ドルに達したのは201団体にすぎない[1]。アメリカで非営利団体として登録されている全組織の半数以上は、年間資金調達額が10万ドルに届かず、100万ドルを超えているのはわずか7％というのが現状である[2]。つまり、財政規模がそれなりの規模に達している非営利団体はかなり少ないのだ。さらに言えば、解決を目指す課題の大きさに見合った規模に達している組織となると、ほとんど存在していない。

私たちの考えでは、アメリカを拠点とする非営利団体の場合、年間資金調達額が最低でも500万ドルに届かなければ「飛躍期」の段階に達したとは言えない。以下、NPOが理想とする成長軌道を大まかに段階別に示す（年間予算額を規模の目安とする）。

- スタートアップ（50万ドル未満）
- コンセプト実証（50万〜200万ドル）
- 成長初期（200万〜500万ドル）
- 飛躍期（500万〜1,000万ドル）
- フルスケール（1,000万ドル以上）

財団は設立して日が浅い非営利団体に資金

を提供することが多く、成長の後半段階に入った組織を支援する動機はまったくといっていいほどない。たとえその気があったとしても、ほとんどの財団にはそれに足るだけの資金力がない。実際、1970〜2003年の間に年間収益が5,000万ドルを突破した144の非営利団体のうち、財団が主要な資金提供者となっていたのはたった2団体だった。144団体の3分の1は収益事業を、3分の1は政府や自治体からの支援を主な資金源としていた[3]。他の重要な資金源としてはたとえば金融機関からの融資もあるが、成長の初期や中期にある非営利団体が融資を受けられることはほとんどない。融資が承認されるには最低でも年間予算額500万ドルが必要とされる（私たちは数年前、ある非営利団体への投資を民間金融機関に提案したが、資金調達額が1億ドルになったら戻ってくるように言われた！）。

企業セクターなら、エンジェル投資家やベンチャーキャピタルがそうした隙間を埋めてくれるかもしれない。しかし非営利セクターの組織は、いわば「ソーシャル・キャピタル・キャズム」（ソーシャルセクターの資本戦略のキャズム）に直面している。組織の現状と、フルスケールを達成するうえで必要な1,000万ドル以上の予算との間にある、大きな溝のことだ（右図「組織がたどる成長ステージとソーシャル・キャピタル・キャズム」を参照）。

言うまでもないが、非営利セクターは21世紀に入って大きく変化を遂げてきた。新世代の非営利団体のリーダーたちは、資金調達が可能な規模への成長につながりそうな、収益性の高い事業モデルを実践するようになった。では、彼らは「ソーシャル・キャピタル・キャズム」を埋めつつあるのか？ 成長には時間がかかるため、判断するのは時期尚早だろう。とはいえ、これまでを見る限り、あまり楽観はできない。

こうした疑問を検証すべく、私たちはアメリカ有数の資金提供者から支援を受けている142の非営利団体を調査し、その中でも2000〜2007年に設立された41団体に着目した[4]。この41団体は設立から少なくとも5年間は成長したが、以降は十分には拡大せず、現在もその頃の規模に留まっている。この41団体の中で、比較可能な各種データが入手できた39団体については、2012年時点での予算規模に差が生じていることが明らかになった。3分の2の27団体は年間の資金調達額が200万ドルに達していたが、1,000万ドル規模に成長したのはわずか5分の1の8団体にすぎなかった。これらはここ10年で最も有望な組織であるにもかかわらず、それなりの運営規模に成長したのは、一部にすぎないのだ。

> 企業セクターなら、エンジェル投資家やベンチャーキャピタルがそうした隙間を埋めてくれるかもしれない。しかし非営利セクターの組織は、いわば「ソーシャル・キャピタル・キャズム」（ソーシャルセクターの資本戦略のキャズム）に直面している

ソーシャル・キャピタル・キャズムが生じる原因

非営利団体と営利企業は、構造面でいくつか違いがある[5]。そうした違いがあるために、成長の各段階にある非営利団体に適切な支援を行う「ソーシャル・キャピタル・マーケット」（ソーシャルセクター向けの資本市場）はいまだ誕生しておらず、今後も生まれないかもしれないと私たちは考える。ここでは、非営利団体のスケールアップを特に阻んでいる4つの課題を見ていきたい。

組織がたどる成長ステージとソーシャル・キャピタル・キャズム

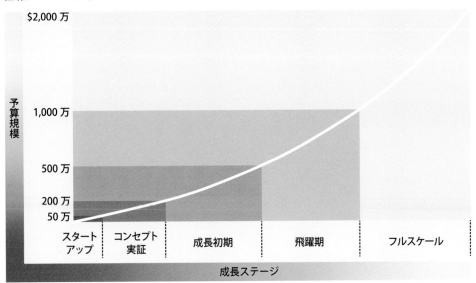

所有権と株式の欠如

　非営利団体は構造上、成長期の営利企業の
リーダーとなれるような優れた人材をなかなか呼
び込めない。非営利団体は、ストックオプショ
ンなどの株式報酬を含む給与体系を提供できな
いため、成長初期に優秀な人材を起用するのが
簡単ではないのだ。設立者も同じで、一定の規
模まで拡大させようと思わせる、株式売却益の
ような金銭的なインセンティブがない。非営利
セクターには、規模を一気に拡大できる合併・
買収（M&A）が促されるような仕組みも欠けて
いる。M&A取引で利益を得る株主がそもそも
いないためだ。経営幹部にとっても、2つの組
織が合併したところで、得るものは少なく失うも
のは多い。

資金調達とサービスの非整合性

　企業セクターでは、売れる製品やサービスを
開発できるか否かで企業の成功が決まる。つ
まり商業的な「インパクト」を達成する力は収
益力と連動しているわけだ。この課題につい
て、社会起業家支援を行う非営利団体エコー
イング・グリーン（Echoing Green）のバイス
プレジデント、リッチ・レイムサイダーはこう語
る。「ソーシャルセクターでは、2つのゲームで
同時に勝利を収めなくてはならない。1つはプロ
ダクトゲーム（真の社会的インパクトをもたらす
こと）、もう1つは収益ゲームだ。プロダクトの
利用者が必ずしも売上を生む人間だとは限らな
いので、この両方で勝つのはかなり難しい」[6]。

成長投資に対するバイアス

　近頃は、大規模な非営利団体は肥大したお
役所のようだと揶揄されることが増えており（そ
れが正確なこともあるが）、小規模な非営利団
体への支援が好まれるようになった。大規模な
非営利団体（たとえば年間収益が5,000万ド
ル以上）は、リソース配分が非効率だという批

判もよく耳にする。その影響もあってソーシャルセクターでは、組織が資本の85％かそれ以上を、運営費（間接費とも言う）ではなくプログラム向けの資金として投入すべきだという通念が一般化してきた。この通念が、組織の成長の足かせとなっている。なぜなら、組織の構造やプロセスや経営能力へ投資することで、組織は成長できるからだ。ところが資金提供者たちが支援するのは、直接的なインパクトを即時に達成できるプログラムばかりだ。資金を提供する側のそうしたバイアスがソーシャルセクターを不安定にし、組織の拡大を妨げているという声がさまざまな専門家から上がっている[7]。

助成金のゆがんだ資金提供構造

資金提供者はえてして、非営利団体が掲げるミッション全体よりも、限られた期間で特定の課題に取り組む単独のプログラムを好んで支援する。とりわけ企業財団は、自社の目標に沿うような活動に財源を配分しがちで、必ずしも非営利団体が掲げるより大きな目標を支援しているわけではない。たとえば、フィリピンの国際農村復興研究所は、学校にソーラーライトを設置するための単発の助成金なら問題なく獲得できるが、教員養成や学校運営を目的とした事業への複数年度にわたる助成金獲得には苦労している。そのため非営利団体は、年間目標額を確保するために資金調達に絶えず頭を悩ませながら、単発の少額助成金の獲得に奔走することとなる。それが組織のリソースに負担を強いて、成長を妨げる結果となっている。

「スケールアップ」から
「インパクトの実現」への転換

このような構造上の障壁が存在し、それを乗り越えられる見込みがないとすれば、ソーシャル

セクターの組織の大半は飛躍期に至るまで苦難の道を進まざるを得ない。ましてやフルスケールなど、夢のまた夢だ。組織の中心をなす強みを伸ばすために必要な資金なくしては、行き着く先は空っぽの銀行口座であり、大きな可能性も眠ったままとなる。ならば、非営利団体のリーダーはスケールアップにまい進するよりも、組織が貢献できるインパクトの実現に焦点を絞るべきだ。

> リーダーはスケールアップにまい進するよりも、組織が貢献できるインパクトの実現に焦点を絞るべきだ

今日の非営利団体に共通する特徴は言うまでもなく、社会的インパクトに重きを置く姿勢だ。「ミッション」や「ビジョン」に加えて、「インパクト目標」と「変化の方法論*（セオリー・オブ・チェンジ）」を示すステートメントを非営利団体のリーダーが作成するのが一般的になっている。そうしたステートメントは、営利企業で以前から導入されている戦略計画や効果測定などと合わせ、運営状態の良好な非営利団体であることを示す指標として広く認識されるようになった。インパクト目標のステートメントにはたいてい、期間（例：5年や10年など）や、インパクトの受益者数（例：子ども1万人）、地名（例：インドのケララ州）、具体的な課題（例：予防接種）が盛り込まれている。特筆すべき事例としてハーレム・チルドレンズ・ゾーン（Harlem Children's Zone）のステートメントを紹介しよう。「私たちは今後10年にわたり、ハーレム中央地区24ブロック内に居住する0〜18歳の子どもたちに対して、重点的に活動を行っていく。（中略）目標とするのは、活動地域の社会的属性や学力が中流階級の平均的なコミュニティと同じ程度になるように、できるだけ多くの子どもたちに健康で自立した大人へと成長していくための能力を身に着けさ

* 変化の方法論（セオリー・オブ・チェンジ）：社会課題の解決やビジョンの実現など、特定の変化を生み出そうとするときに、どのような手段や方法を用いて、どのような成果やインパクトが生まれるのかを描いたもの。その際、利害関係者（ステークホルダー）がどう関わるかを示す場合もある

Stanford SOCIAL INNOVATION Review Japan

せることである」。より広範なインパクトステートメントを掲げる非営利団体もある。たとえばハビタット・フォー・ヒューマニティ（Habitat for Humanity）は、「世界から住まいの貧困とホームレス状態にある人をなくすことと、快適な住居は良心と行動の問題であると示すこと」が究極の目的であると述べている[8]。

インパクト目標をステートメントとして公表する流れができた結果、非営利セクターには以前にも増して強い目的意識が生まれるようになり、実効性も向上したことはほぼ疑いがない。とはいえ、こうしたステートメントは往々にして2つの決定的な要素が欠けている。1つ目は、「組織が立ち向かおうとしている課題の全体像」を明示していないことだ。そのため、「組織が達成可能なこと」と「実際に必要とされていること」の隔たりが考慮できていないのだ。仮に、ステートメントに「目指す年間成長率は10〜15％」と書かれているとしよう。営利企業であれば野心的な目標だ。しかし、社会課題を解決するには500％どころか1,000％の成長率が必要であるため、これではほぼ影響を与えないだろう。

> 目標とする直接的なインパクトだけではなく、最終的にセクター全般の変化をどう生み出すかについても考慮すべきなのだ

2つ目はさらに重要だが、インパクトステートメントには、「立ち向かっている社会課題全般の解決に、組織としてどう貢献できるのか」が具体的に盛り込まれていないことだ。たとえば、フランチャイズを展開してプログラムを複製・再現させていく計画はあるのか。あるいは、特定のプログラムやサービスをいずれ行政に引き継いでもらうことは可能なのか。要するに、非営利団体は目標とする直接的なインパクトだけではなく、最終的にセクター全般の変化をどう生み出すかについても考慮すべきなのだ。いかなる非営利団体であれ、ミッション、ビジョン、

インパクト目標のみならず、それと等しく重要な「エンドゲーム」をも明確にしなければならないと、私たちは考えている。繰り返すが、ここで言う「エンドゲーム」とは、特定の課題領域において解決しうる項目全体の中で、組織が最終的に果たそうとしている役割のことだ。私たちが行った非営利団体に関する研究では、そうした役割を明確に定義している組織はほとんどない。

成長の先にあるエンドゲームとは

私たちは、非営利団体が考慮すべき6つのエンドゲームというフレームワークを開発した（63ページの表「目指すべき6つのエンドゲーム」を参照）。このフレームワークは、非営利団体の規模拡大に関する過去の研究を土台としたものだ。たとえば、財団の資産運用を手がけるアラベラ・アドバイザーズ（Arabella Advisors）や非営利コンサルティング団体ブリッジスパン・グループ（Bridgespan Group）はこれまで、ソーシャルセクターの行く手を阻む巨大な課題に少しでも影響を及ぼすために、NPOがアドボカシー、パートナーシップ、レプリケーション（複製・再現）、ネットワークなどをどう活用していけばいいのかを研究している[9]。

では、非営利団体は目指すべきエンドゲームをどうやって見極めればいいのか。出発点は、取り組んでいる「社会課題」と、その解決策として実施している「運営モデル」、この双方に備わっている本質的な特徴を吟味することだ。そうすれば、どのエンドゲームを目指すべきか、組織の成熟に合わせてどの能力を伸ばしていくべきかが浮かび上がってくるはずだ。

1 オープンソース化
「オープンソース化」のエンドゲームを目指す組織は、研究開発に投資し、新しいアイデアや

介入策を生み出したり、改善・改良を加えたりしていく。そして、知識の中継地（ハブ）としてアイデアや介入策の普及に努め、他組織にリソースを提供していく。オープンソース化を目指す非営利団体自体がアドボカシーに取り組むこともあるだろう。オープンソース化を成し遂げた典型例が、飲酒問題を克服する自助グループのアルコーホーリクス・アノニマス（AA）だ。同組織が構築した依存症克服モデルは、どのような宗教団体でも非営利団体でも導入して実践できる。実際、AA自体はアルコール依存症の当事者集会を開くことはなく、代わりにリソースセンターを運営して教材やアイデアを提供し、各地のグループがそれを利用して集会を開いている。つまり、オープンソース化した組織のコア・コンピタンス（中核能力）は、知識の効率的なマネジメントなのだ。

❷ レプリケーション（複製・再現）

「レプリケーション」のエンドゲームを目指す組織は、組織そのものを拡大させずに「プロダクトやモデルの利用」を拡大しようとする。このエンドゲームを目指す場合は、自分たちのプロダクトやモデルの有効性を実証したうえで、それを実行してくれる他の組織を見つける必要がある。多くの場合、盤石なインフラが整っていることや、活動するコミュニティ内での信頼が厚いという条件があると、複製する組織のほうが生みの親よりもうまく実践できるようになる。また、他の地域で同様の組織を一緒に立ち上げたいと第三者から相談を受けた非営利団体の経営者が、広範に展開する動機も組織力もない場合に、複製・再現可能なモデルの開発に取り組むケースもある。そして、プロダクトやモデルが他の組織で採用されるようになったあとは、認証団体としてモデルの品質維持に取り組んだり、採用を検討している組織にベストプラクティ

スを提供する拠点となったりすることができる。

このエンドゲームの最たる例が、アメリカのチャーター・スクール[*1]のネットワークだ。チャーター・スクールは、地域の学校システムに一定の競争原理を持ち込むとともに、学力向上を目的とした新しい教育法やカリキュラムなどを実験している。ただし、そうしたイノベーションを導入する際は一般的に、地元の教育機関を熟知している必要がある。

そのため、ニューヨーク市のハーレム・サクセス・アカデミー（Harlem Success Academy）やニュージャージー州ニュー

> 多くの場合、盤石なインフラが整っていることや、活動するコミュニティ内での信頼が厚いという条件があると、複製する組織のほうが生みの親よりもうまく実践できるようになる

アークのノース・スター・アカデミー（North Star Academy）などの有名チャーター・スクールのように、自身のモデルを複製・再現するための普及センターを設置するケースが多い。

❸ 行政施策への導入

「行政施策への導入」のエンドゲームを目指す組織は、介入策の有効性を実証し、大規模な導入が可能であることを示そうとする。そしてアドボカシー活動に乗り出し、政策や予算の意思決定に働きかけていく。行政施策への導入が実現したあとは、行政機関に助言やサービスを提供する役割を担うことができる。（ほとんどではないにせよ）多くの社会課題は克服に必要とされる事業規模がかなり大きいため、行政の関与が欠かせないこともしばしばだ。

行政施策への導入の成功例が、20世紀への変わり目にアメリカで進められたキンダーガーテン[*2]の制度化だ。アメリカで未就学児童向け教育を始めたのは、主に民間の慈善団体や孤児院や教会が経

*1 チャーター・スクール：親や教職員、地元団体などが連携して教育問題に取り組むべく、州や学区の認可（チャーター）を得て開設する小学校や中学校
*2 キンダーガーテン：義務教育が始まる小学校入学前の4〜6歳児向け教育機関。アメリカでは公立小学校に併設していることが多い

目指すべき 6 つのエンドゲーム

エンドゲーム	特徴	中心アプローチ	将来的な役割
① オープンソース化	他の組織にも容易に導入・統合が可能な画期的アイデア	研究開発を行い、知見を共有する	画期的アイデアに関する研究を集結した知見の中継地（ハブ）となる
② レプリケーション（複製・再現）	他の組織にも容易に導入・提供が可能な画期的なプロダクトやモデル	複製可能な運営モデルやインパクトモデルを定義し、その有効性を証明して他組織と共有する	フランチャイズへの認証発行、トレーニングの提供、組織を横断する研究拠点
③ 行政施策への導入	広い範囲に展開できる可能性があり、また公共セクターのプログラムへの統合が可能なモデル	規模と効率性において十分な結果を示し、公的機関の関与を促す	公的機関へのサービス提供、ならびに研究とアドボカシーの継続
④ 商業化	市場の機能不全を補いリスクを緩和し、収益化が可能な製品やサービス	製品やサービスのインパクトと収益性を実証して関連リスクを低下させる	アドボカシーとモニタリングの継続、アクセスが難しい市場セグメントへの働きかけ、企業によるサービス提供を確保するための取り組み
⑤ ミッションの達成	個別の問題解決につながる、明確で達成可能な成果	対象を絞り込んだ介入策に取り組み続ける	独自の強みや能力を、（関連のありそうな）他の課題領域で応用する
⑥ サービスの継続	資金を確実かつ持続的に調達できる実績があり、市場や公的サービスのすき間を埋められる盤石な組織	費用対効果の高いモデルで盤石な組織を構築し、効率向上に努める	効率性を継続的に向上させて、中心となるサービスの提供を維持する

営する私立学校だった。やがて、早期教育が子どもの発達にもたらす利点を知った教育委員会が、既存の公立学校制度にキンダーガーテンを組み込み始めた。第一次大戦が始まるころには、キンダーガーテンはすべての主要都市の教育制度に導入されるようになり、公立のキンダーガーテンに通う児童の数は、私立に通う生徒よりも 19：1 の比率で上回った[10]。

❹ 商業化

「商業化」のエンドゲームを目指す組織は、不確実性や情報不足といった市場の失敗や非効率性を改善しようとする。たとえばその市場において、起業コストや戦略的リスクが高すぎて営利企業の利益に見合わないと製品の製造やサービス提供にギャップが生じ、それを埋める解決策を非営利団体が模索することがある。また、商業化には、非営利団体が現実的なリスクや不安要素を軽減したあとに、営利企業が収益を生み出せる要素が必要だ。たとえば、近年では数多くの大学が研究所を設置し、技術者や教員などが、いずれ民間企業に導入されそうな製品やサービスの、プロトタイプ開発や実験に取り組んでいる。

あるいは、マイクロファイナンスについて考えてみよう。この分野の先駆けとなったバングラデシュの NGO である BRAC やグラミン財団は、低所得層向けの金融サービスでも収益化が可能であることを証明した。それを受けて民間の金融機関が参入し、マイクロファイナンス市場のより所得が高い層に貸付を行うようになっている。非営利団体は引き続き、リーチしにくい階層へのサービス提供や、お金を借りる人がより大きな金融市場にアクセスできるように支援したり、新たな金融商品の開発を行ったりしている。また、民間金融機関が提供するマイクロファイナンスの品質維持にも努めている。

もう１つの商業化のかたちは、最終的に収益のすべてか大半を営利事業から得るような部門を、非営利団体が法人化するというものだ。社会起業家を支援する組織アショカ（Ashoka）などの先進的な取り組みと、近年におけるインパクト投資の台頭により、ソーシャルセクターでは市場の仕組みを活かす解決策を追求すべきとの声が高まりつつある。さらに、資金提供団体では、収益源の確保を助成金支給の基準に含めることが増えている。たとえば、国連財団が主導する公民連携プロジェクトである「クリーンな調理用コンロ普及に向けたグローバル・アライアンス（Global Alliance for Clean Cookstoves）」に参画するスパーク財団（Spark Fund）は、助成金の支給先に対して「ビジネスがどのように長期間にわたって持続的に成長していくかを示す」ことを義務づけている。なかには、設立当初から商業化を目指す非営利団体も存在する。この例として、デジタルコンテンツ関連サービスを提供するデジタル・ディバイド・データ（Digital Divide Data）は収益の大半を有料会員から得ており、アフリカの僻地に医療を届けるライダーズ・フォー・ヘルス（Riders for Health）はインパクトの倍増と同時に、持続可能な収益化モデルの実現を目指している。

> 近年におけるインパクト投資の台頭により、ソーシャルセクターでは市場の仕組みを活かす解決策を追求すべきとの声が高まりつつある

❺ ミッションの達成

「ミッションの達成」のエンドゲームを目指す組織は、わかりやすくて実現可能と思われるゴールを掲げている。ポリオやマラリアなどの病気根絶に尽力する組織がそのよい例だ。たとえばエンド 7（End7）は、「顧みられない熱帯病」7 種を 2020 年までに撲滅するというミッションを

唯一の目的とし、短期的な活動と長期の戦略の整合性をとっている。

ほとんどの場合において非営利団体は、目標を成し遂げたあとは活動を徐々に縮小していくべきだ。ところが、ミッション達成後も何とか生き残ろうと、成り行きに任せて活動を継続する組織が驚くほど多い。ミッション達成後も継続すべきなのは、別の社会的な目的に活かせるような貴重な強みや能力がある場合だけだ。たとえばマーチ・オブ・ダイムス（March of Dimes）は、ポリオ患者の支援プログラムとワクチン研究を通じたポリオ根絶を掲げて設立された。その後、医学者のジョナス・ソークとアルバート・サビンがワクチン開発に成功し、アメリカでのポリオ感染が事実上終息したあとは、組織の大きな強みである広い草の根ネットワークと信頼されるブランドを活かし、出生異常と乳児死亡の阻止という新たなミッションに取り組んでいる。

> ほとんどの場合において非営利団体は、目標を成し遂げたあとは活動を徐々に縮小していくべきだ。ところが、ミッション達成後も何とか生き残ろうと、成り行きに任せて活動を継続する組織が驚くほど多い

❻ サービスの継続

大半の非営利団体にとって、恒久的なサービス提供を目指すのは当然のように見えるが、それが必ずしも正しいエンドゲームだとは限らない。「サービス」の継続が妥当なのは、企業セクターと公共セクターが現在も今後も対処できない社会的ニーズを、非営利団体が満たせる場合のみだ。企業セクターのエンドゲームである商業化については、自分たちのプロダクトやサービスのリスク・リターン分析が営利企業のニーズを満たすかどうかを検証すればいい。一方公共セクターのエンドゲームである行政施策への導入については、公的機関が自分たちの介入策を積極的に採用する気があるのか、あるいは単にその能力が不足しているのかを評価すべきだ（後者であれば、公共セクターの能力開発に向けてアドボカシー活動に取り組んでもいい）。

サービスの継続というエンドゲームを達成した好例が、アメリカの非営利病院だ。彼らは行政や企業が埋められない医療システムの格差、とりわけサービスの公正さに関するギャップを埋めている。これらの病院は事業収益と寄付で運営資金をまかなっており、地域社会との強い結びつきも大きな頼りだ。さらに、顧客や地域への貢献志向が強いため、説明責任を果たすことや効率を高めることに熱心だ。

効率性は実際、サービスの継続をエンドゲームとする非営利団体に欠かすことのできない特徴である。通常はリソースを増やさずに、それどころかより少ないリソースでも、インパクトの最大化を目指して懸命に努力しなければならない。だからこそ、世界トップクラスのリーダーシップと運営力が求められるのだ。

「終わり（エンド）」は始まり

「死は、私たち誰もが行き着くところです」

スティーブ・ジョブズは2005年、スタンフォード大学の卒業式のスピーチでそう語りかけた。「死から逃れた人間は1人もいません。それは、あるべき姿なのです。おそらく死とは、生命の唯一かつ最高の発明です。生命に変化を促すものなのです」[11]。個人の人生の目的と同様に、非営利団体の目的も逃れられない結末から導き出されるべきなのだ。たしかに、非営利団体が能力を高めていくためには、最低限の規模に到達することは必須だ。とはいえ、スケールアップ自体が組織の存在意義となってはならない。

非営利団体は、どのようなインパクトを達成したいかだけでなく、セクター全体をどう変えて

いきたいかを表明しなくてはならない。その文脈では「拡大」が新たな意味を帯びる。つまり組織によっては、大規模なインパクトを実現するために、予算の増加を抑制して他の組織にサービス提供を移行させるという選択肢もありうるのだ。いずれにせよ、早い時期にエンドゲームを定めれば、成長初期の段階でリソースをより有効に活用できるようになるだろう。

　これまで6つのエンドゲームの概略を述べてきたが、それぞれに見合った組織のライフサイクルがあり、予算の増減軌道を予測できる。非営利団体がコンセプトを証明して最低限の規模に成長したら、予算の軌道を、目指すエンドゲームに見合った方向へと切り替えるべきだ。予算が増え続けてもかまわないのは、サービスの継続を目指す場合だけである。それ以外のエンドゲームでは、予算が時とともに急増することはなく、むしろ横ばいが続くか、場合によっては減少していく。組織が知識の中継地に進化したり（オープンソース化）、ベストプラクティスの研究拠点となったり（レプリケーション）、目標を達成して縮小に向かったり（ミッションの達成）すると、資金は大幅に減少するだろう。行政施策への導入か商業化の場合は、予算の軌道はまちまちで、組織がどのようなギャップを埋めようとしているのか、または介入策を導入した行政機関や企業に引き続きサービス提供の手助けをしていくかどうかで変わってくる（下図「各エンドゲームの推定される予算軌道」を参照）。

　厳しい現実を明かせば、非営利団体が自身

各エンドゲームの推定される予算軌道

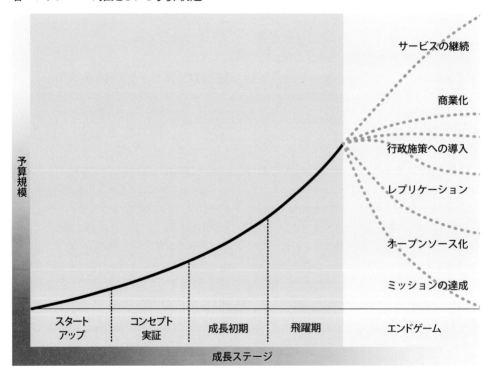

の有効性を最大化できるのは、オープンソース化やレプリケーションによってムーブメントを起こすことに重点を置いた場合か、行政施策への導入や商業化を目指す場合だ（ミッションの達成は、特定の課題領域で主に活動する非営利団体に当てはまる特殊なケースである）。6つのエンドゲームから1つだけを選ぶのは、簡単ではない。ムーブメントを起こすために、非営利団休のリーダーは他の組織と協力関係を築く必要があるが、成長初期にある組織は運営存続に集中しなければならないため、特に苦労するだろう。行政施策への導入を見据えるなら、巨大なお役所組織と連携することになるし、商業化を目指せば、企業セクターにあたかも「身売り」したように見えてしまうリスクがある。いずれにしても前述したとおり、その組織がどれかのエンドゲームに到達できるのであれば、現在生み出しているインパクトを他の手段で実現することは可能なのだ。

> ミッションを成し遂げるには他組織との提携が欠かせないことを理解したルート・キャピタルは、商業化というエンドゲームへと向けて積極的に活動していくことを決断した

ゲームチェンジャー

「スケールアップ」を優先すべきだという風潮の中でも、その流れに逆らうリーダーもいる。彼らは、インパクトの実現において、組織の規模拡大が唯一の手段どころかベストな手段でもないことを認識している。調査を進める中で私たちは、自らの能力と現状にきちんと見合ったエンドゲームを見据えて、優れたパフォーマンスを発揮しているいくつかの非営利団体に出会った。

アフリカと南米の小規模農家に金融支援を行うルート・キャピタル（Root Capital）を例にとろう。ルート・キャピタルでは2013年の融資残高が平均で約7,000万ドル、累計融資額は5億7,400万ドルだった。小規模農家向け融資の総需要は世界全体で年間200億〜400億ドルにのぼると見られている[12]。つまりルート・キャピタルは、少なく見積もった需要の10%を満たすためだけでも、年間の融資額を30倍近くに増やさなくてはならないことになる。ミッションを成し遂げるには他組織との提携が欠かせないことを理解したルート・キャピタルは、商業化というエンドゲームへと向けて積極的に活動していくことを決断した。そして、より広範な農家向け金融市場に変革を起こすべく、さまざまな活動を行っている。たとえば、新規金融商品の研究開発プラットフォームという役割を果たしている。また、民間の金融機関に対して市場の上位層にサービスを提供するよう促し、さらに、他の農家向け貸付機関と共同で業界基準の策定や責任ある貸付慣行の構築に取り組んでいる。ルート・キャピタル設立者のウィリー・フットは、他組織との提携を推し進める中で（自殺的とは言えないまでも）「病的なまでに協力的」であろうとしたと話す。

マザーズ2マザーズ（mothers2mothers）も、規模と戦略を見直して成功した非営利団体だ。ミッションにHIV（ヒト免疫不全ウイルス）の母子感染防止を掲げ、中心事業は「メンター・マザー」の育成とサポートだ。メンター・マザーは、地域の母親や子どもに対して、保健知識の教育、心理的・社会的支援、医療機関などのサービスの紹介を行っている。一時は直営の拠点数が800カ所に達し、世界各地のHIV陽性妊婦120万人のうち15%が活動対象となっていた。しかし、2010年にエンドゲームの再検討を実施したところ、既存のサービス提供モデルでは、HIV陽性の妊婦全員に手を差し伸べるには、予算規模を6倍（年間にして1億2,000万ドル以上）にしなければならないという結論に

至った。現在は、対象の女性たちにサービスを直接提供するのではなく、各地の行政機関に対して、「メンター・マザー」プログラムの導入を促し、現地のNGOや提携パートナーによる複製・再現を支援している。また、行政施策への導入を推進するために、子どものHIV新規感染撲滅を目的とする国連グローバルプランに同プログラムを提案して採用された。マザーズ2マザーズは研究と育成を目的とした施設を引き続き運営しているが、これは現地へのプログラム実装拠点となることもある。

目的と手段

ソーシャルセクターのステークホルダーにとっては、「エンドゲームは何か」という問いは最初の一歩にすぎない。社会的インパクトの最大化に向けて貢献するには、組織の運営方法と、外部組織との関わり方を変えることが必要だ。非営利団体のリーダーたちは、3つの基本的な重要事項を考慮しなければならないと私たちは考える。

初期段階からエンドゲームを定義する

非営利団体を立ち上げる際には、ミッションとインパクト目標のステートメントだけでなく、エンドゲームのステートメントも打ち出すことが通例となるべきだ。それぞれのエンドゲームは必ずしも互いに相容れないわけではないし、設立者が当初のアイデアや発想をもとに活動を開始したときに正しいエンドゲームを完全に把握しているわけでもない。しかし、エンドゲームについて熟考することは、インパクトを最大化する道筋をつけるのに役立つし、組織の成長にばかり目がいってしまうことも防げるだろう。非営利団体は資金提供者や受益者や支援者に対して、自分たちがどのエンドゲームに該当するの

か、また、どのような条件下で組織が解体・合併したり活動領域を変更したりするのかを明示すべきだ。こうした過程を経ることは、リーダー自らが描く変化の方法論をはっきりと打ち出すうえでも役に立つ。

中心的な活動に集中する

エンドゲームが明確に定義されれば、中心的な活動にもっと時間を割けるようになって、ミッションに向けて前進できるだろう。組織によっては、自分たちの中心的な活動とは、知識の共有について「病的なまでに協力的になること」だという結論に達することもあるだろう。あるいは、行政機関や民間の金融機関と強固な関係を築くことだと考える組織もあるかもしれない。中心的な活動に集中すれば、一見すると難しそうな決断もより早く下

> 非営利団体を立ち上げる際には、ミッションとインパクト目標のステートメントだけでなく、エンドゲームのステートメントも打ち出すことが通例となるべきだ

せるようになる。仮に、地元の提携パートナーに運営を移行するのが最終ゴールなら、最優先すべきはサービスを自ら実施することではない。たとえそのほうが、手を差し伸べられるターゲットが短期的には増えそうな場合であってもだ。

チームに心の準備をさせる

非営利団体のリーダーは、ミッションの達成に尽くすだけではなく、組織に関わるメンバーに対して尽くすことも仕事の1つだ。いずれも重要な仕事であることに変わりはない。しかし、非営利団体の第一かつ最大の目的は、社会的目標の達成だ。そのためリーダーは、エンドゲームに近づきつつあるときに、予算や人員を削減する可能性が高いことをチームに伝える必要がある。適切に対処すれば、そうしたやりとりから目的意識が生まれ、スタッフは組織に勤める残

りの時間も高いモチベーションをもって仕事に当たるようになるだろう。

一方、非営利団体に資金提供する側も、以上とは異なる3つの重要事項に向き合うことになる。

ギャップを埋める

何度も述べてきたとおり、大きなインパクトを生むことは、財政規模を拡大することと同義ではない。とはいえ、非営利団体が軸となる能力を開発するためには、最低限の資金が必要である。私たちは今回の研究で、非営利団体が初期の創立資金を容易に獲得できる段階と、企業や政府の資金を獲得できる段階の間にギャップがあることに気がついた。資金提供者は、ソーシャル・キャピタルのキャズムを埋め、支援先とともに持続可能な成長戦略を打ち立てることで、彼らの前進を後押しすることができるのだ。

触媒となるインパクトへ投資する

支援先を評価する際、資金提供者は支援先がその分野全体にどのようなインパクトを与えるのか、あるいは与えうるのかを考慮しなくてはならない。これまでは、直接的なインパクト（「受益者への医療の提供」）や間接的なインパクト（「乳児死亡率の減少」）にばかり着目してきた。しかし、非営利団体が行政施策への導入や商業化といったエンドゲームを追求することによる波及効果、つまり触媒となるインパクトにも目を向けるべきだ。同様に、資金提供者は（「特定のプログラムに必要な資金はいくらか」

> 資金提供者は、ソーシャル・キャピタルのキャズムによって非営利団体が本来の可能性をうまく発揮しきれない現状を認識して、エンドゲームに到達してその段階を全うするまで、彼らをしっかりと支援していくべきだ

と問うように）視野を狭めることなく、ミッションの達成と関係のある広範な課題を俯瞰したうえで支援を決定しなくてはならない。いくつかの資金提供者は、すでにこうしたアプローチを取るようになっている。たとえばアメリカのスコール財団（Skoll Foundation）は、特定のセクター（教育、経済的な機会、水や衛生）をターゲットに据えて支援のポートフォリオを見直し、それらのセクターをよい方向へと導いていく可能性を秘めた非営利団体に（イノベーションに対する助成金という形で）資金を提供するようになった。

エンドゲームへの到達を支援する

資金提供者は、ソーシャル・キャピタルのキャズムによって非営利団体が本来の可能性をうまく発揮しきれない現状を認識して、エンドゲームに到達してその段階を全うするまで、彼らをしっかりと支援していくべきだ。多数の非営利団体に助成金を少しずつ支給するより、最も有望な組織をサポートし、大規模な社会変化の実現を目指すべきだ。さらに、資金提供を決めるプロセスでは、各組織に「あなたのエンドゲームは何か？」と明確に尋ねるべきだ。その情報があれば、組織が（たとえば）商業化やレプリケーションへと舵を切るべきときはいつかをもっと簡単に見極められる。

最後に、非営利団体の目標は、ひたすら予算規模を拡大することでも、活動範囲を広げることでもない。真の目的は社会的インパクトの達成だ。非営利団体が見据えるエンドゲームを詳しく分析することは、非営利セクターがインパクトを最大化させたあとの次のステージを描くということである。だからこそ、非営利団体のリーダーたちは早い段階でエンドゲームを明確に定義する必要があるし、資金提供者たちはそのエ

ンドゲームに到達するために手を貸す必要がある。

　ソーシャルセクターがこれほどの可能性を秘めているときは、これまでの歴史になかったのではないだろうか。目的《パーパス》につき動かされた新しい世代のプロフェッショナルたちがこのセクターに続々と参入し、新しいビジネスモデルやツールを武器に社会変化を起こそうとしている。しかし、ソーシャルセクターの努力を真に結実させるためには、彼らや他のリーダーたちが共に、どのエンドゲームを目指すのかについて、対話を始めなくてはならないのだ。

　記事の草稿に対して建設的なフィードバックを提供してくれた以下の方々に感謝したい。ロバート・ファブリカント、マット・フレイザー、クロエ・ホルダネス、リッチ・レイムサイダー、ベス・シフェロー、アニー・シモンズ。また、非営利セクターの調査・分析に協力してくれたダルバーグ・グローバル・ディベロップメント・アドバイザーズのバーヴァナ・チルクリとスネハ・シェス、編集協力者のジェニファー・ミクルとサラ・ウォレスにも心からお礼を述べたい。

1　Peter Kim and Jeffrey Bradach, "Why More Nonprofits Are Getting Bigger," *Stanford Social Innovation Review*, Spring 2012.

2　ダルバーグ・グローバル・ディベロップメント・アドバイザーズ（Dalberg Global Development Advisors）による米国内国歳入庁（IRS）「Exempt Organizations Business Master File（BMF）」（免税団体マスターファイル）のデータ分析．元データは BMF が公表した 2013 年 10 月から 2 年以内に提出された非営利団体の年次報告書「フォーム 990」．シンクタンク「アーバン・インスティチュート（Urban Institute）」サイト内「National Center for Charitable Statistics（慈善団体統計）」を通じて確認．http://nccsdataweb.urban.org

3　William Foster and Gail Fine, "How Nonprofits Get Really Big," *Stanford Social Innovation Review*, Spring 2007.

4　非営利団体に資金提供を行う大手財団「ビッグ・バン・フィランソロピー（Big Bang Philanthropy）」「DRK 財団（Draper Richards Kaplan Foundation）」「ムラゴ財団（Mulago Foundation）」「スコール財団（Skoll Foundation）」のポートフォリオを集約．データ収集に際しては，IRS「フォーム 990」，年次報告書を参考にしたほか，複数の非営利団体から直接情報を収集した．

5　Jeffrey L. Bradach, "Going to Scale," *Stanford Social Innovation Review*, Spring 2003.〔本書収録論文「04 規模の拡大を目指して」〕

6　リッチ・レイムサイダーからの 2014 年 1 月 19 日付け受信メール．

7　Ann Goggins Gregory and Don Howard, "The Nonprofit Starvation Cycle," *Stanford Social Innovation Review*, Fall 2009.

8　ハーレム・チルドレンズ・ゾーンとハビタット・フォー・ヒューマニティのインパクト・ステートメントは，以下の論文から引用．

Susan Colby, Nan Stone, and Paul Carttar, "Zeroing in on Impact," *Stanford Social Innovation Review*, Fall 2004.

9　The Bridgespan Group, "Transformative Scale: The Social Sector's New Frontier," an event held in New York City, November 19, 2013, and subsequent email communication.

Louis C. Boorstin, "To Scale Impact, Funders Must Understand the Systems in Which Grantees Operate," Arabella Advisors website, December 9, 2013, http://www.arabellaadvisors. com/2013/12/09/to-scale-impact-funders-mustunderstand-the-systems-in-which-grantees-operate

Elliott Berger, "Partnering to Scale Impact," Arabella Advisors website, July 23, 2013, http://www. arabellaadvisors.com/2013/07/23/partnering-to-scale-impact

Heather McLeod Grant and Leslie R. Crutchfield, "Creating High-Impact Nonprofits," *Stanford Social Innovation Review*, Fall 2007.〔本書収録論文「05 大きなインパクトの生み出し方」〕

10　Ellen Berg, "Kindergarten," in Paula S. Fass, ed., Encyclopedia of Children and Childhood:In History and Society, Farmington Hills, Mich.: Gale, 2003, posted online in 2008, http://www.faqs.org/childhood/Ke-Me/Kindergarten.html

11　スタンフォード大学卒業式（2005 年 6 月 12 日）でのスティーブ・ジョブズによるスピーチ原稿. Stanford Report, June 14, 2005, http://news.stanford.edu/news/2005/june15/jobs-061505.html

12　Dalberg Global Development Advisors, "Catalyzing Smallholder Agricultural Finance," 2012, http://dalberg.com/documents/Catalyzing_Smallholder_Ag_Finance.pdf

Going to Scale The Challenge of Replicatin

規模の拡大を目指して

成功したプログラムの「変化の方法論」をどう複製・再現するか?

ジェフリー・L・ブラダック　Jeffrey L. Bradach

森本伶 訳

イノベーションの必要性が謳われ、社会的な事業を行う者も、資金提供者などの支援者も、解決策に「新しさ」を求めてしまいがちだ。しかし世界を見渡せば、今までにもさまざまな場所で優れた解決策が数多く生み出されている。『スタンフォード・ソーシャルイノベーション・レビュー』創刊号で発表されたこの論文では、成果が確認された「既にある」プログラムの価値に目を向ける。社会的インパクトを拡大するためには、既存のプログラムの何を、どのように複製・再現すべきか?　ビジネスで広がるフランチャイズ方式をヒントに、インパクト拡大に向けた実践手法を探求する。（2003年春号）

Social Programs

ジェフリー・L・ブラダック
Jeffrey L. Bradach

非営利の団体や財団を対象とした戦略コンサルティング団体ブリッジスパン・グループ（The Bridgespan Group）の共同設立者でありマネージング・パートナー。同社を立ち上げる前に教員を務めていたハーバード・ビジネス・スクール在籍時に、本稿の元となった研究を行った。

ホームレス問題、識字問題、慢性的な失業──各地の非営利団体は最も困難な社会課題の解決に悪戦苦闘している。しかし、ビル・クリントン元大統領が在任中、教育改革の取り組みを総括する中で述べた通り、「ほとんどの問題は、誰かがどこかで解決してきた」のだ。もどかしいのは、そうした解決策を「他のどこかに複製・再現（レプリケーション）することがなかなかできないようだ」という点である[1]。

米国の非営利セクターは、一部の例外を除いて小規模な事業がほとんどで、何千ものプログラムが、特定の地域、つまり1つの都市や町で実施されている。このような活動形態はたいてい、組織レベルで見ると最適かもしれないが、ある場合には──もしかすると多くの場合には──社会全体にとっては大きな損失になり得る。すでに誰かが確立したものを再び一からつくり直す「車輪の再発明」としか言えないような新規のプログラムに、多くの時間、資金、想像力が費やされているからだ。一方で、すでに効果が実証されている既存のプログラムの可能性は、残念なことに活かされていない。

非営利セクターでのレプリケーション、つまり複製・再現における障壁の1つは、多くの資金提供者が、既存のアイデアの展開よりも「ブレークスルーを生むような」革新的なアイデアへの支援を好む強い傾向があることだ[2]。もう1つの障壁は、多くの人々にとってレプリケーションというコンセプトが、官僚主義や中央集権的なイメージを抱かせるという事実である。このようなイメージはどの分野においても好ましいものではないが、非営利セクターにおいては、地域の寄付者やボランティアの「当事者意識」が組織の成功にとって非常に重要であることから、なおさら問題となる。また、多くの社会起業家にとっては自律性が大きな精神的報酬（サイキック・インカム）となること

を考慮すれば、こうした起業家が、自分の夢に比べると、他人の夢をそこまで追いかけたがらないのも理解はできる。

しかし、実際のレプリケーションは決して、「クッキーの型抜き」のような画一的な大量生産プロセスではない。なぜなら、成功しているプログラムの「成果」を再創出することがそもそもの狙いであって、そのようなプログラムの特徴を1つひとつ盲目的に再現することではないからだ。レプリケーションで肝になるのは、ある組織が持つ変化の方法論*を、いかに他の拠点に移植するかである。移植には、ある場所から別の場所へ一部の慣行だけを移すこともあれば、組織文化をまるごと複製する場合もある。具体的にどのような手段をとるにせよ、最適な選択が何であるかを大きく左右するのは、複製元の組織が持つ変化の方法論の複雑さや、その方法論をどれだけ明確化・標準化できるかといった点である（その結果、そもそも複製・再現しない選択もある）[3]。

> レプリケーションのそもそもの狙いは、成功しているプログラムの「成果」を再創出することであって、そのようなプログラムの特徴を1つひとつ盲目的に再現することではない

ここで、非営利セクターでのレプリケーションについて掘り下げる前に、営利セクターにおける類縁とも言えるフランチャイズについて検討する価値はあるだろう。1920年代に誕生したフランチャイズ形式は、現在最も広がっている組織形態の1つであり、米国における小売業の売上のおよそ50％を占めている。フランチャイズ組織は、「各地域の起業家たちのエネルギーや投資」と「同じトレードマークのもとで活動する何百、何千もの異なる拠点を束ねるネットワークの力」を連携させる。もちろん、営利セクターと非営利セクターとでは大きく異なる点もあり、

＊ 変化の方法論（セオリー・オブ・チェンジ）：社会課題の解決やビジョンの実現など、特定の変化を生み出そうとするときに、どのような手段や方法を用いるのか、利害関係者（ステークホルダー）がどのように関わるのか、どのような成果やインパクトが生まれるのかを描いたもの

フランチャイズとレプリケーションの類似性は限定的だ。しかし成長を目指す社会的企業は、フランチャイズからいくつかの示唆に富む教訓を得られるのだ[4]。

第1に、実績が証明されたプログラムの価値である。新たな拠点は、他者が育んできた知識を活用することで、事業の立ち上げスピードや、望ましい成果が出る可能性を高めることができる。営利セクターでは、独立したスタートアップ企業を立ち上げるほうが、フランチャイズチェーンの新拠点を立ち上げるよりも、失敗する可能性がはるかに高い。米国中小企業庁の推計によれば、創業5年以内で倒産する小規模スタートアップは全体の約半数である。一方フランチャイズ拠点の場合、5年以内の倒産率は25％と、小企業スタートアップの場合の半分である。つまり端的に言って、レプリケーションは失敗のリスクを減らすのだ。

また、効果が認められたモデルを採用することには、リソースを獲得しやすくなるという利点もある。有名なフランチャイズ拠点は、ブランドの知名度のおかげで商品やサービスへの信頼があるため、新たな市場においても集客が可能だろう。非営利セクターにおいても、これと同じような利点が生まれ得る。たとえば、ハビタット・フォー・ヒューマニティ（Habitat for Humanity）にボランティアとしての参加を検討している人は、団体の活動目的、ボランティア活動に期待できること、活動を通して生まれ得る成果などについて事前に知ることができる。同じように、自分のお金がしっかりとインパクトをもたらしてほしいと考える寄付検討者は、この団体はすでに他の拠点が成功させたプログラムの知見を活かそうとしていると知ることができる。

最後に、各地域のプログラムは、より大きなシステムの一員であることにより、単体では手に

Stanford SOCIAL INNOVATION Review Japan

入らないリソースや専門知識（たとえば、資金
調達、人事、法務などに関するもの）にアクセ
スできるだろう。また、他の拠点からアイデア
や知識を得ることもできる。拠点間のネットワー
クは、実験や学習が自然と生まれる環境である。
たとえば、マクドナルドの商品であるビッグマッ
ク、フィレオフィッシュ、エッグマックマフィンは、
いずれも地域のフランチャイズ拠点が発明した
ものだ。シティイヤー（City Year）が主催する「ヤ
ング・ヒーローズ・プログラム」も同様だ。中
学生による社会貢献活動を後押しするこのプロ
グラムは、今ではシティイヤーグループのシステ
ム全体にわたって広がっているが、もともと立案
されたのは同団体の本部があるボストンではな
く、ロードアイランド州プロビデンスである。

　フランチャイズの核となるのは、複数の拠点
で複製・再現可能な、実績ある（つまり、収
益性のある）ビジネスアイデアである。それで
は、社会課題を解決するアイデアのレプリケー
ションがとりわけ複雑になるのは、どんな要因が
あるからなのだろうか？　また、レプリケーショ
ンにおける主要な課題には、どのように取り組
んでいけばよいのだろうか？

レプリケーションは、適切かつ
信頼できる選択肢なのか？

　成果が出ていないプログラムを複製・再現
することは、貴重な社会的資源の浪費にすぎず、
最悪の場合、プログラムの関係者に損害を与え
かねない。したがってまず検討すべきなのは、「レ
プリケーションを行うに値する成功を収めてきた
と言えるだけの、実質的な証拠が十分に存在す
るか」である。

　何をもって「十分」とするかは、プログラム
の性質、プログラムの期間、想定するレプリケー
ションの範囲によって異なる。たとえば、2つ目

の拠点を立ち上げる場合よりも、10拠点から
100拠点に拡大する場合のほうが、より多くの
実績が求められる。また、実証済みのプログラ
ムよりも、まったくの新境地を開拓するようなプ
ログラムのほうが、より多くの根拠によって、長
期的には望ましい成果を持続できるという見込
みを示す必要がある[5]。いずれにせよ、組織が
最低限示さなければならないのは、「変化の方
法論が強固であること」「初期の成果が有望で
あること」「重要なパフォーマンス・データを追
跡していくためのシステムが導入されているこ
と」だ。

　しかし、成功するという証拠を集めるのは困
難だ。非営利団体の活動は社会への介入を伴
うことが多く、その成功の定義はきわめて難し
いうえに、効果の全容が明らかになるまで何年
もかかる場合があるからだ。とはいえ、社会変
化に向けてリソースを投資するうえで適切な判
断をするためには、「実証可能な成果とは何か」
という問題に正面から向き合わなくてはならな
い。あるプログラムが主要な関係者にとって価
値を生み出しているかどうかを（直接的な指標
か、関連性の高い代替指標によって）評価する
能力は、レプリケーションに関する議論におい

シティイヤーのメン
バー2名がボスト
ン周辺の学校で生
徒の学習を支援す
る様子。シティイ
ヤーはボストンを含
む14の地域コミュ
ニティで活動を展
開している。

て欠かせない前提条件なのだ。

　同様に重要なことは、組織が持つ「変化の方法論」を明確にする能力である。変化の方法論とは、「そのプログラムはなぜ機能するのか」「受益者、資金提供者、職員、ボランティアといった主要な関係者が求める成果を出すためには、どんな活動が必要か」の両者について、その団体自身の考え方を表すものだ。

　たとえば、幼少期の識字問題について見てみよう。強固な変化の方法論を持つ団体であれば、「どうやって子どもの識字能力に変化を起こすか」という手段（たとえば1対1の個別指導を行うなど）だけでなく、「ポジティブな成果を生み出すために不可欠な活動は何か」「そうした活動をどのようなプロセスで実施しなければならないか」まで明確に定めることができるだろう。したがって、「個別指導を、どのように、どれくらいの頻度で、誰によって提供するか」のような問いへの答えが、いわばその団体の社会変化のためのテクノロジーを構成する要素となる。そして、核となるこのテクノロジーこそが、新拠点を立ち上げる際に複製・再現しなければならないものなのだ。

　非営利団体の中には、「組織文化」が変化の方法論の重要な要素になる組織もある。その一例が、ボストンを拠点とするシティイヤーだ。同団体は、17歳から21歳の若者を集め、都市部で1年間の社会貢献活動に参加する機会を提供している。シティイヤーの組織文化には「個々人の違いを尊重する」という価値観と、「個人の力によってコミュニティを変えることができる」という信念がある[6]。この世界観は、プログラムの成果であると同時にプログラムの成功要因でもあるが、元をたどれば、シティイヤーのリーダーたちが自らの目的（パーパス）実現に向けた奮闘の中で築き上げた組織構造、運営システム、運営プロセスなど、組織の運営形態から生まれた大きな

副産物なのだ。こうした組織文化を複製・再現することは、プログラムのいくつかの要素だけのレプリケーションよりも、はるかに複雑な取り組みとなる。

　変化の方法論を多様なものにしている重要な側面の1つは、その複雑性の度合いであり、それは望ましい成果を生み出すために必要な活動の量によって測定できる。幅広い領域において価値を生み出そうとする組織にとって、必要な介入策を特定し、それらすべてを確実にそろえるのは複雑な作業だ。たとえば、問題を抱えた家族の安定化に取り組む場合、経済支援や職業訓練のほかに、カウンセリング、デイケア、住居支援も提供する必要があるだろう。

　一方、一見シンプルなサービスを提供する団体であっても、活動に内在する複雑性が高い場合もある。たとえば、ハビタット・フォー・ヒューマニティは主な活動として、安心して暮らせる住まいを持てない人々のために住居を建てているが、同団体の変化の方法論が対象としている範囲は、住居建設よりもずっと広いものだ。この点に関して、同団体で国際部門のパートナーを務めるエリック・デュエルは次のように述べている。

　「ハビタット・フォー・ヒューマニティは住居建設にあたって、いちばん簡単な手段は使いません。たとえば、建設会社のように大量の職人を雇うのは簡単でしょう。当団体がそうしないのは、究極的な目標を住居そのものにではなく、住居の建設に携わる人々、そこに住む家族、その家族が身を置く社会、そして、実にさまざまなかたちで活動に参加するボランティアの人々に置いているからです」[7]

　変化の方法論が複雑なほど、それを複製・再現することは難しくなる。だからこそ、リーダーが「プログラムの価値を生み出す活動」を具体的に示せるかどうかが、きわめて重要となる。

Stanford SOCIAL INNOVATION Review Japan

活動を分析する際には「必要最小条件」という考え方が指針になるだろう。つまり、プログラムにおいて、望ましい価値を生み出すために最低限必要な要素は何かを定義することだ。

シティイヤーのような、地域活動に参加するコープ・メンバー[*]、地域コミュニティ、営利セクターのスポンサーという多方面への価値提供を目指す組織は、多くの要素をプログラムに組み込む必要がある。しかしたとえば、地域活動に参加するコープ・メンバーが全員お揃いの赤いジャケットを着ているかどうかや、企業が直接的に個々のチームのスポンサーになっているかどうかは、重要なことだろうか。これらの要素はプログラムの発足時には重要な意味を持っていたが、本当に考えなければならないのは、シティイヤーの達成したい成果にとって決定的な要素なのかどうかである。

変化の方法論において必要不可欠な要素を明らかにする方法の1つは、「仮にその要素を変更した場合に、プログラムの価値が低下するか」を問い直すことだ。たとえば、警察官が薬物乱用防止について小学校高学年を指導する15週間のプログラムであるD.A.R.E.の例を見てみよう[8]。同プログラムはロサンゼルスで開始されたが、他の都市でも実施が検討されるようになった際、対象学年の変更を申し出る拠点

が出てきた（D.A.R.E.はこれを認めた）。また、プログラムの実施期間を5週間に短縮することや、さらには指導員である警察官を外すよう求める拠点もあった（いずれもD.A.R.E.によって却下された）。

変化の方法論を明確に理解することによって、レプリケーションに必要なのはプログラムの一部だけであり、プログラム全体や組織そのものではないという結論に至る組織もある。アースフォースは、若者たちが環境問題や地域コミュニティに対して持続的な変化をもたらせるように、1人の市民として社会に関わるスキルの向上に取り組む組織だ。同団体は当初、各フランチャイズ拠点でプログラムをまるごと展開する成長戦略をとっていたが、変化の方法論が明確に見渡せるようになったことで異なるアプローチを選択した。つまり、組織として望ましい成果を他者が複製・再現するために使える厳選したツール（たとえば、ユース会議の立ち上げ方や運営方法）を「パッケージ化」したのである。

強固な変化の方法論がなければ、レプリケーションはきわめて困難になる。プログラムの中で何がうまくいっているのか、その原因は何かを判断できないからだ。非営利団体の経営層が最も頭を悩ませる課題の1つは、

[*] コープ・メンバー：「コープ」とはある団体のプログラムに参加して社会貢献活動を共にする仲間やグループを指し、「コープ・メンバー」はその一員を指す

自らのプログラムが持つ複雑性が正当なものなのか、それとも、同じ価値を生み出すようなもっとシンプルな方法があるのかを見極めることだ。さらに、シンプルな方法を採用した場合、簡略化によってプログラムの価値が下がったとしても、レプリケーションがやりやすくなることでそのデメリットを補えるかどうかも判断する必要がある。こうした事柄について深く考え、実験を積み重ねていくことは、どれが本当に価値を生み出しているプログラム要素で、どれが成果とはほとんど関係のないものなのかを見極めるためには必要不可欠だ。

規模の拡大を目指す

変化の方法論が明確に表現されている組織の場合、「カギとなる活動」や「運営モデルにおいてカギとなる要素」をどの程度明確化・標準化できるかが、レプリケーションの成否を左右するポイントとなりそうだ。一般的に、より多くの要素を標準化できれば、レプリケーションに成功する可能性が高くなる。

営利セクターの場合でも、フランチャイズ成功のカギを握るのは、複製元のビジネスモデルにおいて軸となる活動を標準化する能力である。たとえばファストフードチェーンでは、調理から床掃除、来店者への挨拶まで、あらゆる活動がきちんと資料に落とし込まれ、それらの活動を行うのに必要な知識が一定の手順として体系化されている。

非営利セクターの場合、重要な知識が暗黙知となっている場合が多いため、それを体系化するプロセスは営利セクターの場合よりもはるかに難し

> 非営利セクターの場合、重要な知識が暗黙知となっている場合が多いため、それを体系化するプロセスは営利セクターの場合よりもはるかに難しいものになる

いものになる。ストライブのプログラムの例がそのことを物語っている。ストライブ（STRIVE）*は、慢性的な失業に陥っている人々に対して3週間の職業訓練プログラムを提供し、参加者が仕事への心構えを培い、いつでも働ける準備を整えられることを狙いとしている。3週間の厳しいプログラムを修了した人は、ストライブによる就職あっせんと2年間にわたるフォローアップを受けることができる。

この団体の発足時のモデルには、トレーニング・スタッフがプログラム中にとる「厳しくも公正（フェア）である」というアプローチが盛り込まれていた。ストライブの初代トレーニング担当ディレクターであるフランク・ホートンは次のように語っている。

「ストライブ式のトレーニングを行うには、向き不向きがあります。さまざまなトレーニング手法があり、方程式はありません。でも、トレーニング現場を実際に見れば、ストライブ式がどのようなものかがわかると思います。そうやって実践の様子を観察しながら、自分でトレーニングを形作り、練り上げていけるようになるのです。ストライブ式のトレーニングは、いわばアフリカの民話のように広まってきました。他の人の実践を見たり、話を聞いたり、自分でやってみたりしながら身につけていくのです。最低でも18カ月続けなければ、真のストライブのトレーナーとは言えないでしょう」[9]

しかし、このように暗黙知が多いトレーニングのやり方が本当にストライブの成功にとって不可欠なものなのであれば、トレーニング・スタッフとして持っていなければならない特質を明らかにし、採用や育成のプロセスを標準化する必要があるだろう（拠点を拡大し始めた当初は厳しさを抑えたトレーニングも認めていたストライブが、最終的には厳しいスタイルを標準化したよ

* ストライブ：本書収録論文「10 コレクティブ・インパクト」中のストライブ・パートナーシップとは別団体

Stanford SOCIAL INNOVATION Review Japan

うに）。さもなければ、プログラムの複製・再現が非常にゆっくりとしか進まないことを受け入れなければならない。

運営モデルを新たな拠点に移植するうえで不可欠なのは、モデルに埋め込まれている知識を表面化させることだ。たとえば、ジャンプスタート（Jumpstart）という団体はプレスクール*で学習に苦労している子どもたちにコープ・メンバーである大学生のボランティアを割り当て、1年間ともに過ごしてもらうプログラムを提供している。コープ・メンバー向けのプログラムガイドでは、1人ひとりの児童に合わせたカリキュラムの策定方法が明記され、各々の発達ニーズに見合った読む力を育てる活動を幅広く紹介している。個々のボランティアが工夫を加えられる余地を広く残しながらも指導プロセスを標準化できたことで、ジャンプスタートは急速に新規拠点を拡大することができた。

人材

各地の拠点マネジャーの能力は、多くの場合でレプリケーションを軌道に乗せるための重要な要素となる。マネジャーとして適切な人材を探すうえでは、2種類の活動がカギとなる。「①人材の適切な選定」と「②トレーニングと組織文化への適応（ソーシャリゼーション）」である。

人材の選定においては、拠点のマネジメントや変化の方法論の実践といった業務に必須のスキルとは何かを、組織がはっきりと理解している必要がある。この場合も、変化の方法論を定めるときと同様に、「何が求められるのか」を明確に示すことが重要だ。そうすればトレーニングを通して、足りないスキルの補強や、プログラムにとって重要な組織文化を新任マネジャーに教え込むことが可能になる。組織によっては、組織文化への適合度合いを重視するあまり、「外部の人ではどうしてもプログラムの本質をつかみ切れない」と考えてしまい、内部の人材を昇進させるしかないと信じがちだ。しかし多くの場合、組織が内部の人材に依存している状態というのは、まだ運営モデルの暗黙知を明確にできていないことの表れなのだ。

文脈

すべてのプログラムはどこかの場所で生まれるが、その運営モデルの有効性は背後にある文脈に依存していることが多い。たとえば、多様なバックグラウンドを持つ才能ある若者に対して、学校で活躍できるように支援しているサマーブリッジ（Summerbridge）という団体がある。サマーブリッジは当初、私立校で夏季集中プログラムを実施していたが、それを公立校でも提供しようとした際に、このモデルでは導入が難しいことが判明した[10]。同団体の理事会では、この問題の原因と、試みを継続した場合の影響について議論が行われた。理事のなかには、公立校における官僚主義的な体制やリソース不足がプログラムの制約になるのではないかと懸念する者や、私立校の魅力的なキャンパスがプログラムの人気の一因ではないかと考える者がいた。また、公立校での運営予算の策定プロセスにおいて、プログラムがさまざまな政治的・財政的な圧力にさらされる危険性があるのではないかと懸念する声もあった。最終的に理事会は、公立校の代替となるような場所での実験は続けるものの、活動の中心は私立校にすることを決めた。このように、効果的なレプリケーションができるかどうかは多くの場合、プログラムを実施する文脈を一定に保つこと（つまり標準化すること）にかかっている。

> すべてのプログラムはどこかの場所で生まれるが、その運営モデルの有効性は背後にある文脈に依存していることが多い

* プレスクール：就学前教育。3歳児から5歳児を対象とする

財務構造

　プログラムの標準化において重要になるのは、コストと収益の両面で財務基盤の透明性を確保することだ。人材や資源を自力で調達し、ぎりぎりのところでやりくりしながら何とか破綻せずに運営されているプログラムは、どれほど優れた成果を出していても、レプリケーションの対象候補としては不適切だ。同様に、変化の方法論を適用した活動１回当たりのコスト（たとえば、子ども１人当たりのサービス提供や、住居１軒当たりの建設にかかる費用）を明確にできない、そしてそれを複製・再現ができない組織も、レプリケーションには向いていない。近年、プログラムの提供コストをより正確に反映したパフォーマンス指標を求める資金提供者が以前よりも増えてきたことは、各団体における財務状況の透明化を促しているだけでなく、「資金なしに決して成果は生まれない」ことへの理解を広めるという思わぬ効果も生んでいる。

　安定した資金源を確保する、つまり資金の流れを標準化することで、２つの理由から成功の可能性を高められる。第１に、新しい拠点のリーダーは、資金の新たな調達先を探すことではなく、プログラムを築き上げることに時間やエネルギーを集中できる。第２に、資金提供者の関心がさまざまに異なることから生まれるプレッシャーを最小化できる。たとえばジャンプスタートの場合、その地域においてより年齢層が高い子どもを対象とした活動を優先してほしい資金提供者もいれば、識字問題の解消（つまりプレスクールでの指導）に絞りたい資金提供者もいた。こうした多様な関心による圧力が積み重なれば、プログラムの方針が変わったりモデルの変種が生まれたりするかもしれず、活動の成果が小さくなってしまう可能性がある。

　なかには、資金調達の標準化を実現している団体もある。たとえばハビタット・フォー・ヒューマニティには、「住居建築にかかる資金の調達方法」「現物寄付を通して確保できるリソース」「地域の住民から資金を募る方法」などを整理した資金調達モデルがある。同様にシティイヤーは、政府、企業、地域コミュニティのそれぞれからどのような割合で資金を確保できるかについて、明確な予測を立てている。また、同団体の企業対応部門には、スポンサー企業によるコープ・メンバーへの支援方法について標準化されたモデルがある。

受益者

　ほとんどの変化の方法論は、「７年生（中学１年生）」「回復期にあるアルコール依存症患者」「ホームレス」「ワーキングプア」など、特定の受益者集団に影響を与えられるように設計されている。必然的に、組織の運営モデルと対象とする受益者の結びつきは強固なものとなるため、他の受益者グループにサービスを提供することは難しいし、受益者を変える場合はモデルも同時に修正しなければならない。たとえばストライブの場合、団体の中核となる就業訓練プログラムは最も就業困難な受益者に合わせて設計されており、経営陣はそうした重点を外さないよう、各拠点のパフォーマンス指標を詳細にモニタリングしている。対象とする受益者層の条件を考慮して、ストライブは参加者の10％から15％がプログラムの途中で脱落し、プログラム修了者の間でも実際に職に就くのはせいぜい80％程度と見込んでいる。このいずれかで標準を上回る割合が記録されれば、その拠点は就業の困難度が相対的に低い受益者にサービスを提供してしまっているのではないか、という疑いが浮上する。このように、プログラムのリーダーたちは、変化の方法論が対象としない受益者へと活動がずれていかないように注意しなければならない。

Stanford SOCIAL INNOVATION Review Japan

運営モデルを複製・再現する

レプリケーションを行うにあたって、次の3つの重要な問いに答える必要がある。

① どこでどのように拡大していくか
② どのようなネットワークを構築するか
③ 本部はどのような役割を担うべきか

適切な答えを出すためには質の高いデータと注意深い分析の両方が求められるが、根本的にはレプリケーションは「計画的な進化」のプロセスである。たいていの場合は少数の拠点へ拡大するところからスタートし、その経験から、より広く展開するために有益な教訓を得られる。そのような過程で生まれる計画的、あるいは非計画的な実験から学ぶことは、レプリケーションの実行プロセスにおける重要な一部なのだ。

成長戦略を策定する

レプリケーションの実行プロセスの初期における課題は、プログラムに対する潜在需要の度合いや成功の要所を見極めることだ。

たとえばストライブは、成長戦略を策定するにあたって、米国内で最も人口が多い50の都市の統計を調査し、「1. きわめて高い失業率」「2. ストライブのような職業訓練サービス提供者の不足」「3. 意欲ある地元の資金提供者の存在」という条件に該当する地域を特定した。こうした詳細な分析の結果を受け、ストライブは需要が十分に満たされていない既存市場での取り組みを強化したことに加え、「潜在的な資金提供者の存在」「ストライブのような職業訓練サービス提供者の不足」という2つの条件が揃っている未開拓市場へも優先的に進出した。

一方、ジャンプスタートのモデルにおいては、コープ・メンバーへの報酬の財源となる連邦ワークスタディ・プログラム*を利用できるかどうかがカギだった。こうした観点から、同団体はワークスタディ・プログラムの予算規模が大きい大学でプログラムを実施することを優先した。現在では31の大学で活動を展開するまでになり、そのうちの20校は、ワークスタディ・プログラムの予算規模がトップ200校以内に入る大学である。

シティイヤーの場合は、企業スポンサーがモデルの中核を担うため、その都市におけるビジネス規模の大きさが重要な基準になるだろう。

また、詳細な分析を行うと、プログラムが既存市場で十分に浸透していないことが明らかになるのは珍しくない。場合によっては、全国展開に乗り出すことが最適と言えるような理由（全国展開に乗り気なスポンサー企業があるなど）が存在することもあるが、新しい拠点を増やすメリットを過大評価したり、あるいはそのリスクを過小評価したりしないように注意する必要がある。たとえば、ボストンを拠点とするステッピングストーン財団（The Steppingstone Foundation）は、都市部のやる気ある4〜5年生を対象とし、私立や公立の進学校への受験準備や、入学後も活躍できるような支援を提供している。同団体は、フィラデルフィアに第2の拠点を設けるなどの過程を経て、設立後10年の段階で、より広範な展開に乗り出すことを検討し始めた。しかし分析を行った結果、実は地元ボストンのほうが拡大の可能性が高く、プログラムの規模を倍増できるという有力な見込みが明らかになった。

成長を加速させるためには、重要なリソースを提供してくれる提携団体を見出し、その団体が持つ既存のネットワークを最大限に活用することがカギとなる。たとえばシティズンズ・スクール

＊ 連邦ワークスタディ・プログラム：職業体験の報酬として大学生に奨学金を支払う連邦プログラム

ズ（Citizens Schools）は、地域のニーズに応えながら、実践・体験型学習を通して生徒のスキル構築に取り組む革新的な放課後プログラムだが、YMCA と提携しながらレプリケーションを推し進めている。この提携によってシティズンズ・スクールズは、単独で「小売」のようにプログラムを直接展開するのではなく、自らのコンセプトを「卸売」のように間接的に広げることにも取り組めるようになるだろう。同様にジャンプスタートは、大学の学長や職員のネットワークを通して活動することで、そのモデルを急速に複製・再現することができた。

> レプリケーションの実行プロセスの初期における課題は、プログラムに対する潜在需要の度合いや成功の要所を見極めることだ

仮にプログラムを複製・再現するのに最適な拠点を特定できたとしても、支持してくれる人たちを現地で発掘することが重要なのは変わらない。なぜなら、そういった支持者たちは地域における活動にエネルギーをもたらし、貴重なリソースを確保してくれるからだ。レプリケーションを目指す団体が、支持者になり得る現地の住民と直接会って話すことで、新しい地域にプログラムのモデルをうまく「売り込む」こともある。あるいは、他の地域でのプログラムの成功を知った人が、地元での展開支援を表明してくれることもある。過去10年で最もレプリケーションに成功した事例では、著名人による支持（たとえば、ジミー・カーターがハビタット・フォー・ヒューマニティの活動に協力したことや、ビル・クリントンがシティイヤーの活動に関心を示したこと）やメディア露出（たとえば、ストライブはドキュメンタリー番組の『60 Minutes』で取り上げられた）による認知度の向上が、大きな役割

* 501(c)(3) 団体：アメリカの内国歳入法典第 501 条 C 項の規定に基づき、連邦法人所得税免税や寄付税制上の優遇措置などの対象となる非営利法人。団体の事業内容によって 501(c)(1)〜(29) までの区分があるが、その中でも 501(c)(3) 団体は宗教、教育、社会貢献活動など幅広く、一般的な非営利団体の多くが当てはまる

を果たしてきた。

　非営利セクターにおいては、地域の関与や支持を確保せずにプログラムの展開を試みるような、純粋な「プッシュ戦略」を追求することはきわめて難しい。あるいは、ストライブの場合のようにプログラムに対して膨大な需要が存在するとしても、効果的に新しい拠点を選択するためには、変化の方法論の肝となる要素について組織が十分に把握しておくことがきわめて重要なのだ。

ネットワークを設計する

　各地にある拠点同士、あるいは拠点と本部の間にある関係は、緊密なものから緩やかなものまでさまざまである。緩やかなネットワークでは、各地の拠点の活動に対して、本部から直接的に関わることはほとんどない。たとえばストライブの提携団体は、一定のガイドラインに従うことと、本部との会議に年に一度出席することについて契約を交わしてはいるが、ストライブとは別の法人によって運営されている。この対極にあるのがシティイヤーだ。すべての拠点は、1つの 501(c)(3) 団体*（つまりシティイヤー）のもとで活動しており、各地域の事業責任者はシティイヤーの職員である。彼らは充実したトレーニングを受け、各地の現場を視察し、シティイヤーの定期イベントに参加しているが、こうしたことが、地域の拠点と本部との深い関わり合いを特徴とする緊密なネットワークを生み出しているのだ[11]。

　ネットワークの形がどちらになるかは、その団体の運営モデルがどれほど標準化され得るかによって決まる。標準化の度合いが高いほど、ネットワークは緩やかになりやすいだろう。なぜなら、ネットワークのメンバーは迅速にモデルを理解できるし、拠点および本部のリーダーたちはモデルから逸脱しているところを簡単に特定で

Stanford SOCIAL INNOVATION Review Japan

きるからだ。逆に、組織文化がモデルの重要な構成要素である場合は、より緊密なネットワークが求められやすくなる。この場合、必ずしも本部によるコントロールが欠かせないわけではないが、本部と支部間、あるいはプログラム間のしっかりした連携は必要になるだろう（たとえばシティイヤーがそうである）。

本部と拠点の関係を構築するために、ネットワーク内での法的地位の明確化、報告すべき内容の設計、訓練マニュアルの作成（あるいはあえて作成しないこと）など、さまざまな手段が使えるだろう。ほとんどの現地のマネジャーがなるべく自律的に活動したいと望んでいることや、本部が行うネットワークの運営業務には追加のリソースが必要になることを考慮すると、理想的にはネットワークは自己組織化していることが望ましい。しかし実際問題として考えるべき課題は、できる限り緩やかなつながりでありながらも、コンセプトに忠実で成果を生み出せるネットワークを設計することである。

緩やかさと緊密さの間で適切なバランスを見つけるためには、継続的な実験が欠かせない。そこに単純な法則は存在しない。ジャンプスタートは当初、シティイヤーと似た組織モデルを採用していたが、その後、より緩やかなネットワークへ移行し、地域拠点のマネジメントは提携先の大学に委ねるようになった。一方で、ストライブはきわめて緩やかなネットワークから出発したが、やがて、明確に定められた契約に基づいたガバナンスを導入して、緊密さを強めたシステムへと移行した。ネットワークの設計において重要なことは、変化の方法論のレプリケーションの仕方や成果の生み出し方について学びつつあるものを、組織が絶えず顧みることなのだ。

本部としての役割を果たす

ネットワークのつくり手は、どのようなかたち

でメンバーを組織するにしても、遅かれ早かれ3つの困難な課題に直面するだろう。それは「①品質の確保」「②学習の促進」「③本部としてのサービス提供」である。

▇ 品質を確保し、ブランドを守る

いくつかの拠点を持つようになると、ネットワークは社会における共通のアイデンティティ、つまりブランドを築き始める。同じブランドのもとで活動する団体は、良くも悪くも同一のものとして見られるので、ネットワークのリーダーは、全メンバーが一貫して確実に成果を生み出せるようにすることに関心を持っている。失業した若者を支援する非営利団体ユースビルド（YouthBuild）の設立者であるドロシー・ストーンマンは、自らのプログラムの歩みについて次のように述べている。

「当初は、優れたアイデアを世の中に広めたいと思っていました。それを図書館やデイケアのような一般通念にしたかったのです。だから、ただ人々にリソースやアイデアを提供しているだけでした。しかしやがて、各拠点からブランドを守る必要があるとの声が出てきました。誰もが、システムを引き締める必要性を訴えていました」

現在ユースビルドは2年に一度の徹底的な監査活動を取り入れており、拠点の視察や、100以上の運営実績指標を用いる評価などを実施している。品質の確保で不可欠なのは、各拠点が変化の方法論に忠実に沿ったプログラムを実施して成果を出しているという証拠を得るための、データ収集システムを持つことだ。

▇ ネットワーク全体での学習を促進する

ネットワークに入る大きなメリットの1つは、他者から学ぶ機会を得られることだ。ジャンプスタートでは、各地域の事業責任者が毎週電話会議を行い、自分たちが直面している課題に

ついて話し合ったり、新しいアイデアを共有したりしている。シティイヤーでは毎日のニュースレターによって、ネットワーク内のさまざまな拠点での出来事や革新的な取り組みが共有されている。また、多くの団体は年次会議を開催し、各拠点のスタッフが互いに学び合う場となっている。本部は、こうした交流を促進する重要な役割を担っており、地域のリーダーたちはその機会を重宝する。実際このような交流の機会は、彼らがネットワークに参加する動機になっているのと同時に、システムの自己改善につながっているのだ。

とはいえ、地域拠点と本部の間に緊張関係が生まれることはほぼ避けられない。なぜなら、各拠点にはその地域特有の特性があり、それが本部のモデルと 100% 一致することはまずないからだ。遅かれ早かれ、こうした食い違いはシステム内で衝突を生むだろう。したがって重要なことは、そうした衝突が学びを生む建設的なものなのか、あるいは破壊的なものなのかを問うことである。

> 非営利団体のリーダーが直面する最も厄介な問題の 1 つは、「成功はさらなる資金の確保につながる」という方程式が滅多に成り立たないという事実だ

❸ 本部としてのサービスを提供する

本部が担えるもう 1 つの重要な役割は、地域拠点が単体では得られないであろう、高度な専門知識やサービスを提供することである。たとえば、トレーニングの提供は多くの拠点の利益になるし、本部による物資の一括調達も同様だ。また、継続的にプログラムを発展させていくことも、本質的には企業の研究開発機能にあたるので、ネットワーク本部の管轄となるのが一般的だ。

本部と支部の関係には自然なライフサイクルがあり、ネットワークが発展するにつれ、本部が拠点に対して価値を提供し続けることが次第

に難しくなっていく。ネットワークに加入してから 1 年未満の提携団体にとっては、本部は信じられないほど「賢い」ように映る。しかし、1 年も経てば、自分たちですべての答えを見つけられるようになったと感じ、最近本部は自分たちに何をしてくれたのだろうと疑問をいだくようになる。したがって、本部としては、各拠点の発展に応じて、成功を支援する方法を新たに見出していく必要がある。

非営利セクターにおける成功のパラドックス

社会課題の解決を目指す革新的なプログラムのレプリケーションに失敗した場合、問題点は戦略やマネジメントにある、と捉えられることが多い。しかし実際のところ、多くの場合は単にお金の問題だ。「成功はさらなる資金の確保につながる」という方程式が滅多に成り立たないという事実は、非営利団体のリーダーが直面する最も厄介な問題の 1 つである。営利セクターであれば、アイデアの実績が証明されると大量の資金が流れ込むが、非営利セクターの場合は、ちょうどそのタイミングで資金提供者が手を引くということが頻繁に起こる。この背景には、寄付者の疲弊、公平性の観点から支援先を分散させるべきだという考え、「大きな賭け」に出ることへのためらいなどさまざまな理由があるが、いずれにせよ、差し迫った社会課題を解決できる手段はあるのに広まらない、という結果をまねく。

レプリケーションを行うにあたって、2 つの経済的な課題がある。第 1 に、新たに拠点を立ち上げるたびにモデルを構築するためのリソースが必要になる、という点だ。しかし、非営利団体にとって多額の資金を調達することは困難であるため、当然ながら新たな拠点の立ち上げ

資金を本部がまかなえる例はほとんどない（対照的に営利セクターでは、小売店であれ、デパートであれ、食品スーパーであれ、チェーン店すべてを1つの企業が資金提供し、立ち上げ、運営する）。したがって、成功しているモデルでは、新たな拠点がとるべき財務構造を定型化していることが多い。

民間の資金提供者が、地元でのプログラム展開を支援するための立ち上げ資金（たとえば拠点の設立後2年間で5万ドルを予算とするマッチング・グラントなど）を提供することはあるだろうが、拠点をつなぐネットワークの立ち上げに資金を提供することは稀だ。しかし、連邦政府は例外であり、成功を収めたプログラムの増殖を支援することがある。たとえば、ユースビルドへの提供資金は住宅都市開発省の予算に組み込まれており、過去7年で3億ドル以上の資金がプログラム展開の支援に充てられてきた。必然的に、拡大の可能性が高い非営利団体の多くは、政府資金の確保を戦略に組み込もうとする。

レプリケーションにまつわる2つ目の経済的な課題は、本部の運営資金の確保だ。多くのネットワークでは、地域拠点が本部に対して加盟料を支払うことになっており（ジャンプスタートでは1拠点当たり年間5,000ドルだ）、これは地域拠点がどれほど本部に価値を感じているかの重要な指標である。しかし緩やかに運営されているネットワークであっても、加盟料だけで本部の運営費をすべてまかなえることは稀であるうえに[12]、概して資金提供者たちは、プログラムと直接関わらないネットワーク形成のような活動への支援には後ろ向きだ。こうした投資不足は、社会福祉の観点から考えると膨大な機会損失を生む。たくさんの人々にサービスを提供する何十、何百といった拠点が、本部から支援や運営の監督を受けられなくなるため、より活発に活動することができなくなるだろう。

レプリケーションを実現し、実績が証明されたアイデアを広めるためには、地域拠点と本部の双方において強い組織の構築が求められる。しかし非営利セクターにおいては、強い組織の構築にはつながらない資金提供のパターン（規模が小さく、短期間で、プログラムへの支援を条件とする助成金）が横行している。なかには、レプリケーションを支援し、よく練られた戦略に対して十分な資金を提供している者もいるが、私たちの社会が直面している課題に対処するためには、こうした資金提供者をもっと増やしていく必要があるだろう。

1 Olson, Lynn. "Growing Pains," *Education Week*, Nov. 2, 1994, p. 29.

2 Letts, Christine; Grossman, Allen; and Ryan, William. "Virtuous Capital," *Harvard Business Review*, March-April 1997.

3 とはいえ、アルコホーリクス・アノニマス（飲酒問題の解決を願う人たちの自助グループ）を好例として、一定の運営原則が普及することよって、自然発生的に社会的なアイデアが広まっていくことも多いということは理解しておく必要がある。場合によっては、共通の原則や目標に基づき、似たような活動を行っている複数のプログラムが、緩やかな「学習のネットワーク」によって結びついていることもある。この点に関しては、以下を参照。

Taylor, Melissa; Dees, J. Gregory; and Emerson, Jed. "The Question of Scale: Finding the Appropriate Strategy for Building on Your Success," in Dees, J. Gregory.

Emerson, Jed; and Economy, *Peter, Strategic Tools for Social Entrepreneurs: Enhancing the Performance of Your Enterprising Nonprofit* (John Wiley & Sons, 2002).

4 営利セクターにおけるフランチャイズ事業の詳細な分析については、Bradach, Jeffrey L. *Franchise Organizations* (Harvard Business School Press, 1998) を参照。

5 このトピックについては、エドナ・マコーネル・クラーク財団で評価・知識開発部門のディレクターを務めるデヴィッド・ハンターから非常に有益な洞察を得た。この重要な問題に対してクラーク財団がどのように取り組んでいるかについては、www.emcf.org を参照。

6 "City Year: National Expansion Strategy (A)," *Harvard Business School case study, HBS 0-496-001*, 1995.

7 "Habitat for Humanity International," *Harvard Business School case study, HBS 9-694-038*, 1993.

8 "Spreading the Gospel: D.A.R.E.," *John F. Kennedy School of Government case C16-91-1029.0.*

9 "STRIVE," *Harvard Business School case study, HBS 9-399-054*, 1998.

10 "Growing Pains: The Story of Summerbridge," *John F. Kennedy School of Government, case C16-94-1267.0*, 1994.

11 さまざまなネットワーク形態については、Grossman, Allen and Rangan, V. Kasturi. "Managing Multi-Site Nonprofits," *Nonprofit Management and Leadership* 11, no. 3 (spring 2001) で議論されている。

12 これに対して、典型的な営利セクターのフランチャイジーは年間収益の5〜7％を本部へ支払っている。したがって、年間売上が100万ドルなら、ブランドや関連サービスの利用に対して5万ドルから7万ドル支払うことになる。積極的な広告活動を行っているフランチャイズチェーンでは、フランチャイズ料に加えて広告料（3〜5％程度）の請求もある。

Creating High-Im

大きなインパクトの生

社会を変える非営利組織の実践に学ぶ

ヘザー・マクラウド・グラント　Heather McLeod Grant

レスリー・R・クラッチフィールド　Leslie R. Crutchfield

森本伶 訳

社会を変える事業において一般的に広まってきた通説の1つが、「大きなインパクトを出すためには、まずは組織内部のマネジメントを確立すべき」というものだ。しかし、米国で大きなインパクトを出した12団体の研究から浮かび上がった意外な成功条件は、組織の外の力をいかに活かすかということだ。非営利事業、ビジネスに携わる多くの人に影響を与えた書籍のもとになった本論文では、インパクトの高い組織に共通する6つの原則に迫る。（2007年秋号）

ヘザー・マクラウド・グラント
Heather McLeod Grant

デューク大学フュークア経営大学院 社会起業推進センター（CASE）のアドバイザー、スタンフォード大学経営大学院のセンター・フォー・ソーシャルイノベーション（CSI）のアドバイザー。

レスリー・R・クラッチフィールド
Leslie R. Crutchfield

アショカ・グローバルアカデミー（Ashoka Global Academy）マネージングディレクター。アスペン研究所の非営利セクター・フィランソロピープログラムにより研究助成を受けている。

両名は『世界を変える偉大な NPO の条件』（ダイヤモンド社）の共著者であり、同書は CASE の研究プロジェクトの成果である。

テ ィーチ・フォー・アメリカは、一介のスタートアップとして悪戦苦闘していた頃から、20 年にも満たない期間で米国の教育改革をけん引する原動力へと生まれ変わった。

　同団体が設立されたのは 1989 年、当時大学 4 年生だったウェンディー・コップが、わずかな資金をもとに小さなオフィス用の部屋を借りて立ち上げた。それが今では、米国内の最も優秀な大学新卒者が集まる団体にまでなった。新卒者たちは、ささやかな給料をもらいながら、2 年間にわたって国内各地の教育困難校へ教師の一員として派遣される。過去 10 年だけでも事業規模は 5 倍以上に拡大しており、年間予算は 1,000 万ドルから 7,000 万ドル、派遣教師の数は 500 名から 4,400 名へと成長している。また、この先数年間で事業規模を倍増することを計画している[1]。

　しかし、このような急成長は、ニューヨークを拠点とするこの団体の 1 つの側面でしかない。たしかに、派遣している教師の数や調達した資金などの計測可能な数値で、ティーチ・フォー・アメリカの成功を評価することもできる。だが、この団体の最も意義ある功績は、教育改革に向けたムーブメントそのものを生み出したことだろう。

　一部の教育界のリーダーからは、同団体の教師養成プログラムや教育現場での滞在期間の短さを批判する声もある。しかし、このような評価基準は、ティーチ・フォー・アメリカが生み出してきた、より大きな次元での、数値には表れないインパクトを見逃している。それは、多くの米国人が教員免許制度に対して抱いていた常識を覆し、教育界の既得権益を揺るがしたことだ。さらに最も重要なのは、教育改革運動を支える熱意あるリーダーを、数多く生み出してきたことである。

こうした成果もあって、ティーチ・フォー・アメリカは今や、有名大学生のいちばんの就職希望先の1つとなり、マッキンゼー・アンド・カンパニーなどのエリート企業をも上回る人気を何度も得ている[2]。また、1990年代に同団体の教師派遣プログラムに参加した人々には、その後チャータースクールを設立した人、選挙に出馬した人、財団を経営する人、全米各地の学校で校長を務める人などがいる。このように、さまざまな立場から働きかけることによって、生徒やクラスごとではなく、学校、学区、州全体に広がるような、システムレベルの変化に貢献している。

ティーチ・フォー・アメリカが比較的短い間にこれほどの成果をあげてこられたのはなぜなのか。また、同じように大きな成功を収めてきたNPOは、いかにして驚くべき社会的インパクトを実現したのか。後者の問いに対して1つの答えを提示することが本稿の目的であり、2007年秋に出版予定の『世界を変える偉大なNPOの条件』（ダイヤモンド社、日本語版は2012年出版）の中心的なテーマである。

> 優れた組織をつくり、それを拡大し、活動の届く範囲を広げていくというだけではインパクトの高いNPOにはなれない

今回の研究のベースとなっているのは、近年特に大きな成功を収めてきた米国のNPO12団体を対象として、数年にわたって実施した調査である。調査対象にはハビタット・フォー・ヒューマニティなど有名なものもあれば、セルフヘルプなどあまり知られていないものや、エクスプロラトリアムのような、一般的な見方では意外に思われそうなものもある。

調査団体の事業例を挙げると、エンバイロメンタル・ディフェンスは、米国北東部において酸性雨を減らすことに貢献するなど、新しい地球温暖化対策のソリューションを生み出してきた。シティイヤーは、何千人もの若者による社会貢献活動を後押しし、「ボランティア」に対する考え方を変えてきた。全体を見渡せば、こうしたインパクトの高いNPOは、持続可能なビジネスに取り組むよう企業に働きかけたり、飢餓、教育、環境などの社会課題に対して行動を起こすよう市民に呼びかけたりしてきた（全12団体の団体名および概要については93ページの表「インパクトの高い12のNPO」を参照）。

このような、12のインパクトの高いNPOを詳しく調査していった結果、少しばかり意外な事実が判明した。当初の予想では、高度なインパクトをもたらしているのは組織に内在する何らかの性質ではないかと思われた。つまり、組織の成長やマネジメントのあり方が成功の直接的な要因になっているだろうと考えていた。しかし、研究を通してわかったのは、優れた組織をつくり、それを拡大し、活動の届く範囲を広げていくというだけではインパクトの高いNPOにはなれない、ということである。インパクトの高いNPOは、自分たちの組織の外部における組織や個人と協働することで、あるいはそうした組織や個人を通して、単独では到底なし得ないようなインパクトを実現する。つまり、新たな社会的なムーブメントや事業領域を生み出し、企業、行政、NPO、個人に変化をもたらし、自分たちを取り巻く世界を変えていくのである。

NPOの経営にまつわる通説

本研究に取り掛かった当初は、リーダーシップ、ガバナンス、戦略、プログラム、資金調達、マーケティングなど、以前からNPO経営の分野で扱われてきた観点から、12団体の分析を行っていた（12団体の選定・調査手法に関する詳細は102ページの「研究方法」を参照）。私たちの予想では、長年にわたって有効性が実証されてきた経営の手法（見事なマーケ

Stanford SOCIAL INNOVATION Review Japan

ティング戦略、きめ細やかな事業運営、入念な戦略立案など）が成功をもたらしていると考えていたためである。

しかし、実際に表れたのは従来の常識に反する結果だった。つまり、優れた組織をつくり、それを1拠点ずつあるいは1ドルずつ、スケールアップさえしていけば大きなインパクトを生み出せる、とは言えなかったのである。研究を進めていく中で、NPOの成功要因として広く信じられてきたものの多くが、今回の分析では裏付けられないことが明らかになっていった。それどころか、NPO経営に関する従来の文献が重視していた要素は、ほとんどの場合、重要ではあるものの、NPOのインパクトを左右するとは言えないようなものであることがわかった。以下に例を挙げよう。

通説その1　完璧なマネジメント

今回の調査対象には、広く受け入れられているマネジメントの原則の観点からは、模範的とは言えないような団体もあった。驚異的な社会的インパクトを生み出すために、ある程度のマネジメント能力は必要ではあるが、十分条件ではない。

通説その2　高いブランド認知度

調査対象には誰もが知っている団体もあったが、マーケティングにまったく力を入れていない団体もあった。伝統的なマスマーケティング活動をインパクト戦略の中心に据える団体もあれば、まったく重視していない団体もあった。

通説その3　常識を覆す新しいアイデア

革新的なイノベーションを生んでいる団体もあるが、従来のアイデアを少しずつ改善しながら結果を出している団体もある。

通説その4　教科書のようにきれいなミッション・ステートメント

12の団体はいずれも説得力のあるミッション、ビジョン、共通の価値観を活動の指針としている。しかし、ミッション・ステートメントを練ることに多くの時間を費やす団体はごく一部である。ほとんどの団体は、そうしたミッションの実践に集中しているからである。

通説その5　従来の指標において高評価

NPOの経営効率を測るために従来用いられてきた指標を確認したところ、多くの団体はあまり高いスコアを示さなかった。なぜならこれらの団体は、オーバー・ヘッド・レシオ（経費率）など、誤解を生みやすい経営指標に惑わされずに活動しているからである。

通説その6　大規模な予算

本研究では、予算規模とインパクトには相関関係がないことが示された。つまり、大規模な予算で大きなインパクトを生んでいる団体もあれば、同等のインパクトを小規模な予算で生んでいる団体もある。

本研究では、インパクトの高いNPOの成功要因として考えられてきたこれらの常識を捨て去った。それにより、まったく新しい観点から非営利セクターについて、そして優良なNPOがいかにして持続的な社会変化を生み出しているかについて考察することができた[3]。

インパクトの高いNPOが実践する6つの原則

インパクトの高いNPOの成功の鍵は、行政、企業、他の団体、市民など、社会のあらゆるセクターを、いかに集結して公共の利益を

インパクトの高い 12 の NPO

団体名、設立年、本部所在地	収益 2005年度（単位:100万ドル）	活動内容	実績
アメリカズ・セカンドハーベスト America's Second Harvest （現：Feeding America） 1979年、シカゴ	543*	寄付された食料品・生活雑貨の草の根団体への配布、飢餓救済に関する政策アドボカシー活動	毎年、20億ポンド（約9億キログラム）の食料を200のフードバンクを通して5万の地域団体へ分配し、米国内2,500万人の生活困窮者へ配布
予算・政策プライオリティセンター Center on Budget and Policy Priorities 1981年、ワシントンD.C.	13	州・連邦政府の予算や財政に関する調査・分析、貧困救済に関するアドボカシー活動	26の州支部や6,000の地域団体と連携し、貧困救済に関連する何十億ドルもの連邦給付金・予算の削減を回避。州レベル、国際レベルでの予算プロジェクトを発足
シティーイヤー City Year 1988年、ボストン	42	市民による地域の活動や、リーダーシップ、社会起業家精神の発揮による民主主義の促進。社会貢献活動の全国的な展開に向けたアドボカシー活動	米国の17都市と南アフリカで活動し、累計8,000人の卒業生を輩出してきたユースの地域活動隊を創出。毎年7万人のボランティアを集めているアメリコーの立ち上げに貢献。若者たちによる地域貢献と社会起業家精神の推進に大きな役割
エンバイロメンタル・ディフェンス Environmental Defense （現：Environmental Defense Fund） 1967年、ニューヨーク	69	研究活動、アドボカシー活動、市場ツール、企業との提携を通した環境問題への対応	大気汚染防止法、京都議定書などの重要な環境政策の成立に影響。マクドナルド、フェデックス、ウォルマートなどの企業による環境面でのサステナビリティ強化を支援
エクスプロラトリアム The Exploratorium 1969年、サンフランシスコ	44	新たな教育モデルを提供する科学、芸術、人間の知覚をテーマとした博物館を運営	2,000万人の人々に124の博物館との提携による展示やウェブサイトを届け、体験型の科学館・博物館を推進するグローバルな運動に貢献。エクスプロラトリアムへの来館者は年間50万人
ハビタット・フォー・ヒューマニティ・インターナショナル Habitat for Humanity International 1976年、ジョージア州アメリカス	1,000*	住宅の建設、問題の啓発、変化に向けたアドボカシー活動などを通じた、低所得層向けの住宅問題やホームレス状態の根絶	2,100の地域支部を世界100カ国に設立し、100万人の人々に27万5,000戸の住居を提供
ヘリテージ財団 The Heritage Foundation 1973年、ワシントンD.C.	40	研究活動や連携団体によるネットワーク構築を通じての保守政策の立案・推進	レーガン政権の政策目標を策定。1990年代の連邦議会における保守革命をけん引。現在、2,500の州支部と20万人の個人会員と連携して活動を展開
ラ・ラザ全米協議会 National Council of La Raza （現：UnidosUS） 1968年、ワシントンD.C.	29	市民権団体やアドボカシー団体からなる全国的なネットワークを通じて、ラテン系アメリカ人の機会向上に向けた活動を展開	ヒスパニック系の教育、保健、市民権を推進する300の草の根支部団体を各地域に設立。移民に関連する重要法令の立法に影響
セルフヘルプ Self-Help 1980年、ノースカロライナ州ダーラム	75	融資、資産形成、研究活動、アドボカシー活動などを通じて低所得地域における経済成長を促進	企業との提携を通して5万の小規模事業や低所得者に対し45億ドルの融資を実現。全国的な反略奪的貸付キャンペーンや22州での制度改革をけん引
シェア・アワー・ストレングス Share Our Strength 1984年、ワシントンD.C.	24	子どもの飢餓撲滅に向けた個人・企業のリード・啓発	60の都市でのイベント開催により飢餓救済団体のために2億ドルを調達。グレート・アメリカン・ベイクセール（資金集めのための手作り菓子バザー）へのボランティアを100万人確保
ティーチ・フォー・アメリカ Teach for America 1990年、ニューヨーク	41	大学新卒者の人材を確保し、教育困難校への2年間の教師派遣や教育改革のリーダー育成を実施	1万2,000人の大学新卒者を教師として育成し、250万人の生徒へ派遣するなかで教育改革のリーダーを育成。教師の育成・資格に関する慣行を変革
ユースビルドUSA YouthBuild USA 1988年、ボストン	18	低所得者向けのコミュニティ住宅の建設を通して低所得層の若者による職業やリーダーシップのスキル習得を後押し	6万人の若者と226人の協力者を集め、1万5,000戸の住宅を建設。国レベルでのロビー活動を通して6.45億ドルの政府資金を確保

* 予算額は現物寄付の価値も含む

Stanford SOCIAL INNOVATION Review Japan

実現する原動力にできるかにある。言い換えれば、NPOの優秀さは、組織内部のマネジメントがどうかというよりも、組織の外部においてどういった活動を行っているかによって決まるのだ。この研究で調査した団体は、いずれも組織内部においては「必要十分」な体制を築ければそれ以上は求めず、大半のエネルギーを組織外部に注ぎ、大規模な社会変化を起こそうとしていた。

アルキメデスの名言を借りるなら、「私に十分に長いてこを与えよ。そうすれば1人で地球を動かしてみせよう」である。インパクトの高いNPOは、てこの力を利用して社会変化を実現する。物理学における「てこ」とは、棒と支点によって弱い力で重たいものを動かす仕組みである。ビジネス分野では、相対的に少ない初期投資で大きなリターンを得ることを意味する。この「てこ」の概念は、まさしくインパクトの高いNPOの活動の本質を捉えている。つまり、人間が棒と支点を利用して体重の3倍もの重さの岩石を持ち上げるようにして、これらの団体は事業の規模や構造からは想像できないような、大きな社会変化を実現するのである。

12団体を長期にわたって調査する中で、各団体の活動や振る舞い方に共通するパターンがいくつか浮かび上がってきた。最終的には、並外れたインパクトを実現する6つの実践として整理した。

■1 事業とアドボカシーを両立する

インパクトの高いNPOは、まずは優れたプログラムを提供することから取り掛かろうとするが、いずれサービスの提供だけでは大きな社会変化を生み出せないことに気づく。そこで、政策アドボカシーも行い、行政からの資源獲得や制度改革を目指そうとする。逆に、まずはアドボカシーから始めて、自分たちの戦略を後押しするために後から草の根プログラムを展開する場合もある。

インパクトの高いNPOは、最終的にはサービスとアドボカシーの溝を埋める。両方において高い能力を発揮するようになるのだ。サービスとアドボカシーの両方に取り組むほど、インパクトを拡大させることができる。たとえば、草の根プログラムの実践からアドボカシーへのヒントを見出すことで、より実情に即した政策立案が行えるようになる。逆に、国家レベルでのアドボカシーに取り組むことで、自分たちのモデルを各地の現場で「複製」しやすくなったり、信頼を獲得したり、事業拡大に向けた資金を確保したりできるようになるだろう[4]。

ノースカロライナ州ダーラムを拠点とするセルフヘルプは、このようにサービスとアドボカシーの両立によってインパクト拡大を実現した典型的な例だ。セルフヘルプの活動は、通常のローン審査を通過できなかった人々（特に貧困かつマイノリティのシングルマザー）に住宅ローンを提供するサービスから始まった。何千もの低所得世帯に対してマイホームの購入を支援したが、その成果は、略奪的貸付を行う業者の参入によって、たちまち台無しにされてしまった。悪徳業者の略奪的貸付の手口は、借り手の弱い立場の足元を見て、過剰な手数料を請求したり、法外な利率で住宅ローンを組ませたりして、実質的には借り手を返済不能に追い込んでいくものだったのだ。

> インパクトの高いNPOは、まずは優れたプログラムを提供することから取り掛かろうとするが、いずれサービスの提供だけでは大きな社会変化を生み出せないことに気づく

最終的に、セルフヘルプはノースカロライナ州全体を巻き込むような連携組織をつくり、ロビー活動を展開することで、全国初の略奪的貸付禁止法を成立させることができた。その後、他の22の州においても同様の規制法の成立を目指し、各地域の団体を支援するために、子団体としてセンター・フォー・レスポンシブル・

レンディングを設立した。セルフヘルプは直接的なサービスにおいては、45億ドルに相当する住宅ローンを全国の低所得世帯に提供してきた。しかし、アドボカシーへの取り組みは、借り手を略奪的貸付から守ることにより、国内で最も脆弱な立場にいる人々に対して、直接サービスをはるかに上回る価値を生み出したのである。

> インパクトの高いNPOが実践から学習したのは、純粋な利他精神に訴えるよりも、自己利益を求める力や経済原理を利用したほうが、はるかに高い効果を実現できることだ

今回調査したほとんどすべての団体は、直接サービスとアドボカシーを両立させることにより、時間をかけてインパクトの拡大を実現してきた。アメリカズ・セカンドハーベスト（現フィーディング・アメリカ）やハビタット・フォー・ヒューマニティなどの団体は、生活困窮者への食糧配給や貧困層への住宅確保支援などの直接サービスから活動を始め、10年以上経ってからはじめてアドボカシーを行うようになった。一方、予算・政策プライオリティセンター、ヘリテージ財団、エンバイロメンタル・ディフェンスなどの団体は、アドボカシーから活動を始め、後に自治体・州レベルでのインパクト拡大を狙って草の根のプログラムやサービスを提供するようになった。さらに、設立時においてはどちらか一方に集中することが求められがちだが、シティイヤーやラ・ラザ全米協議会などのように、当初からサービスの提供とアドボカシー活動の両方に取り組み、早い段階からその相乗効果を実感した団体もある。

❷ 市場の力を活かす

インパクトの高いNPOが実践から学習したのは、純粋な利他精神に訴えるよりも、自己利益を求める力や経済原理を利用したほうが、はるかに高い効果を実現できることだ。人々の善意に頼るべきだ、あるいはビジネスは敵だとみなすような従来の考え方は捨て、市場の力をうまく利用する方法を模索して、企業が「自社の利益と公共の利益」を両立できるように支援する。具体的には、ビジネスへの取り組み方の改善を支援したり、企業と提携したり、収益事業を展開したりする。それによって、より大きなスケールで社会を変えようとしているのである[5]。

エンバイロメンタル・ディフェンスは、社会を変えるために市場力学を活用することにいち早く注目していた。ニューヨークを拠点とする同団体は、1960年代後半に科学者たちによって設立され、農薬のDDTの使用禁止に向けてロビー活動を展開した。同団体は長年にわたり、「とにかく悪者を訴えろ」を非公式なモットーとしていた。しかし、あるときからこの方針を改め、当時としては常識はずれのアプローチをとるようになった。つまり、ビジネスの変革とサステナビリティの向上の両方を実現すべく、企業と協力するようになったのである。

たとえば、他の環境団体から「敵に寝返った」と非難されたが、1980年代にはマクドナルドと提携し、同社の商品パッケージをより環境に優しい素材につくりかえた。それからも、フェデックスやウォルマートを含む何百社もの企業と提携を組みながら、実践から生まれたイノベーションを横展開して、業界全体におけるビジネスへの取り組み方を変革している。近年では、このように企業と提携する環境団体も増えてきたが、エンバイロメンタル・ディフェンスはその先駆者と言えるだろう。

しかし、エンバイロメンタル・ディフェンスの活動は企業活動の変革にとどまらなかった。もう一歩踏み込み、市場力学を利用して、より大規模な環境問題を解決することに取り組んだのだ。たとえば、キャップ・アンド・トレード制度など、市場での取引を通じて環境汚染をコント

ロールする仕組みを強く推進してきた。キャップ・アンド・トレード制度では、（炭素などの）総排出量に上限を設定し、企業がその上限を守ることや、排出量の削減に取り組むことを促す経済的インセンティブをつくり出す。キャップ・アンド・トレード制度は米国北東部における酸性雨の減少に貢献した実績があり、現在では地球温暖化対策の重要な手段の１つとなっている。2006年には、カリフォルニア州地球温暖化対策法が成立したが、このアプローチを州法に取り入れたアメリカ初の事例であり、国全体により厳格な排出規制を導入するためのモデルケースとなった。

　本研究では、インパクトの高いNPOが主に３つの方法で市場を活用することがわかった。まず、エンバイロメンタル・ディフェンスのように、大きなスケールで企業活動に変革をもたらす方法である。セルフヘルプも同様の過程をたどった。住宅ローン業界に新しい市場を生み出し、自団体の革新的な貸付モデルを金融大手のワコビア（現ウェルズ・ファーゴ）やファニー・メイ（連邦住宅抵当公庫）などの主要な金融機関へと拡大した。それによって、業界のビジネスに変革をもたらし、大手の金融機関を、それまで十分にサービスが届いていなかった顧客層とつなげたのである。

　２つ目は、企業との提携によって社会課題解決に向けたリソースを獲得する方法である。アメリカズ・セカンドハーベスト、シティイヤー、ハビタット・フォー・ヒューマニティなどが当てはまるが、いずれも大企業と提携し、運営資金、メディアとの関係、マーケティング支援、物資の寄付などを確保している。

　３つ目は、自ら小規模なビジネスを展開して、プログラムの運営資金を確保する方法である。たとえば、シェア・アワー・ストレングスには「コミュニティ・ウェルス・ベンチャーズ」と

いうNPO向けのコンサルティング事業があり、そこで得た収益を社会課題解決の事業に再投資している。

❸ 伝道者（エバンジェリスト）を生み出す

　インパクトの高いNPOは、団体目標の達成を支える支持者が集まる、強力なコミュニティを築いている。NPOがボランティア、寄付者、アドバイザーを重宝するのは、彼らが時間や資金やアドバイスを提供してくれるからだけではない。支持者をさらに増やす、「伝道者」としての役割も果たしてくれるからだ。サポーターの支援したいという思いを引き出すためにインパクトの高いNPOがまず行うのは、団体のミッションやコア・バリューへの共感を促すような、感情と心に響く体験を提供することだ。こうした体験を通して、それまで部外者だった人々が「伝道者」となり、口コミでさらに支持者を増やしていく。インパクトの高いNPOは、こうして獲得した支持者のコミュニティを長期にわたって育み、維持していく。支持者は目的を達成するための単なる手段ではなく、支持者自体を目的として尊重すべきであると認識しているからだ[6]。

　ハビタット・フォー・ヒューマニティは、幅広い支持者のコミュニティを持ち、伝道者を生み出す力に長けているNPOの典型例だ。設立者のミラード・フラーは、当初から目指していたのは、組織をつくるだけでなく、社会的なムーブメントを生み出すことだったと語っている。実際に同団体は初期の頃から各地の教会の集まりや口コミを通じて自分たちのモデルを広げていき、草の根レベルからブランドを築き上げていった。そのモデルには、貧困層のための住居建築という団体の中核事業への参加者を増やしていくことも含まれる。参加者た

> 支持者は目的を達成するための単なる手段ではなく、支持者自体を目的として尊重すべきである

ちは、建築中の家に住む予定の人々と肩を並べて作業し、その過程で自らの価値観に従って行動しながら、貧困層の住居問題を解消する活動の応援者になっていく。こうした伝道者が友人や同僚を巻き込むことにより、支持者の輪がさらに広がっていったのだ。

また、ハビタット・フォー・ヒューマニティには、私たち研究チームが名付けた「スーパー伝道者」もいる。たとえば、元大統領のジミー・カーターのように、個人としての功績、知名度、幅広い人脈を駆使して、支持するNPOを次の段階まで引き上げることができる人物だ。カーター元大統領は、ハビタット・フォー・ヒューマニティの理事あるいは広告塔として活動することで、草の根の団体を、グローバル規模で変化を推進する存在に生まれ変わらせた。

> 多くのNPOは、口先では団体同士の協力に前向きな姿勢を見せるが、実際には他の団体を限られた資源を取り合う競争相手とみなしがちだ。一方、インパクトの高いNPOは、他の団体の成功を後押しする

本研究で調査したインパクトの高いNPOのすべてが、支持者を活動に取りこみやすいモデルの組織だったわけではない。しかし、ほぼすべての団体が、主な支持者を伝道者に変身させたり、スーパー伝道者を支持拡大に活用したりするために、創造的な方法を編み出していた。

❹ NPOのネットワークを育てる

多くのNPOは、口先では団体同士の協力に前向きな姿勢を見せるが、実際には他の団体を限られた資源を取り合う競争相手とみなしがちだ。一方、インパクトの高いNPOは、他の団体の成功を後押しする。同志のNPOを集めてネットワークを構築したり、業界を前進させるために多くの時間とエネルギーを費やしたりする。こうした団体が、積極的に資金、専門知識、

人材、影響力などを分け与えるのは、太っ腹だからではなく、それが目的を果たすうえで最も有効な手段だからだ[7]。

ヘリテージ財団は、このようなネットワークの考え方を実践する代表例だ。ワシントンD.C.を拠点とするこの団体は、設立以来、従来のシンクタンクと一線を画してきた。つまり、会員を広げることだけでなく、保守主義が社会通念となることを目指していた。その目的を実現するためには、単に組織をつくるのではなく、ムーブメントを築いていく必要があると認識していた。そこで、自治体、州、国レベルそれぞれにおいて幅広い保守団体のネットワークを構築し、それを活性化していったのである。

今日、自治体・州レベルのNPOネットワークであるヘリテージ財団の「リソース・バンク」は、2,000人以上の会員を持つ。ヘリテージ財団はリソース・バンクを通して、各地の団体のリーダーによる資金調達活動を支援し、志を同じくするこれらの団体に対して自らの資金援助者リストを無償で提供している。また、外部の政策アナリストを対象とした研修プログラムも提供し、保守主義戦略からパブリックスピーキングまで、幅広い分野の講座を揃えている。さらに、自団体だけでなく保守運動をリードする外部団体のために人材を確保するべく、保守主義を信奉する若者を対象とした定評あるインターンシップ制度や就職斡旋サービスも提供している。そして、各方面と頻繁に連携しながら、保守政策の推進や保守的な法案成立に向けた活動も行っている。このように、ヘリテージ財団は他の保守団体を競争相手として見るのではなく、自らが業界のつなぎ役となり、同じ志を持ったNPOのネットワークを拡大してきた。それによって、過去20年における保守運動の拡大に貢献してきたのである。

ネットワークの力を利用してきたインパクト

Stanford SOCIAL INNOVATION Review Japan

の高い NPO は他にも存在する。ユースビルド USA やアメリカズ・セカンドハーベストなど、業務提携を通じて公式のネットワークを築く団体もある。一方で、予算・政策プライオリティセンターやエクスプロラトリアムのように、オフィシャルブランドを持ったり共同の資金調達をしたりはせずに、ネットワークを非公式なものにとどめる団体もある。

しかし、協力関係が公式なものかどうかにかかわらず、どの団体も、競争ではなく協調を通してそれぞれの活動分野の進展に取り組んでいる。たとえば、資金源を共有することで他団体のファンドレイジングを支援したり、オープンソースの考え方で自組織の事業モデルや独自の情報を開示したりしている。さらに、有望な人材を独り占めするのではなく、ネットワーク全体のためにリーダーや人材の育成に取り組んでいる。そして、他の団体と連携してロビー活動や草の根の政策アドボカシーキャンペーンを展開しているが、どの団体の成果になるかはあまり気にしない。これらの団体は、単独よりも複数で協力したほうがより大きな力を得られること、また、大規模な社会変化をもたらすうえでは、協力を伴う集合的なアクションが必要になる場合が多いことを認識しているのだ。

5 適応能力を極める

インパクトの高い NPO はきわめて適応能力が高く、より大きく成功するために状況に応じて戦術を切り替える。次々とイノベーションを繰り出して、環境の変化に対処するのである。場合によっては判断を誤ることもあれば、大失敗に終わる取り組みもある。しかし、多くの NPO と異なるのは、外部の声に耳を傾け、学習し、それに基づいてアプローチを切り替える能力が非常に高い点である。こうした高度な適応能力によって、インパクトを持続的に生み出すことが

できたのだ[8]。

多くの NPO は、革新的なアイデアを思いつきはするが、実行に移す能力に欠けている。あるいは逆に、官僚主義にはまって創造力に欠ける団体も存在する。それに対してインパクトの高い NPO は、創造力と規律ある組織運営を組み合わせ、時間をかけてアイデアを評価、実行、修正していくのだ。

シェア・アワー・ストレングスは、とりわけ高い適応能力を発揮してきた例だ。ビル・ショアによって設立された同団体は、当初は有名シェフなど飲食業界の著名人にダイレクトメールを送り、飢餓救済に向けた寄付を呼びかけていた。いくばくかの寄付金は集まったものの、ショアが気づいたのは、プロの料理人たちはお金の寄付よりも、地元の人向けの試食会で自分の時間と料理技術を寄付したいという情熱を持っていることだった。デンバーにて開催された試験的なイベントの成功を受け、シェア・アワー・ストレングスはダイレクトメールの送付をやめ、「テイスト・オブ・ザ・ネイション」というイベント事業を立ち上げた。今では全国展開に成功し、70 以上の都市で開催されている。この事業を通して飢餓救済への寄付金が何百万ドルも集まっており、他の団体も似たようなイベントを開催するようになっている。

> インパクトの高い NPO は、他の団体と連携してロビー活動や草の根の政策アドボカシーキャンペーンを展開しているが、どの団体の成果になるかはあまり気にしない

シェア・アワー・ストレングスはこれ以外にも、参加型イベントやコーズマーケティングなどさまざまな活動を試してきているが、なかには失敗に終わったものもある。たとえば、テイスト・オブ・ザ・ネイションのコンセプトをスポーツ分野へ応用した「テイスト・オブ・ザ・ゲーム」だ。有名アスリートが子どもたちにスポーツを教え、保

護者は特別ゲームの観戦チケットを買う。その
チケット収入はすべて飢餓救済の活動に寄付さ
れるというイベントである。しかし、アスリート
やコーチの飢餓問題に対する熱意はレストラン
業界ほど高くなかった。この
ように、成功しなかった活動
に時間と資金を奪われたシェ
ア・アワー・ストレングスは、
より厳格なイノベーション・
マネジメントを行うようになっ
た。現在は、事業計画の策
定やより入念な調査を行ったうえで、新たなプ
ログラムの実施に踏み出すようになっている。

> 12団体のリーダーたちは、社会のよい変化に向けたより強い推進力になるためには、自らの力を分け与えなければならないことを認識している

本研究で取り上げた団体は、4つの重要な
ステップからなる「適応のサイクル」に習熟し
ている。まず、外部環境からのフィードバック
に耳を傾け、改善や変化の機会がないかを模
索する。次に、イノベーションや実験を通して、
アイデアの発展や、既存プログラムの改善に取
り組む。続いて、評価を実施してイノベーショ
ンのどの点がうまくいっているかを学習し、その
情報やベストプラクティスをネットワークで共有
する。最後に、継続的な学習プロセスの一環と
して、自らの計画やプログラムを修正していく。
この終着点のないサイクルを繰り返し重ねてい
くことで、インパクトの拡大と持続を実現してい
るのである。

❻ リーダーシップを共有する

今回調査した12団体のリーダーたちは、い
ずれもカリスマ性を備えているが、過剰なエゴ
の持ち主ではない。彼らは、社会のよい変化に
向けたより強い推進力になるためには、自らの
力を分け与えなければならないことを認識してい
る。したがって、団体内部でも、他の団体との
関係においてもリーダーシップを分散させ、他
の人がリーダーになるよう促している。インパク

トの高いNPOのリーダーは、強力な右腕とな
る人材を積極的に活用したり、在任期間の長い
経営チームを構築したり、人数が多く影響力の
大きな理事会をつくったりしている[9]。

ラ・ラザ全米協議会(以下NCLR)は、こ
のように集合的なリーダーシップを発揮している
好例だ。同団体は、ヒスパニック系の活動家た
ちによって、1968年にワシントンD.C.を拠点
として設立された。その後10年以内にはラウル・
イザギレをCEOに迎え、彼のリーダーシップの
もと、30年以上にわたって驚異的な成長を遂
げた。イザギレは就任直後から、幅広い権限を
持つ力強い幹部チームを形成した。メンバーの
多くは、その後何十年も団体に残り、重要なポ
ストを歴任している。また、イザギレは必ず右
腕となるCOOを任命し、自らは団体の顔とし
て、組織の外でリーダーシップを発揮すること
に集中しながら、COOは組織内部のマネジメ
ントを支えた。そして、NCLRの理事会もこの
COOとうまく協力していく方法を学んでいった。
このようなリーダーシップのあり方は、イザギレ
が退任し、CEOの座をジャネット・ムルギアに
譲ってからも維持されている。

一方、リーダー交代がスムーズにはいかなかっ
た団体もある。フラーがトップを退任し、貧困
住居関連の新たな団体を立ち上げた際のハビ
タット・フォー・ヒューマニティなどがそうであ
る。しかし、本研究で検証した団体のほとんどは、
リーダーシップのかたちとして、NCLRのような
権限分担型のモデルをとっている点では共通し
ている。つまり、組織のトップに強いリーダーシッ
プを発揮する幹部チームがあり、その頂点には
権限の共有に前向きな設立者や組織を発展さ
せるリーダーがいる。また、いずれの団体にも、
重要な権限を持つ、在任期間の長い経営チー
ムがある。さらに、理事会の規模は平均的な団
体よりも大きく、20名から40名以上に及ぶ

団体もある。そして、その理事会は経営陣と権限を共有する。

組織の土台を築き、インパクトを持続させる

今回の調査対象である 12 団体は、いずれもこの 6 つの実践の大部分に取り組んでいる。しかし、常に実践してきたわけではないし、すべての団体が同じやり方をとっていたわけでもない。たとえば、当初は一部の実践のみに取り組み、少しずつ他の実践も採用していった団体がある。あるいは、より少ない労力で大きな成果を出す「てこの力」がある実践に注力して、他の実践にはあまり力を入れない団体もある。しかし、最終的にはすべての団体が、実践を減らすのではなく、より多くに取り組むようになった。インパクトの高い団体は、今までのやり方を繰り返すことはせず、常に新しい方向へと動き出すのだ。そして、他者と連携することで、あるいは他者を通して、なるべく大きな「てこの力」を探り当て、インパクトを拡大していくのである。

また、インパクトの高い NPO は、6 つの実践以外にもインパクトを持続させるために必要となる、マネジメントの基本原則を実現できている。たとえば、いずれの団体も、大口の個人、行政、企業、財団などによる、安定的かつある程度分散化された資金源を確保している。また、ファンドレイジング戦略とインパクト戦略に一貫性を持たせているのも特徴的だった。さらに、「伝道者」を生み出す能力がとりわけ高い団体は、幅広く個人の寄付会員を集めることにも長けていた。

インパクトの高い NPO は、人材への投資も重要だと学んでいるので、ほとんどの団体は、他の同規模の団体に比べてかなり高い報酬を幹部に支払っている。また、どの団体も、洗練された IT システムなど、安定した内部インフラを構築するすべを知っている。さらに、管理費の割合をなるべく低く保つことを求める社会的風潮があるにもかかわらず、組織能力の向上に対して投資を惜しむことはない[10]。これらのマネジメントの基本原則は、それ自体が大きなインパクトをもたらすものではないが、しっかりとした組織の土台を築くことは、インパクトを持続させるうえで不可欠なのだ。

NPO は、以上の要素をすべて同時に活用すれば（マネジメントの基本原則を身につけたうえで高いインパクトをもたらす 6 つの実践に取り組めば）、さらなる成功に向けて勢いをつけることができるだろう。この点を、ハビタット・フォー・ヒューマニティを支援するボランティアの 1 人は、次のように表現している。

「大きな雪玉を坂の上から転がして落とすようなものです。動き出すまでは踏ん張り続けないといけないので、たくさんのエネルギーを使います。でも、いったん動き出せば、だんだん勢いがついて、そのうち勝手に転がるようになるのです」

てこの力を利用して社会変化を前進させる

自分の組織を拡大させることに専念したほうが楽なはずなのに、なぜインパクトの高い NPO は、さまざまな外部の関係者の力を活かそうとするのだろうか。それは、本当のインパクトを生み出そうという、揺るぎない信念があるからだ。これらの団体とそのリーダーたちは、飢餓、貧困、崩壊する教育制度、地球温暖化など、最

> 「大きな雪玉を坂の上から転がして落とすようなものです。動き出すまでは踏ん張り続けないといけないので、たくさんのエネルギーを使います。でも、いったん動き出せば、だんだん勢いがついて、そのうち勝手に転がるようになるのです」

も重大な社会課題の解決を目指している。世界を変えようとしているのだ。一時しのぎの応急処置ではなく、社会の病理の根本原因を打ちのめして根絶しようと努力しているのである。

だから、ティーチ・フォー・アメリカは、クラスにいる生徒たちのテストの点数を上げるだけでは満足しない。米国の教育制度そのものの抜本的な改革を目指している。ハビタット・フォー・ヒューマニティは、家を建てるだけでは満足しない。貧困に伴う住居問題やホームレスに陥る状況の根絶を志している。シティイヤーも、若者のボランティアグループをいくつかつくるだけでは満足しない。全国すべての若者が1年間社会貢献活動に専念するような社会をつくろうとしているのだ。

しかし、こうした高い志を掲げる一方で、どの団体も実用を優先する徹底的なプラグマティズムに基づいて活動している。より大きなインパクトを生み出そうとしているので、特定のイデオロギーを掲げることはほとんどない。実際、セルフヘルプの設立者であるマーティン・イークスは次のように述べている。

「私にとっては、自分の正しさを証明するよりも、インパクトを実現することのほうが重要なのです」

> 自分のエゴを捨て、場合によっては個人的あるいは組織的なニーズを後回しにすることを求められるかもしれない。彼らのような社会起業家たちは、合理的な範囲内であれば、やれることは何でもやるのだ

それを実現するためには、自分のエゴを捨て、場合によっては個人的あるいは組織的なニーズを後回しにすることを求められるかもしれない。彼らのような社会起業家たちは、合理的な範囲内であれば、やれることは何でもやるのだ。

エンバイロメンタル・ディフェンスで連携戦略を進めるプログラムディレクターのグウェン・ルタは、次のように語っている。「当団体は、きわめて実用優先です。何よりも結果を重視します。成功する見込みのある取り組みであれば、誰とでも手を組みます。そして、結果を出すためにはどんな道具でも使います。訴訟を起こすことも、企業との提携も、連邦議会でのロビー活動も、啓発活動も行います。これらすべてが当団体のいわば『道具箱』に入っていて、最も目的達成につながる可能性が高い手段を採用します」

しかし、NPOだけが6つの実践をすべて極めたとしても、世界規模の社会課題は解決できないだろう。他のセクターも追随する必要がある。本当の変化をもたらすためには、行政や営利企業のトップがインパクトの高いNPOと6つの実践から学ばなければならない。行政のリーダーは、NPOのことを、社会的な事業を外部委託できる便利な存在として捉えるのではなく、ソーシャルイノベーションや政策アイデアの貴重な源泉として捉えることができるはずだ。ビジネスリーダーは、NPOと連携すれば、公共の利益にかなうかたちで市場力学を活用するような、革新的なシステムを生み出せるはずだ。そして、個人の寄付者やボランティアは、効率性のような従来の誤った考え方を忠実に守っているNPOではなく、インパクトの高いNPOを支援することで、自らの投資に対してより高い社会的リターンを得ることができるだろう。

より多くのNPO、企業、公的機関が、本章で紹介した6つの実践に取り組んでインパクトを最大化させていかなければ、これまで通り、ゆっくりとしたペースで漸進的な変化しか起きないだろう。地球温暖化をほとんど防ぐことはできないし、貧困の連鎖を断つどころか拍車をかけるプログラムにわずかな予算をあてたり、何百万人もの子どもが医療を受けられずに育つのを許したりしてしまうだろう。そして、インパクトではなくプロセスにこだわるという、最も決定的なミスを犯し続けることになるだろう。

Stanford SOCIAL INNOVATION Review Japan

研究方法

インパクトの高い NPO に共通する特徴を分析する前に、本研究では、「インパクト」の実用的な定義から検討を始めた。まずは具体的なアウトプット、つまり、「その団体は、国全体あるいはグローバルなレベルで大きな成果を持続的に達成したか」を基準に考えた。もう 1 つの視点はやや抽象的で、「その団体は、システムレベルあるいは活動分野レベルにインパクトを与えたか」というものにした。

続いて、調査対象を絞る必要があった。まず、より大きな社会の利益の実現を主な活動目的とする 501(c)(3) 団体*を対象とした。したがって、フラタニティなどの会員制組織は除外した。また、NPO が比較的短い期間でインパクトを拡大する方法を探るのが目的だったので、1960年代後半以降に設立された団体に限定した（また、設立後 10 年未満の団体は持続的なインパクトを実現しているとは言えないので、これも除外した）。最後に、調査対象の社会的、政治的、経済的条件が均一になるよう、海外で設立された団体や、資金が潤沢な助成財団は除外した。

これらの条件に当てはまる団体の選定と調査を進めていくうえで、4 段階のプロセスを採用した。なお、企業でいえば株主配当額のような客観的な指標は、「インパクト」測定に関しては存在しないので、調査対象の評価にはより主観的な基準を用いる必要があった。そこで、『ビジョナリー・カンパニー』（日経 BP 社）のような経営の教科書で用いられている分析手法を参考にした。

まず、ある程度非営利セクターを代表するような NPO の経営者 2,790 名にアンケートを実施し、それぞれの活動分野において過去 30 年で最も大きなインパクトをもたらしてきたと思う団体を、その根拠とともに 5 つずつ挙げてもらった。

次に、9 つの分野（例：芸術振興、環境、青少年育成）における専門家 60 名にアドバイザーとして協力を依頼し、アンケート結果を分析したり、他の団体を提案してもらったりした。そのような過程を経て、本研究の基本条件すべてに当てはまる団体のなかから、約 35 団体まで絞ることができた。その後、これらのアドバイザーたちと各団体の年次報告やそれぞれのインパクトに関する一般公開の資料などの追加情報を吟味して検討を重ねていくことで、最終的に本稿で紹介したインパクトの高い 12 の NPO を選定した。その際は、非営利セクター全体をうつすものとなるよう、可能な限り広範な活動分野、ビジネスモデル、予算規模、地理的範囲、リーダーシップスタイルを持った組織から選ぶようにした。

続いて、約 2 年間にわたってこの 12 団体を調査していった。それぞれの団体に関する記事、ケーススタディ、書籍を集めたり、本部を訪問したり、幹部や理事などのリーダーたちと 10 回から 15 回にわたるインタビューを実施したり、予算データ、職員の報酬データ、離職率、組織表などの内部資料を分析したりした。

最後に、それまで収集したすべてのデータを分析し、これらの団体がインパクトを実現してきた方法について共通のパターンを探し出した。その結果を 12 の団体と数名の研究顧問に提示し、意見を出してもらった。その中で最も重要なテーマとして浮かび上がったものが、本稿で紹介する 6 つの実践である。

* 501(c)(3) 団体：アメリカの内国歳入法典第 501 条 C 項の規定に基づき、連邦法人所得税免税や寄付税制上の優遇措置などの対象となる非営利法人。団体の事業内容によって 501(c)(1)～(29) の区分があるが、その中でも 501(c)(3) 団体は宗教、教育、社会貢献活動など幅広く、一般的な非営利団体の多くが当てはまる

1 このケース，ならびに本稿で要約したその他のケースにおいて紹介されたすべての事実または証言は，各団体のスタッフへの聞き取り調査，内部資料，年次報告書などの公開資料から引用したものである．予算などに関するデータは，基本的に本研究が実施された 2005 年度時点のものである．

2 Patricia Sellers. "Schooling Corporate Giants on Recruiting." *Fortune*, 2006 年 11 月 27 日．

3 『スタンフォード・ソーシャルイノベーション・レビュー』の論文や，非営利セクターに関する文献には，組織における効果や効率，あるいは組織規模の拡大によるインパクトの拡大をテーマにしたものが多い．たとえば，以下を参照．

Jeffrey L. Bradach. "Going to Scale." *Stanford Social Innovation Review* (Spring 2003): 19-25〔本書収録論文「04 規模の拡大を目指して」〕

William Foster and Gail Fine. "How Nonprofits Get Really Big." *Stanford Social Innovation Review* (Spring 2007): 46-55.

Christine W. Letts, William P. Ryan, and Allen Grossman. *High Performance Nonprofit Organizations*. New York: John Wiley & Sons, 1999.

4 Shirley Sagawa. "Fulfilling the Promise: Social Entrepreneurs and Action Tanking in a New Era of Entrepreneurship," developed for New Profit Inc. (2006 年 2 月)．

Bob Smucker. *The Nonprofit Lobbying Guide*. Washington, D.C.: Independent Sector, 1999.
アスペン研究所の HP で閲覧できる研究成果報告書
Susan Reese. "Effective Nonprofit Advocacy."

5 Shirley Sagawa and Eli Segal. *Common Interest, Common Good: Creating Value Through Business and Social Sector Partnerships*. Cambridge, Mass.: Harvard Business School Press, 2000.

J. Gregory Dees. "Enterprising Nonprofits." *Harvard Business Review* (January/February 1998).

James E. Austin. *The Collaboration Challenge: How Nonprofits and Businesses Succeed Through Strategic Alliances*. San Francisco: Jossey-Bass Publishers, 2000.

6 Joel M. Podolny. "Networks for Good Works." *Stanford Social Innovation Review* (Winter 2007).
オミディア・ネットワークの内部調査資料 "Effective Alumni Engagement: Key Themes and Promising Practices,"（資料作成者：マッキンゼー・アンド・カンパニー，2003 年）．

7 Ori Brafman and Rod Beckstrom. *The Starfish and the Spider: The Unstoppable Power of Leaderless Organizations*. New York: Portfolio, 2006〔オリ・ブラフマン，ロッド・A. ベックストローム『ヒトデはクモよりなぜ強い――21 世紀はリーダーなき組織が勝つ』糸井恵訳，日経 BP 社，2007 年〕

Gerald F. Davis, Doug McAdam, W. Richard Scott, and Mayer N. Zald, eds. *Social Movements and Organization Theory*. New York: Cambridge University Press, 2005.

8 Christine W. Letts, William P. Ryan, and Allen Grossman. *High-Performance Nonprofit Organizations*. New York: John Wiley & Sons, 1999. を参照．この文献では，リーダーシップの文脈での順応力についての議論において，Ronald A. Heifetz. *Leadership Without Easy Answers*. Cambridge, Mass.: Belknap Press, 1994〔ロナルド・A. ハイフェッツ『リーダーシップとは何か！』幸田シャーミン訳，産能大学出版部，1996 年〕を引用している．

9 Gregory B. Markus. "Building Leadership: Findings from a Longitudinal Evaluation of the Kellogg National Fellowship Program." Battle Creek, Mich.: W.K. Kellogg Foundation, 2001.

Betsy Hubbard. "Investing in Leadership: Vol. 1 – A Grantmaker's Framework for Understanding Nonprofit Leadership Development." Washington, D.C.: Grantmakers for Effective Organizations, 2005.

10 Stephanie Lowell, Brian Trelstad, and Bill Meehan. "The Ratings Game." *Stanford Social Innovation Review* (Summer 2005): 39-45.

The B Corp Moveme

グローバル企業に広が

資本主義を再構築する新たなツール

クリストファー・マーキス　Christopher Marquis

田口未和 訳

近年、ダノンやユニリーバなどのグローバル企業が、続々と採用している企業認証がBコーポレーションだ。かつては中小の先進企業が多かったBコーポレーションだが、自社の経営を強化し、取引先や顧客などすべてのステークホルダーとの関係性を進化させる認証プロセスの意義が認められるようになっている。COVID-19（新型コロナウイルス）以後に求められる、よりレジリエンスが高く、持続的で、社会的な価値を生む事業の創造に有用なツールである、Bコーポレーションの可能性と展望を紐解いていこう。（2020年秋号）

nt Goes Big

３Ｂコーポレーション

06

クリストファー・マーキス
Christopher Marquis

コーネル大学サミュエル・C・ジョンソン経営大学院サステナブル・グローバル・エンタープライズ（Sustainable Global Enterprise）教授。著書に『よりよいビジネス——Bコープ・ムーブメントは資本主義をどうつくり変えるか』（未訳／ *Better Business: How the B Corp Movement Is Remaking Capitalism*）がある。

● 編集部注

「Bコーポレーション（B Corporation, B Corp）」は、もともとはアメリカの非営利団体である「B Lab」が提唱した新しい企業のあり方と認証制度を指す。それが世界各地に広まるにつれ、国や自治体によっては「ベネフィット・コーポレーション」という法人形態として法制化されるようになっている。
B Labによる認証制度と、行政による法規定を区別するため、本論文の翻訳にあたり、以下のように表記を使い分けている。

・Bコーポレーション：B Labによって「Bコーポレーション」として認証された企業
・Bコープ認証：Bコーポレーションを認証する制度
・Bコープ・ムーブメント：B Labが中心となって、Bコーポレーションの考え方を推進するイニシアチブ
・ベネフィット・コーポレーション：国や地域の法律によって定められた法人形態、もしくはそれを採用して登記された企業

なお、「Bコーポレーション」は「Bコープ（B Corp）」と略称で表記されることも多いが、生協など協同組合の「コープ（co-op）」との混同を避けるため、認証された法人を指す場合は「Bコーポレーション」、「Bコープ認証」のように他の単語と組み合わせる場合は略称を使用している。

2018年4月12日、ダノンNA（Danone North America）はニューヨークのマンハッタンで、最新の業績を祝うパーティーを開いた。マリアノ・ロザノ最高経営責任者（CEO）が主催したそのパーティーの様子は、リアルタイムまたは録画映像を通して、世界中のダノンの従業員に届けられた。この日は、ダノンNAの創業1周年を記念する日でもあった。ダノンNAは、ダノンの北米の酪農部門とホワイトウェーブ・フーズ社が合併し、誕生した企業だ。

さらに重要なことに、この日は同社が「ベネフィット・コーポレーション」となって1周年を迎える日でもあった。ベネフィット・コーポレーションとは、近年世界各国で法制化されつつある革新的な法人形態で、株主だけでなくすべてのステークホルダーの利益に対するコミットメントとアカウンタビリティを果たす企業であることを明示するものだ。

パーティーにおいてロザノは、ダノンNAが正式にBコープ認証を受けたことも発表した。Bコープ認証とは、第三者機関であるB Lab（ビーラボ）による認証制度で、環境面・社会面・ガバナンス面において高い基準のパフォーマンスを発揮していること、そして、これらの点で課題があれば正直に公表し透明性を保つことにコミットする企業であることを証明するものだ。

認証時点のダノンNAの年間売上高は60億ドルで、世界最大のBコーポレーションとなった（それ以前のトップ企業の倍の規模である）。マンハッタンでのパーティーのあと、親会社ダノンのエマニュエル・フェイバーCEOは、2030年までに世界中のダノングループ全社のBコープ認証取得を目標にすると発表した（のちに2025年に繰り上げられた）。フォーチュン・グローバル500企業に名を連ね、収益300億ドルを超えるダノンがこのようなコミットメントを

見せたことは、世界規模での「Bコープ・ムーブメント」が飛躍への転換点に近づきつつあることを示している。今後は、すべてではないとしてもほとんどの企業が、どうすれば「よい業績を上げる」だけでなく「世のためになる」ことを実現できるのか、という課題に直面するだろう。

Bコープ・ムーブメントは、非営利団体のB Labが主導する取り組みで、社会に広がり始めている、ある問題意識に対する解決策の提供を目指している。その問題意識とは、世界で今起こっている数多くの課題──気候変動、収入格差、各地が直面するCOVID-19（新型コロナウイルス）感染拡大対応の困難さ、さらにはアメリカの社会制度に蔓延する人種間格差など──の根源は企業の「株主第一主義」であるという見方だ。アメリカではマルコ・ルビオ（共和党）、エリザベス・ウォーレン（民主党）両上院議員をはじめ、党派を超えた多くの政治家が、株主優先の企業哲学がアメリカ経済に多大な損失をもたらしたと非難してきた。最近では、企業のリーダーの間でも同じ見方が広まり始めている。アメリカの有力企業のうち約200社が名を連ねる業界団体であるビジネス・ラウンドテーブル（BR）は、「企業のパーパス（存在目的）」に関する新たな声明を出し、株主のニーズに答えるだけでなく、従業員、消費者、社会を含むすべてのステークホルダーを重んじることを企業に奨励した。

> 世界規模での「Bコープ・ムーブメント」が飛躍への転換点に近づきつつあることを示している

しかし、こうした声明や奨励などのコミットメントには、言葉だけで行動が伴っていないのではないかという批判もある。たとえば、BRの会員であるホテルチェーンのマリオットは、COVID-19危機の中でアメリカ人従業員の大部分を一時解雇したが、その一方で、株主への配当に1億6,000万ドル以上を支払い、CEOの昇給を求めていた。また、米国機関投資家評議会（CII）は「あらゆる人に対する説明責任は、誰に対しても説明責任を果たさないに等しい」として、「企業のパーパスの方向転換」という潮流を否定するという踏み込んだ対応をとった。

Bコープ認証のモデルは、このアカウンタビリティの問題に真正面から取り組むためのツールと方法論と制度的枠組みを提供し、企業の活動がすべてのステークホルダーを重んじる長期的価値と整合性をとれるように支援するものだ。また、一般消費者との信頼やブランド価値の構築にも役立つ。さらに、認証審査の過程を経験することによって、企業が継続的な改善に取り組むようになることも示されている。とはいえ、ごく最近まで、B LabによるBコープ認証の対象は、キックスターター、オールバーズ、キャスパー、ボンバスなどの中小企業が中心だった。しかし、B Lab自らが述べているように、彼らの究極の目標が「すべての人が分かち合える長い繁栄という共通の目的達成に向けて、それぞれが活動する世界経済」の推進であるなら、大手の上場多国籍企業をムーブメントに引き入れなければならない。

この論文では、筆者が近著『よりよいビジネス──Bコープ・ムーブメントは資本主義をどうつくり変えるか』（未訳／ *Better Business: How the B Corp Movement Is Remaking Capitalism*）のために行った綿密な調査に基づき、大手上場多国籍企業のBコープ認証における課題と恩恵を分析する。ダノン、ユニリーバ、ローリエイト・エデュケーションなど、最初にベネフィット・コーポレーションとして認められた上場企業や、最初にBコープ認証を受けたブラジルの化粧品メーカー、ナチュラを例として取り上げる[1]。

本記事の中心的な問いは、「大手多国籍企業が認証を受けられるように、かつ、一般市民

Stanford SOCIAL INNOVATION Review Japan

の監視に耐え、B Lab が求める高い基準を維持できるように、この認証システムを調整できるのか」というものだ。消費者はもっともながら大企業を警戒する。企業の意図に疑いを抱き、何か判断ミスがあればたちまち拡散する。そのため、大企業を引き入れることでこのムーブメントの誠実さが損なわれるのではないかと心配する支援者もいる。しかし、COVID-19 危機とその経済的な打撃のただなかで、より持続可能でレジリエンス（しなやかさ・回復力）の高い資本主義を構築するには、大手の上場多国籍企業も厳しい評価方法と手順を取り入れ、すべてのステークホルダーについて真剣に考えていくべきなのである。

世界に広がる
Bコープ・ムーブメント

　Bコープ・ムーブメントを立ち上げたのは、スタンフォード大学の同級生だったジェイ・コーエン・ギルバート、バート・ホウラハン、アンドリュー・カソイだ。卒業後、コーエン・ギルバートとホウラハンはバスケットボールのアパレルブランドを経営し、カソイは資産運用会社に勤めた。それぞれの道で 20 年ほどキャリアを積んで彼らが至った結論は、ビジネスは社会問題に取り組む強力なエンジンにはなるものの、公共の利益を追求するうえで構造的な障害がいくつかある、ということだ。2006 年、彼らは非営利団体 B Lab を設立し、「企業活動が株主だけでなく、関連するすべての人にどのような影響を与えるかに基づいて企業を評価する」という新しいビジネスを世に出した。

　B Lab のウェブサイトによれば、Bコープ・ムーブメントとは「ビジネスを良い影響力を与える力として使う人々が集まる、グローバルなムーブメントを推進するリーダーたちのコミュニティ」

である。ムーブメントの中心には、B Lab の手法を取り入れて、すべてのステークホルダーの利益を考慮した事業を行う起業家や企業のリーダーたちがいる。世界中の何万もの企業が、B Lab が開発した評価手法である「B インパクト・アセスメント（BIA）」を受けてきた。これは、その企業が社会や環境に与えるインパクトを測定し、企業活動とビジネスモデルを評価するものだ。近年では、ベンチャーキャピタルやプライベート・エクイティへの投資家もまた、企業を評価する手段としてこの手法に価値を見出しており、デューデリジェンスの手続きに組み込む動きが進んでいる。

　企業が B コーポレーションとして認証されるには、BIA で 200 点満点のうち最低 80 点を取らなければならない。BIA の評価内容は、その企業の規模、セクター、市場に応じて調整され、「ガバナンス」「従業員」「顧客」「コミュニティ」「環境」の 5 つの領域に分かれている。それぞれの領域には重み付けがなされた質問群があり、全体の質問数は 200 ほどだ。BIA 自体にはほんの 2 〜 3 時間しかかからないが、B Lab が大量の証拠資料を要求しているため、企業は BIA と検証のプロセスを完了するのに数カ月を費やすことになる。2020 年の時点で、5 万を超える企業が BIA を利用している。

　それに加えて企業は、世界をよりよくする力になると誓約する「B コープ相互依存宣言*（B Corp Declaration of Interdependence）」に署名しなければならない。また、すべてのステークホルダーの利益を考えた企業運営ができるように、取締役や幹部を法的に守ることを会社として定めることも求められる。これを実現するために、企業の組織体制や拠点を置く地域によっては、定款を改正するか、ベネフィット・コーポレーションとして法人形態

＊　Bコープ相互依存宣言：「自らが世界に起こしたい変化となる」「すべてのビジネスが人々と場所を大切に扱う」など、Bコーポレーションとして大切にしたい価値観を表明する宣言文

を変えるか、何らかの組織改革を実施しなければならないかもしれない。さらに、Bコープ認証は3年ごとに更新が必要だ。

Bコープ・ムーブメントが広まるにつれ、B Labは活動をシフトさせ、より多くの企業をBコーポレーションに加えることよりも、必要とされるツールとプロセスの開発に重点を置くようになった。その目的は、「すべての企業がBコーポレーションのようになれること」だ。たとえばB Labは、弁護士、法学者、政策立案者の協力を得て、ベネフィット・コーポレーションの法案づくりと法制化の実現に取り組んでいる。これは、公共の利益、労働者の権利、地域コミュニティ、環境は、株主の利益と同等のものであるとする革新的な法的枠組みだ。ベネフィット・コーポレーションとして法人登記された企業は、起業家が株主だけでなくすべての利害関係者を考慮に入れることを認めるのみならず、外部資本の受け入れが会社の社会的ミッションからの逸脱につながるのではないかと危惧する創業者の保護も定めている。

> このムーブメントが新たな資本主義の形を目指すのであれば、大手多国籍企業を引き入れることが不可欠なのだ

アメリカでは、36州とワシントンD.C.とプエルトリコにおいて、超党派の政治家たちがベネフィット・コーポレーションの法人格を認める法律制定を支持してきた。このイノベーションの波は世界中に広がっている。同様の法案が、イタリア、コロンビア、エクアドル、カナダのブリティッシュ・コロンビア州で通過し、他の多くの国や地域でも審議されている。現在、世界中の1万を超える企業がこの種の法人形態を採用している。

一方、現時点で71カ国の3,000を超える企業がBコープ認証を受けている。多くは、パタゴニア、ニュー・ベルジャン・ブルーイング、アイリーン・フィッシャー、ガーディアン・メディア・グループなどの有名企業だ。しかし、Bコープ認証が中小企業に限定されてきたとの指摘もある。実際に、ビジネスメディア『クオーツ』の分析によれば、Bコープ認証を受けた企業の95パーセントを、従業員数250人未満の中小企業が占めている[2]。このムーブメントが新たな資本主義の形を目指すのであれば、大手多国籍企業を引き入れることが不可欠なのだ。

大手上場企業による
Bコープ認証の採用

多くの上場多国籍企業がこのムーブメントに影響を受けており、Bコープ認証を持つ企業を買収したり、既存のグループ企業がBコープ認証を取得したりしている。たとえば、ユニリーバには、ベン&ジェリーズ、セブンス・ジェネレーション、パッカーハーブス、サンダイアルブランズ、サー・ケンジントンなど、Bコープ認証されたグループ企業がいくつかある。ユニリーバのポール・ポールマン前CEOは、Bコーポレーションになる価値についてしばしば公の場で発言し、ユニリーバ本体も世界全域で認証を目指す計画であると述べていた。ポールマンは2018年末に退任したが、後継者のアラン・ジョープがポールマンのビジョンを継承して推し進めようとしている。

ほかにも次のような有力企業が、グループ内にBコーポレーションを有している(角カッコ[]内はグループ内のBコーポレーション)——プロクター・アンド・ギャンブル[ニューチャプター]、Gap[アスレタ]、キャンベルスープカンパニー[プラム・オーガニクス]、ネスレ[ガーデン・オブ・ライフ]、SCジョンソン[メソッド、エコベール]、アンハイザー・ブッシュ[フォーパインズ・ブルーイング・カンパニー]、ザ コ

Stanford SOCIAL INNOVATION Review Japan

カ・コーラ カンパニー［イノセント・ドリンクス］、オッペンハイマーファンズ（現インベスコ）［SNW アセット・マネジメント］。

2014年12月、Bコープ・ムーブメントは重要な節目を迎えた。ブラジルの化粧品・衛生用品メーカー最大手のナチュラがBコープ認証を取得し、主要証券取引所で取引される上場企業（サンパウロ：NATU3）として第1号のBコーポレーションになったのだ。年間売上高30億ドルを超えるナチュラは、その時点における最大のBコーポレーションとなった[3]。ナチュラのコア・ミッションは、「透明性、サステナビリティ、健康へのコミットメント」を通じて、よりよい世界をつくることである。同社は、すべての製品の環境への影響を評価し、アマゾン地域からの原材料を持続可能な形で調達することで、環境保護に貢献している[4]。

2020年1月、ナチュラはアメリカの直販化粧品会社の草分けであるエイボンを20億ドルで買収した。そのときの契約条件に従って、エイボンは企業形態をベネフィット・コーポレーションに転換することになった。史上初めて、アメリカの上場企業の経営陣がすべてのステークホルダーの利益に焦点を合わせた法人形態の採用を決定した。エイボンの買収によって、ナチュラはより広い顧客層に影響力を広げられるし、それに伴って社会的インパクトも高められる。ロベルト・マルケスCEOによれば、ナチュラが目指すのは「世界で最高の化粧品会社」であるよりも、「世界のためになる最高の化粧品会社グループ」になることだという[5]。

エイボンと同じように、ナチュラも独自の直販モデルを持つ。ナチュラのモデルは、ほぼすべて女性から成る160万人のネットワークで、数カ国で同社の製品を販売している。また、ナチュラは3,100社の家族経営企業をサプライヤーとして取引することで、これらの会社を支えても

いる。そして、販売員は徹底したトレーニングを受け、その約4分の3はナチュラの利益分配制度に参加している。2019年の時点で、ナチュラはヨーロッパと南米に、7,000人近い従業員を抱えていた。2017年にイギリスの自然化粧品の草分けであるザボディショップを買収し、さらに今回エイボンを買収したことでナチュラは世界第4位の化粧品会社になり、100を超える国に640万の直販拠点を持つことになる。合併後の企業は収益100億ドルを上回ると予想され、ダノンNAを抜いて世界最大のBコーポレーションになる見込みだ。

> ロベルト・マルケスCEOによれば、ナチュラが目指すのは「世界で最高の化粧品会社」であるよりも、「世界のためになる最高の化粧品会社グループ」になることだという

上場企業のベネフィット・コーポレーション第1号

ナチュラは上場したあとでBコーポレーションになったが、世界各地の大学ネットワーク組織である営利企業のローリエイト・エデュケーション（Laureate Education）[*]は、ナチュラとは逆の手順を踏んだ。同社はまず、2015年10月にデラウェア州でベネフィット・コーポレーションに法人形態を変更し、同年12月にBコープ認証を取得した。その後、2017年1月31日にナスダックで新規株式公開（IPO）し、アメリカの株式市場に上場した第1号のベネフィット・コーポレーションとなった。この法人形態の転換には2年ほどかかり、IPOは当初の予定より遅れた。しかし、創業者で元CEOのダグ・ベッカーは、あえてこの手順を踏むことは、投資家たちが株を買う前に会社が何をしようとしているかを知るためには重

> [*] ローリエイト・エデュケーション：米国メリーランド州ボルチモアを拠点とする多国籍企業。1998年創業以降、世界各地の大学を買収・提携しながら、大学のネットワークを構築してきた

要なことだと考えていた。

「ネットワークに参加する教育機関のニーズのバランスをとることは、当社の成功と存続に役立っているし、それによって、経済が厳しい時期にも成長することができたのです」と、ベッカーは見込み投資家向けのレターで述べた。そのレターは、証券取引委員会（SEC）に提出する証券登録届出書（通称「S1申請書」）にも盛り込まれている。ベッカーはさらにこう述べている。「長い間私たちは、『社会に利益をもたらすことに非常に深くコミットする営利企業』という考え方をわかりやすく示す手段を持っていませんでした」。ベッカーはこれが、Bコープ・ムーブメントに興味を引かれた理由だったと説明した。「私たちはこの概念が全米に広まるのを慎重に見守ってきました。……企業のパーパス、アカウンタビリティ、透明性に関して高い基準を自らに課す、この新しい企業の形がどうなっていくのかを」

ローリエイトが株式公開する際、同社にとってBコープ認証は、営利の教育セクターに対する評判の悪さを払拭するための戦略的な選択だった。トランプ大学（不動産関連の講座を提供していた）

> 「長い間私たちは、『社会に利益をもたらすことに非常に深くコミットする営利企業』という考え方をわかりやすく示す手段を持っていませんでした」

や、コリンシアン・カレッジ（ビジネス、保健医療、情報技術など多くの分野で学位を提供していた）などの営利の教育機関は、虚偽的な広告で意図的に学生たちを惑わした疑いで訴訟まで起こされていた。営利の教育機関の多くは、教育に力をいれるよりも利益を最優先にし、虚偽の就職機会の約束で学生たちに多額の借金を背負わせてきた。Bコープ認証は、ローリエイトが学生のニーズに真摯に向き合っていることを世間に示す、信頼できる手段となったのだ。

Bコープ認証の取得時点でローリエイトのネットワークには、南米（ブラジル、チリ、ペルー）から、中米（ホンジュラス、コスタリカ、パナマ、メキシコ）、北米、オーストラリアとニュージーランドまで、25カ国にある80以上の教育機関が参加していた。Bコープ認証を得るための条件は、各教育機関の収益に基づいたBIA（108ページ参照）の加重平均がネットワーク全体で80点を超えることだったが、ローリエイトはすべての教育機関が単体でもこの基準を確実に満たすことを目指した。

認証プロセスは複雑でかなり厄介だった。当時、創業者ベッカーの右腕で戦略担当だったエマル・ダストによれば、認証プロセスの作業は本来であれば通常業務に支障をきたさないように行われるものだが、ローリエイトの場合は実質的に「他のすべてを中断してこのプロセスに対応した」という。ダストは各地域の部門長を集めて要点を説明し、その地域の部門長が担当地域の各教育機関のCEOと協力して認証プロセスを進めた。この幹部たちの連絡網を通じて、本部は評価書類、資料、ガイドラインを配布した。「滞りなく進めるため、すべての地域の部門長を本部との隔週の電話会議に参加させるようにしました」とダストは話す。各教育機関は自己評価のための関連データと資料集めを担った。また、BIAの回答が確かであることを証明するため、最低でも2時間の面接をB Labと行った。B Labは、現地調査をするために5つの教育機関を無作為に選び、それぞれにおいてすべての資料を確認し、施設を視察し、職員や教員たちと面接した。

「私たちにとって有利だったのは、認証プロセスで質問された内容の多くをすでに実践していたことです」。ローリエイトの財務責任者でシニア・バイスプレジデントのアダム・モースはそう話す。一方で、多くの教育機関で構造的な

課題もあった。たとえば規制上の理由から、その組織が項目の答えを知ることができないこともあった。地域によっては、人種や人口統計学的な属性を学生にたずねるのは違法となるからだ。

また、直観とは逆の状況に向き合うべき場面もあった。たとえばダストは、新築の建物に入った新規の教育機関は「環境にやさしい」という項目でポイントを与えられるだろうと思っていたが、反対にポイントを失った。BIA では既存の建物を利用するほうを評価していたからだ。最終的にモースは、次のように結論づけた。「Bコーポレーションの考え方は、すでに当社に根づいていた。それらのマネジメント方法や追跡方法を変える必要はあっただろうが、ゼロから始めるわけではなかった」

いずれにしても、ローリエイトは多くの面でBコープ認証の恩恵を受けた。1つは、多様な教育機関で構成されるネットワークに共通の慣行を構築できたことだ。たとえば、認証取得に向けた取り組みの結果、ローリエイトは全体の倫理規定を改訂し、BIA の言葉を借りて強固なものにした。

また、ネットワークが社会に与える影響とインパクトをもっと意識するようになった。たとえばBIA 調査以前、ローリエイトは本部で集約するデータ管理ツールを持たなかったため、同社の経営陣は自社のステークホルダーを世界規模で思い描くことができなかった。ネットワークの教育機関の多くは、B Lab が特定課題層と呼ぶ層をターゲットとする。サービスの行き届いていないマイノリティ、低所得の学生、大学に学び直しにくる成人などだ。多くの教育機関で、これらの層が学生のかなりの割合を占めるが、ローリエイトはステークホルダーがどのような人たちなのかを世界規模で把握するための情報収集システムを、これまで持ったことがなかった。経営陣は筆者に、「今では自分たちの顧客をより深く理解できるようになったし、誰に働きかけようとしているのかがより具体的に絞られる追跡システムを導入している」と話した。ローリエイトの 2017 年の認証プロセスでは、社会的なサービスが十分に行き届いていない層の出身者が学生の半分を占めることが明らかになった。

BIA は、このグローバル組織で多くの慣行を標準化するのに役立ったが、各教育機関がどの国を拠点とするかによって、それぞれの組織の評価の重点は異なる可能性がある。そのため、ローリエイトは可能な場合には本部への集中化を図る一方で、各教育機関が重要な改善を個別に実施することは、ネットワーク全体で方向転換をしてしまうことよりも効果的だと考えた。「グローバル企業にとって、すべての国で適用できる柔軟な方針を考案することは重要ですが、BIA の特定の評価基準を満たすためには、個別の対応も必要です」。ローリエイトの元グローバル広報担当シニアマネジャーで、Bコープ・プログラムの責任者であったトッド・ウェグナーはそう話す。

> ローリエイトの事例からは、Bコープ認証の取得に関心を持つ企業がどのように取締役会やプライベート・エクイティ投資家を説得できるかについても知ることができる

モースによれば、ローリエイトは 2019 年に、コア・ミッションとの一貫性をより保つために事業の展開場所を絞り、将来的にはチリ、ペルー、メキシコ、ブラジルを重点地域とする一方で、オーストラリアとニュージーランドでは事業を部分的に継続する予定だと発表した[6]。

株主や取締役会とどう対話するか

ローリエイトの事例からは、Bコープ認証の取得に関心を持つ企業がどのように取締役会や

プライベート・エクイティ投資家を説得できるかについても知ることができる。ローリエイトは、ベネフィット・コーポレーションとBコープ認証について、投資家の意識を高めるのに約2年を費やした[7]。投資家や取締役会と何度も話し合いの機会を持ち、Bコープ・ムーブメントについて彼らを教育し、これがやるべきことなのだと納得させた。ベッカーはこう話している。「実際に、ベン＆ジェリーズのCEOに来てもらい、取締役会で話してもらったこともあります。取締役たちに深く学んでほしかったからです。すでにこのプロセスを経験し、現在もコア・ミッションに取り組んでいる人から話を聞きたかったのです」

　投資家を招いて、同社の経営陣が会社についての説明会を行ったときには、「ベネフィット・コーポレーションとは、いったい何ですか？」と質問されたものだった、とベッカーは振り返る。「ほとんどの投資家たちの当初の認識は、『これは何かの税金対策に違いない』というものでした」。そんなときは、5分間かけてBコープ・ムーブメントを説明し、ローリエイトのスローガンは「Here for Good」であり、これには「社会の利益のためによい仕事をする」と「ずっと共にこの地にある」という2つの意味が込められているのだと投資家たちに改めて強調した。Bコープ認証に向けた取り組みは、この会社が従来の上場企業のような短期的な利益追求を目指すのではなく、長期的な計画とリターンを重視していることを投資家に印象づけるのに役立った。

　最初のうち、ローリエイトの経営陣は、BコーポレーションになったためにIPOで低い評価を受けるのではないかと不安を抱いていた。株主価値の最大化を優先しないことになるからだ。彼らはこの方向転換で生じる法律面や収益面の影響についてのデューデリジェンスに長い時間をかけた。ベッカーはそのときの状況をこう語った。「いくつかの銀行を回って、さまざまなシナ

リオでのIRR（内部利益率）を調べてみたが、誰もこれが株価によい影響を与えるのか悪い影響を与えるのかがわかりませんでした。それでも、きっと大丈夫だ、おそらく中立的な状態になるだろうという考えに落ち着きました」。利益の最大化を優先事項から外すことへの懸念は残ったが、ローリエイトの経営陣は、世界に対して「私たちは腐ったリンゴのように周りに悪影響を及ぼす存在ではない」と示すために最善を尽くそう、という決意を固めた。ベッカーは、この新しい法人形態とBコープ認証がなければ、「うわべだけ取り繕っているように見えていたでしょう」と付け加えた。

　モースが受けた質問の中で特に多かったのは、「もし何かが株主の利益になるとわかっても、それを実行しないということなのか？」というものだ。それに対してモースは、「意思決定の際には、わが社が公言している社会的な目標や公共の利益を考慮する必要があるという意味です」と答えた。このジレンマがよくわかる例は、設備投資プロジェクトに関するものだろう。「誰かが『新しいキャンパスに予算を使いたい』とか、『このようなプロジェクトでこういった投資をしたい』と提案するとしましょう。すると、投資提案書には審査用として、このプロジェクトが社内で開発したBコープ・チェックリストにどの程度適合しているかを評価する報告書を組み込まなければなりません」。つまりモースは、意思決定の際には1つのことだけではなく、さまざまな要素を考慮に入れ、より複合的かつより多くのことに有益な決定を下さなければならない、と投資家たちに説明したのだ。

　結果的には、ローリエイトは投資家からそれほど強い抵抗を受けなかった。経営陣は「KKR（コールバーグ・クラビス・ロバーツ）──典型的な昔流の企業乗っ取り屋で、レバレッジド・バイアウトの草分け──のような投資家たち

が、私たち特有の社会的ミッションにおおむね理解を示していた」と振り返る。これが他の機関投資家に対しても、ベネフィット・コーポレーションはよい会社で、手堅い投資になるという説得材料になった。2020年7月、オンライン保険事業を手がけるレモネード（ナスダック：LMND）が、Bコーポレーションとベネフィット・コーポレーションの両方を満たすアメリカ第2の上場企業になった。

多国籍企業の認証プロセスの先駆けとなったダノン

ローリエイトがBコープ認証を取得したころ、ダノンもすでにBコープ・ムーブメントとの連携を始めていた。これはB LabにとってヨーロッパでのBコープ・ムーブメントの拡大に大きく寄与し、いまやムーブメント全体の重要な足掛かりとなっている。2015年12月、ダノンはB Labとの間で、2つの大きな協力事項に同意した。1つ目は、BIA調査ツールをいくつかのグループ企業で試験的に導入すること。2つ目は、B LabがBIAを大企業向けに調整するのに協力し、できあがったものをダノンが実験的に採用し、さらに他の大企業への導入提案を支援することだ。

ダノンは長年にわたって、食品業界で企業の買収を続け、世界各地へ事業を拡大していた。2016年に年間売上高約42億ドルのアメリカの飲料・食品会社ホワイトウェーブ・フーズを買収したとき、エマニュエル・フェイバーCEOは戦略面での相乗効果以上のものを期待していた。彼はこう話している。「買収先がもともと上場企業かつベネフィット・コーポレーションであることが、当社の社員にとって、他の買収案件とはまったく違う重要な部分でした。おそらく、弊社が上場企業としてベネフィット・コーポレー

ションになる意味を理解していた社員はほとんどいなかったでしょう。だからこそ、私たちはそれが何を意味するのかを社員に示す必要があったのです。契約時には、120億ドルの小切手を書く。その瞬間こそが、この2つの企業の合併によってどんな価値を創造するのか、またどれくらいの価値評価を見込むのか、という私たちの期待値を示す絶好の機会なのです」

ダノンの全事業の15パーセント以上を占めるダノンNAは、現在のところ世界最大の上場ベネフィット・コーポレーションだ。2018年4月に創業し、その1年後にはBコープ認証を取得した。予定より2年も早い達成ではあったが、評価プロセスは非常に困難だった。ローリエイトと同様に、ダノンNAとそのグループ企業がBコープ認

> 「おそらく、弊社が上場企業としてベネフィット・コーポレーションになる意味を理解していた社員はほとんどいなかったでしょう。だからこそ、私たちはそれが何を意味するのかを社員に示す必要があったのです」

証を受けるには、収益に基づいたBIAスコアの加重平均で80点以上を獲得しなければならなかった。「公共の利益・持続可能な開発」部門のシニアディレクターであるディアナ・ブラッターは、こう説明した。「グループ全体の認証を得るには、1つではなく5つのBIAをそろえる必要がありました。ダノンウェーブ、アースバウンドファーム、アルプロ（ヨーロッパ事業）、さらに2つの子会社が、個別に認証を受ける必要があったのです」。標準的なBIAは200強の質問項目から成るが、「グループ全体では1,500以上の質問に回答したことになります」と、ブラッターは言う。

B Labはこのプロセスを通じて、大手の多国籍企業を評価する際には、あらかじめ評価範囲を見通しておく必要があると学んだ。企業側が、どれだけの数の評価をそろえる必要があるのか、

どの地域で法人登録をするのかなどだ。認証過程には、スコアには直接影響しない項目の情報開示調査も含まれるが、これは BIA におけるポジティブな評価を覆すほどのネガティブな要素がないかを検討するためだ。たとえば社会倫理に触れうる慣行、罰金を課されたこと、その企業または提携会社に対する制裁などがある場合だ。B Lab は通常、対象企業が BIA で 80 点以上を獲得したあと、プロセスの最終段階でこの情報開示調査を行っている。しかし、B Lab の共同創業者であるバート・ホウラハンが述べているように、この情報開示は、「これほどの規模の企業では膨大なリストになり、それを最終段階に残すと、すべての関係者に途方もない不安を与えてしまう。そこで（ダノン NA の認証においては）、認証プロセスの早い段階でこの情報開示調査を行うことにした」という。

B コープ認証プロセスは、ダノン NA のビジネスに重大な影響を与えた。ホワイトウェーブ・フーズとの合併と B コープ認証プロセスが同時進行したことで、ダノン NA がサステナビリティへのコミットメントに向けて団結するための包括的な枠組みとして BIA が機能したのだ。ブラッターは BIA の利点について、次のような例を挙げて説明した。

> 「いつか、すべての企業が世界に最も貢献する企業になろうと競い合うようになる」というビジョンは、大手多国籍企業を引き入れなければ、明らかに達成できない

「調達チームとのミーティングで、合併と統合に際し、新たな調達方針について数百のサプライヤーに対応してもらうことや、契約を更新していくことが必要だとわかりました。私たちは、この調達方針を全社に展開して改善し、BIA のプロセスを通して私たちが重要だと判断した基準を盛り込むことができました。たとえば、マイノリティの人々が経営するビジネスを優先すること、製造拠点に近い地元のサプライヤーを優先すること、環境フットプリント*の削減に努め、地元経済の活性化に貢献することなどです。私たちはそれを B Lab への提出資料にも盛り込んで、具体的な計画にすることができました。今では、調達部門全体がこれらの追加基準すべてを支持し、しっかり注視しています」。調達チームは単に BIA でよいスコアを取るというよりも、全体を改善することを目指した。ダノンは BIA を社内報告システムに組み入れることも計画している。それによって、今後の認証が容易になるだけでなく、全社に対してサステナビリティの水準を示すことになるだろう。

ダノン NA の認証に続いて、ダノンは同社が「B コーポレーションとして成長する」ことを宣言した。2020 年 6 月時点で、20 のグループ企業が B コープ認証を取得している。この 20 社の収益はグループ全体の 30 パーセントを占める。さらに同月、COVID-19 危機による経済の混乱を受け、ダノンは新たにフランスで最近法制化された「ミッションとともにある会社（Entreprise à Mission）」のモデルを採用する最初の上場企業になった。このモデルでは、企業のミッションが従来の短期的な利益の最大化にとらわれる必要がなく、他のステークホルダーおよび社会と環境に与える長期的な影響を考慮することができる。

大企業をどう認証するか

B Lab が掲げる究極のミッションは、「いつか、すべての企業が世界に最も貢献する企業になろうと競い合うようになる」ことだ。このビジョンは大手多国籍企業を引き入れなければ、明らかに達成できない。ダノン NA が 2018 年に B コープ認証を受けたあと、少なくとも 7 社の多国籍企業から認証プロセスについて問い合わせ

＊ 環境フットプリント：製品や企業
　 活動が環境に与える負荷

Stanford SOCIAL INNOVATION Review Japan

があった。B Lab の大企業の意識を高める取り組みはまだ初期段階にあるが、B コーポレーションのモデルとツールを大企業に広めるという点では勢いがつき始めている。たとえば、「B ムーブメント・ビルダーズ」という新しいプログラムは、大企業が「B コーポレーションのようになる」ためのステップを踏んでいくことで、B コープ・ムーブメントに参加する 1 つの方法となっている。

大企業が B コーポレーションとなることに関心を示し始めたことで、B Lab チームは、もともと B コーポレーションの大半を占める中小企業向けに開発された認証システムを大企業向けに改善しながら、チームの厳しい認証基準を維持するという課題に直面した。これを実現するために、B Lab は 2015 年に、ダノン、ユニリーバ、ナチュラなど、多くの多国籍企業と密に連携し、年間収益 50 億ドルを超えるようなグループ企業を認証するための道筋を開発した。

B Lab はまず、大企業の基準をどれほどの厳しさと幅広さにするか、また、これまで B コーポレーションに求めてきた法的要件を含めるか判断しなければならなかった。そしてすぐに、社会と環境に与える影響力の大きさをふまえて、大企業に求める基準はむしろより厳しくする必要があると合意した。また、上場企業も他の B コーポレーションと同じ形で法的要件を満たすべきだという点でも合意した。公開株式市場で取引される企業は、短期的な利益を求める圧力が最もかかりやすいからだ。

B Lab は 2019 年 4 月に新しい認証基準を導入し、追加された事前チェックでその企業がいくつかの基本要件を満たしていると判断された場合にのみ、認証申請が可能になるようにした。たとえば、企業はマテリアリティ・アセスメント（重要性評価）を実施したことを証明しなければならない。このアセスメントは、「その企業の事業に関連する環境、社会、ガバナンスに

おける潜在的な課題の中でどれが最も重要なのかを明らかにするもの」で、そのプロセスはステークホルダーにも参加してもらい、透明性が高く、少なくとも隔年で実施される必要がある。次に、明らかになった重要課題について、具体的な達成目標を経営戦略に盛り込まなければならない。その目標は、取締役会が評価し、すべてのステークホルダーが知ることができるようにする必要がある。

それに加えて、企業は政治に関わる事柄（ロビー活動やアドボカシー活動）と、自社が定める実効税率など税金の会計処理の考え方を公開文書にて発表しなければならない。さらに、企業は以下の取り組みに注力することで、人権に関する方針を明確にしなければならない。その取り組みとは、国連の「世界人権宣言」や「ビジネスと人権に関する指導原則」などの重要な人権宣言に従うこと、あるいは、人権へのインパクト評価を通して自社のビジネスに関連する人権問題を明らかにして対応することだ。そして、企業の取締役会がこれらすべての必要条件をチェックする必要がある。最後に、第三者機関の基準に従ったインパクト・レポート（インパクト評価報告書）を毎年作成し、公表することが求められる。B Lab の独立基準諮問委員会が、これらの必要条件を企業がどこまで満たしているかを精査し判断する。

B Lab の大企業の意識を高める取り組みはまだ初期段階にあるが、B コーポレーションのモデルとツールを大企業に広めるという点では勢いがつき始めている

このあとに実施されるのが、評価範囲の決定プロセスだ。B Lab はその企業の組織構造と経営状況を概観し、正式な B コープ認証に必要な BIA の項目数を決定する。B Lab は認証のための制度的要件（いつ、どの法人組織がその要件を満たすか）を含む、評価と検証のスケ

ジュールを企業に説明する。「多くの場合、『さて、ここにビジネスという塊があって、こうやって丸で囲んで、その企業のことは全部わかってますよ』と言ってしまえるような、簡単な事ではないのです」。B Lab の事業開発担当ディレクターのカラ・ペックはそう説明する。「たとえば、その企業にはアメリカで展開しているブランドがあるかもしれませんが、そのブランドが他の国で手掛けている事業は親会社のもとで運営されています。つまり、同じブランドでも、従業員、製造設備、慣行が異なることになります。実際のところ、大企業の事業運営をはっきりパーツ分けするのはかなり難しいことです」。つまりこの評価範囲の決定プロセスは、企業を認証する際に、その BIA スコアがすべての事業ユニットを反映していることを担保するものなのだ。

次のステップは、複数の BIA による評価と検証だが、これが一番骨の折れる過程である。大企業は、まずはガバナンスにおけるベスト・プラクティスに焦点を絞った「グローバル本部版」の BIA を完了し、そのあとにさまざまなグループ企業や事業部門の個別の BIA を実施しなければならない。それらのスコアを集計し、グループ全体の最終的な BIA スコアが算出される。Bコープ認証を受けるには、全事業の 95 パーセントが BIA の基準を満たさなければならない。もし全体で最低限の 80 点を獲得しても、何らかの理由で基準を満たさないグループ企業があれば、親企業は B コープ認証を受けるが、達成できなかったグループ企業は B コープ認証のロゴのブランディングやマーケティング利用において制限を受ける。たとえば、ダノンのコーヒークリームブランドであるインターナショナル・デライトは、2018 年末に BIA スコアが 80 点を超えるまで、B コープ認証のロゴを使えなかった。

BIA で 80 点以上のスコアを獲得すると、その企業はガバナンスを改正するための 2 年の猶予が与えられ、すべてのステークホルダーの利益を考慮した企業活動を行ううえで必要となる前述の制度的要件を満たすために取り組むことになる。それができなければ、認証は無効になる。

Bムーブメント・ビルダーズ

こうして大企業の認証プロセスができあがったが、多くの企業は、評価と条件の厳しさにひるんでしまうかもしれない。大手の多国籍企業にとっては、どこでどのように創業したのかという質問さえ、回答が難しい場合もある。中小企業がやっているように、ただ BIA をそのまま利用するのは、世界各地に複数の子会社を持つ大企業にとっては実用的ではないだろう。まず、複雑な組織がどうやって認証に取り組めるのかを理解するための、フレームワークと前例が必要だろう。そのために大いに役立つのがダノンの事例で、新しいプロセスの多くが検証済みである。また、大企業は他の大企業とつながりたいと切実に思っている。B Lab にはこれまで、「他にどの企業がこれに取り組んでいるのか？　その企業を紹介してもらえるのか？」と、多くの多国籍企業から問い合わせがあった。大企業は、同じ道を進もうとしている他の企業とのネットワークも必要としているのだ。

多国籍企業向けの新しい認証プロセスの開発過程で生まれた課題と向き合うことで、B Lab は原則に立ち戻り「B コープ・ムーブメントとは何か」と自問することになった。もちろん、より多くの B コーポレーションを受け入れていくという取り組みではあったが、『株主優先の考え方をひっくり返していく』というもっと大きな目標についてより深く考えていくと、B Lab は、自分たちがより広いコミュニティをつくるべきだと気づいた。その結果として考案された新しいプログラムが「B ムーブメント・ビルダーズ」で、

大企業がこのムーブメントに具体的、段階的に関わるのを後押しすることを目指している。企業がこのプログラムに参加するには、次に示すBコープ・コミュニティの原則に従うことを約束する必要がある。

① すべてのステークホルダーに価値を創出するビジネスへ変革するという、高い価値基準と目標に力を尽くす
② 具体的なコミットメントと透明性のある評価
③ コレクティブ・インパクトに向けた連携

参加企業はさらに、厳しい基準に従い、Bコープ・コミュニティの理想に沿う形で活動していることを具体的なステップで示さなければならない。まず、「Bコープ相互依存宣言」に署名して、ムーブメントの3原則に従うという約束を公表し、ムーブメントへの強い意志を明確にする。次に、BIAを使ってただちに部分的な事業評価を行い、改善すべき分野を特定し、対策を講じていく。改革は時間をかけて段階的に達成してもいい。たとえば、はじめに1つの事業を評価し、その後数年かけて評価範囲を広げることもできる。すべてのBムーブメント・ビルダーズはマテリアリティ・アセスメントを実施し、自社のビジネスに関連する環境、社会、ガバナンスにおいて最も重要な潜在的問題を特定して結果を公表しなければならない。

参加企業はさらに、サステナビリティ実現を目指すグローバルな枠組みである国連の「持続可能な開発目標（SDGs）」と関連した、少なくとも3つの野心的な目標を設定する必要がある。例を挙げると、ダノンはすでにこれを実施している。ダノンの企業ミッションは「できるだけ多くの人々に食品を通して健康を届ける」ことだ。そこで、SDGsの目標2（飢餓をゼロに）、目標3（すべての人に健康と福祉を）、目標6

（安全な水とトイレを世界中に）を重点分野とし、各目標においてどのターゲットにどのような手段で取り組むのかを明らかにしている。

Bムーブメント・ビルダーズはまた、他の参加企業や、より大きなBコープ・コミュニティと協力し、広範なインパクトの創出と透明性の維持に注力しなければならない。すべてのBムーブメント・ビルダーズは、毎年インパクト・レポートを作成して公表する必要が

> ポストCOVID-19の時代には、企業もどうすればレジリエンスが高く持続的な組織になれるのか、そしてより社会の利益に即した存在になれるのかを模索するようになるだろう

ある。さらに、株主だけでなく、すべてのステークホルダーに焦点をあてた経済活動につなげるために、企業におけるリーダーシップ、資本市場、ガバナンスの構成方針において、それぞれのあり方の変化を求める公開書簡に署名し公表することも求められる。

このプログラムは多くの参加企業を集めて2020年後半に公式に立ち上げられるが、大手多国籍企業の現状に見合っており、徐々に変化を促していくだろう。このプログラムに参加すれば、企業はBIAワークショップや会計管理の個別相談など、それぞれに応じたサポートを受けることができる。さらに、企業幹部向けの半日セッション、地域ごとのBコーポレーションの集会、少人数で対話するラウンドテーブルなど、同じ志を持つ企業との情報交換の場も提供される。

人種間格差や過剰な株主第一主義である資本主義への人々の怒りを思えば、ムーブメント・ビルダーズは絶好のタイミングで立ち上がったと言えるだろう。ポストCOVID-19の時代には、企業もどうすればレジリエンスが高く持続的な組織になれるのか、そしてより社会の利益に即した存在になれるのかを模索するようになるだろ

う。ダノンNAの元CEOで、B Labの世界大
使を務めるローナ・デイヴィスは、20年後には
Ｂコーポレーションが企業の常識になっているだ
ろうと予測する。人々はＢコーポレーションで
はない企業を見てこう言うだろう。「認証を受け
ないなんてとんでもない。Ｂコーポレーションこ
そ、ビジネスの営み方なのだから」

1　この記事は筆者の近著, *Better Business: How the B Corp Movement Is Remaking Capitalism* (New Haven: Conn.: Yale University Press, 2020) の第10章と、発表済みの事例研究, "Danone North America: The World's Largest B Corporation" (Harvard Kennedy School Case Study 2156, April 26, 2019) を基にしている.

2　Cassie Werber, "Danone Is Showing Multinationals the Way to a Less Destructive Form of Capitalism," *Quartz*, December 9, 2019.

3　Anderson Antunes, "Brazil's Natura, the Largest Cosmetics Maker in Latin America, Becomes a B Corp," *Forbes*, December 16, 2014.

4　Oliver Balch, "Natura Commits to Sourcing Sustainably from Amazon," *The Guardian*, March 18, 2013.

5　Susie Gharib, "Brazil Beauty Company Natura Wants to Give Avon a Makeover," *Fortune*, January 10, 2020.

6　Laureate Education, Inc., "SEC Form 10-Q Quarterly Report for the Quarterly Period Ended March 31, 2019," May 9, 2019.

7　Jay Coen Gilbert, "For-Profit Higher Education: Yes, Like This Please," *Forbes*, January 4, 2018.

The Curb-Cut Effect
社会を動かすカーブカット
マイノリティへの小さな解決策から生まれる大きな変化

アンジェラ・グローバー・ブラックウェル　Angela Glover Blackwell

桑田由紀子 訳

弱い立場に置かれている人々に特化した施策は、全体の利益を損なうわけではない。むしろ、マイノリティのための解決策が、社会と経済の両方に思わぬ波及効果を生み出すのだ。市民のゲリラ的なアクションがなぜ政策として国全体に広がったのか、それが政策形成における「公正性」と「公平性」にどう関わるのかを考える。（2017年冬号）

効果

07

アンジェラ・グローバー・ブラックウェル
Angela Glover Blackwell

ポリシーリンク（PolicyLink）のCEO。かつてはロックフェラー財団のシニアバイスプレジデント、また、公共の利益を専門とする法律事務所であるパブリック・アドボケイツ（Public Advocates）のパートナーを務めた。著書に『わかちあえないコモングラウンド──人種とアメリカの未来』（未訳／ *Uncommon Common Ground: Race and America's Future*）の共著者でもある。

1970年代初頭のある夜、マイケル・パチョバスとその友達数人が、カリフォルニア州バークレーのとある歩道の縁石に車椅子で乗り付け、セメントを流し込んで簡単なスロープをつくると、夜の闇に紛れて消えていった[1]。パチョバスと障害者の権利を支持する仲間たちにとって、これは政治活動であり反抗の意思表示であった。「警察は私たちを逮捕すると脅してきたけど、逮捕はしなかった」と、パチョバスは当時を振り返る[2]。スロープは実用的でもあった。彼らがつくった即席の傾斜付きの縁石は多少のデコボコはあったものの、移動能力というかけがえのないものを障害者のコミュニティにもたらしたのである。

当時、バークレーだけでなく全米のあらゆる都市において、車椅子による移動は簡単ではなかった。1968年の建築障壁法（The Architectural Barriers Act）が、公共の施設を障害にかかわらず利用できるよう設計することを義務付けていたとはいえ、車椅子で道路を渡る際は、さながら障害物競争のようであった。トラックが出てこないようにといつも願いながら、道路の向こう側や家屋の搬出入口にある私道まで車椅子をこぐ必要があったし、私道と私道の間は車道に出る必要があった。カリフォルニア大学バークレー校に通っていた障害のある学生たちは当時、障害者の受け入れが唯一可能であったカウエル病院で暮らし[3]、次の授業がある教室が1つ前の教室よりも低い場所にあることを基準に時間割を組んでいた。

しかし、当時のバークレーでは政治的な運動が盛んだった。言論の自由、反戦、公民権などについての運動があるのだから、「移動（ムーブメント）」に関する運動（ムーブメント）があっても良いではないか。障害のある活動家たちに押され、バークレー市

カーブカット・スロープ

Stanford SOCIAL INNOVATION Review Japan

は1972年に初の公式な「カーブカット（段差解消）・スロープ」をテレグラフ・アベニューの交差点に設置した[4]。とあるバークレーの活動家の言葉を借りるならば、これは後に「世界中に名前が知れ渡ったコンクリートの塊」となるのである[5]。

カーブカット・スロープは、1945年にミシガン州カラマズーで初めて登場したので、完全な新発明というわけではなかった[6]。しかし、テレグラフ・アベニューに設置されたスロープは、随所で壁に当たってきた障害のある人々の移動や機会に関するアメリカの考え方を変えた。国全体が拡大する格差に苦悩し、格差の解消を妨げる壁がますます大きくなるなか、この考え方の転換と、その驚くべき波及効果は現在も際立っている。

バークレーに続いて何百ものカーブカット・スロープが造設され、全米に広がって何十万ものスロープがつくられた。障害のある活動家たちは、歩道、教室、トイレ、寮の部屋、バスというように、多くのアメリカ

> 障害のある活動家たちがバークレーで40年前に壊した障壁の高さはたった数センチであったけれども「現在では、その障壁に開いた突破口を毎日何百万人ものアメリカ人が利用している」

＊　正の外部性：外部性とは、ある人やグループの行動や意思決定が、第三者に影響を及ぼすことを言う

人にとって当然のものである生活基盤へのアクセスを、強く主張し続けた。そしてついに1990年7月26日、歴史的な「障害のあるアメリカ人法（Americans with Disabilities Act）」にジョージ・H・W・ブッシュ大統領（当時）が署名をした。障害を理由とした差別を禁じ、カーブカット・スロープの造設などの変更を建造環境（建築物や都市空間）に加えることを義務付けたのである。ブッシュ大統領は、「恥ずべき排除の壁を崩壊させる時がついに来た」と宣言した[7]。

すると予想外の素晴らしいことが起きた。排除の壁が取り除かれると、車椅子利用者だけでなく、誰もが恩恵を受けたのだ。ベビーカーを押す親たちがスロープにまっすぐ向かうようになった。重い台車を押す作業員、スーツケースを引く出張中のビジネスマン、そしてランナーやスケートボードを楽しむ人々もだ。フロリダ州サラソータのショッピングモールで実施された歩行者の行動についての研究からは、何も不自由のない歩行者の9割があえて遠回りをしてカーブカット・スロープを利用することがわかった[8]。ジャーナリストのフランク・グリーブが記したように、障害のある活動家たちがバークレーで40年前に壊した障壁の高さはたった数センチであったけれども「現在では、その障壁に開いた突破口を毎日何百万人ものアメリカ人が利用している」[9]。

経済学者であればこの効果を「正の外部性＊」と呼ぶかもしれない。軍人であれば戦力を倍増させる装置である「フォース・マルチプライヤー」と呼ぶであろう。私は「カーブカット効果」という呼び方を気に入っている。この効果によって、最も弱い立場に置かれている人々の困難に対するアメリカの考え方が変わっている。

アクセス、機会および
新たな人口動態

ある1つのグループを意図的に支援すると、別のグループに被害が及ぶのではないかという疑念は社会に根強く存在する。すなわち「公正性（equity）はゼロサムゲームである」という考え方だ。だが実は、国が支援対象を最もニーズの高い人々に絞ると、つまりこれまで取り残されてきた人々が十分に社会に参画して貢献できるような状況を生み出せれば、全員が勝者になる。逆もまた然りだ。最も弱い立場に置かれている人々が直面している困難を無視すると、それらの困難が何倍にも増幅され、経済成長、繁栄そして国全体の幸福度が損なわれることになる。

アメリカにおける格差が有害と言えるレベルに達するにつれ、このことは痛いほど明白になった。1979年以降、上位10%の労働者の所得は15%近く伸びた一方[10]、下位10%の労働者の所得は11%以上減少した[11]。ヘッジファンド管理者の所得上位25人の合計年収は、アメリカのキンダーガーテン（義務教育の最初の学年）教諭全員の合計年収を上回っている[12]。所得分布下位20%の層に入る両親のもとに生まれた児童100人のうち、両親よりも上位の所得層に将来入るというアメリカンドリームの第一歩が期待できるのは、たった9人である[13]。

近年さまざまなところで、こうした傾向がアメリカ白人社会にどのような損失を与えているかが、度々取り上げられるようになっている。2015年11月に『米国科学アカデミー紀要』に掲載された論文の中で、プリンストン大学の経済学者であるアン・ケースとアンガス・ディートンは、大学教育を受けていない中年白人層の死亡率が1999年から2013年の間に20%以上も上昇したことを明らかにした[14]。この驚異的な上昇は、主に薬物およびアルコール関連死、そして自殺による。ケースとディートンは、この依存症と自殺の急増が、金銭的不安と経済的絶望を受けたものであるとみており、「1970年代初頭の生産性の低迷以降、また、所得格差の拡大が進むなか、自分たちの暮らしが親世代よりもよくなることはないと、中年期を迎えたベビーブーム世代の多くが最初に気づいたのだ」と記している。

どの経済的なショックが白人の死亡率をどれくらい高めているのかについて評論家たちが議論しているなか、疑う余地のない点が1つある。それは、経済的疲弊が最も深刻で格差も最も大きいのは、非白人のコミュニティーだという点だ。アメリカで最も大きい150の大都市圏のうち149ヵ所で、4年制大学の学位を持つ割合は、白人が黒人およびラテン系アメリカ人を上回っている[15]。全米の失業率を見ると、黒人とラテン系ではそれぞれ9.5%と6.5%であるのに対し、白人では4.5%だ[16]。貧困生活を余儀なくされている黒人およびラテン系の割合は4人に1人であり、これは白人の2倍以上の割合だ[17]。さらに、健康、住宅所有、財産、（先述した白人死亡率上昇の発見があるにもかかわらず）寿命、というように福祉に関するほぼすべての指標について、非白人は白人と比べて大きく後れを取っている。

論点は、より苦しんでいるのが誰なのかではなく、このような不公正を改善するための最善の解決策が何かを特定することだ。ここでもう1つ注目すべき「2044」という数

> 論点は、より苦しんでいるのが誰なのかではなく、このような不公正を改善するための最善の解決策が何かを特定することだ

字がある。2044年というのは、アメリカ人口の過半数が非白人になるとみられている年だ[18]。1980年には80%であった白人の割合は現在63%となっており[19]、すでにアメリカは確実に2044年への道を歩んでいる。2012年以降、米国で生まれた新生児の過半数が非白人となっており[20]、2010年代末までには18歳未満のアメリカ人の過半数が非白人になるとみられている[21]。

　このような人口動態の変化はすべてのアメリカ人に影響を与える。その理由は、白人が多数派でない国というものが恐ろしく感じられるからではない。非白人を社会が見捨てることの社会的コストが人口増加に伴って増大しているためであり、逆に言えば、非白人の機会を拡大するような戦略をとれば、その恩恵はすべての人々に及ぶためである。排除の壁を取り壊し、成功への道筋を整えれば、誰もが恩恵を得ることができる。

　カーブカット効果は、2つの重要な観点から、アメリカの新たな人口動態に対して適切な考え方だと言える。まず、カーブカットの考え方の原動力は、公正性（equity）という理念だ。この公正性と混同すべきでないのが、公民権法をはじめとする歴史的な法律によって付与される、公式な法の下の平等（equality）という考え方だ。平等とは、バスに乗る権利をすべての人に与えることだ。一方、公正性は、路肩へのカーブカット・スロープやバスへの昇降機を設置することで、車椅子利用者がバス停にたどり着いてバスに乗り込めるようにすることだ。そして、必要とされている場所にバス路線を走らせることで、人々が行きたい場所に行くことができるようにすることだ。つまり公正性の意味とは、正しくかつ公平な包摂（インクルージョン）を社会全体で実現するよう推進し、誰もが参画し成功するとともに自身の可能性を存分に発揮できるような環境を整えることなのだ。

　次に、カーブカット効果は、公正性の実現のために考案された政策や投資が、すべての人に莫大な恩恵をもたらすことを説明している。アメリカは、次のことを意思決定しなければならない。「こうした投資を実施するのか」「雇用や安定した交通など、豊かな生活を送るために欠かせないものを、すべての人の手に届きやすくするのか」、それとも逆に「これらのコミュニティを丸ごと無視して、何千万もの人々の才能や潜在能力を無駄にするのか」という選択だ。

　実際のところ、選択の余地はない。現状を鑑みれば、低所得者や非白人を切り捨て続けることは、選択肢とはなりえないのだ。今、人種に関係なく、すべての低所得者にとってアメリカンドリームがほぼ達成不可能になっている。また、白人と非白人の間に長く存在した健康格差が小さくなっている理由は、以前よりも白人が不健康で短命になっているからなのだ。さらに、単独の家族（ウォルマート創業一家であるウォルトン家）の財産が、アメリカ国民の41%の全財産を上回るという経済システムに対する国民の怒りが高まっている[22]。

　政策立案者が見落としがちなのは、1つのグループに注力することですべてのグループを助け、国全体を強化できる可能性のある方法だ。縁石の段差という障害を解消すれば、すべての人が前に進める道をつくれる。

> 公正性の意味とは、正しくかつ公平な包摂（インクルージョン）を社会全体で実現するよう推進し、誰もが参画し成功するとともに自身の可能性を存分に発揮できるような環境を整えることなのだ

道路から学校、空にいたるまでの
カーブカット効果

何を探しているのかがひとたびわかると、カーブカット効果はいたるところで見つけることができる。たとえば、元々は幼い子どもを守るという主旨でシートベルトに関する条項が合衆国法典で採択されたことで、49州でシートベルトの着用を義務付ける州法が制定されることになり、1975年以降、大人も子どもも合わせて31万7,000人の命を救ったと推定されている[23]。また、黒人の高等教育の道を開くためにアファーマティブアクション（積極的格差是正措置）が導入されたときには、結果として膨大な数の白人女性、そして他の人種や民族の人々をも勇気づけることになり、教育機会のさらなる拡大が求められるようになった。さらに、航空機内での喫煙に対して我慢の限界に達した客室乗務員たちが前面に立って、機内での喫煙をなくすための闘いを全米で展開したが、それはその後数十年にわたる公衆衛生キャンペーンの火付け役となり、ほとんどの公共スペースが禁煙となり、たばこの消費量は1960年代の半分になった[24]。

そして近年、アメリカの道路事情を改善する取り組みによって、またも見事なカーブカット効果がもたらされた。それは自転車専用レーンの設置だ。長年にわたって怪我や死亡事故という困難に耐えてきたサイクリスト（自転車利用者）たちが、環境活動家の支援を受けながら、安全な自転車専用レーンの設置を求めて数多くの市に対し圧力をかけたのだ。2014年時点で、ニューヨーク市はおよそ30マイルの自転車専用レーンを増設済みだ[25]。私の故郷であるオークランド市でも、同じくらいの規模の自転車専用レーンの設置

が進んでいる[26]。

その評価はどうか。「自転車叩き」をする者たちが、交通渋滞の悪化と駐車スペースの減少を警告したものの、次から次へとさまざまな都市で、まるで自転車の車輪がぐるぐる回るように、成功のサイクルがアメリカ中に波及した。2000年から2013年にかけて、ニューヨーク市内のサイクリストが重傷を負うリスクは75%低下した[27]。また、人数としてはサイクリストをはるかに上回るうえに自転車専用レーンが意図するターゲット層ではなかった歩行者も、怪我のリスクが40%低下した[28]。2011年にシカゴで実施した自動車の運転者へのアンケート調査では、自転車専用レーンのある道路では運転マナーの改善が見られると半数の回答者が述べた[29]。

自転車専用レーンは、より安全で良識のある道路を生み出すだけでなく、周辺地域に大きな経済的価値をもたらしている。マンハッタン全体の小売店の売上高が3%上昇した時期に、9番街のある区間では、自転車専用レーン設置後の小売店の売上高が50%近く上昇した[30]。歩行者とサイクリストに優しい地域に移り住む人が急増したため、タイムズスクエアの自転車専用レーン沿いの家賃上昇幅は、2010年に市内最大の71%となった[31]。インディアナポリスのある街区では、自転車専用レーン設置後に不動産価値が150%近くも跳ね上がった[32]。

そして、公衆衛生や環境面での恩恵もある。サンフランシスコのベイエリアでの調査からは、毎日ウォーキングやサイクリングの時間を少しでも増やすだけで、糖尿病や循環器疾患の有病率を14%減少させることができるとともに[33]、温室効果ガスの排出量も14%削減できることがわかった[34]。ま

た、ニューヨーク市内の通勤者のうち、たった5%が自転車通勤を始めれば、マンハッタンの1.3倍の面積の森林を植林するのと同等の二酸化炭素排出削減効果がもたらされる[35]。

中産階級が生まれるまで

カーブカット効果を最も明快に示す例は、1944年の退役軍人援助法だ（アメリカでは通称「GI Bill［GI法］」として広く知られている）。この法律が、アメリカの白人中産階級を創出したと言っても過言ではない。

法案は、アメリカ在郷軍人会（American Legion）のあるロビイストがホテルの便箋に走り書きしたアイデアから生まれたが、立案者たちの意図は、社会復帰しようとしている第二次世界大戦後の退役軍人の一部に対して職業訓練を提供するというもので、それ以上のことは見込んでいなかった[36]。法案の支持者たちは、復員する1,600万人の

> 受益者たちは単に社会復帰したのではなく、社会を立て直したのだ

うち、法律を活用して大学に行こうとするのは、数十万人程度だろうと予測していた。それでも大学のキャンパスが「スラム街」に変わってしまうという悲観的な予想をした当時のシカゴ大学学長ロバート・ハッチンズなど、一部の教育者たちにとっては、この人数ですら多すぎるように思われた[37]。

ところが、ほぼすべての人の予想に反し、800万人近くの退役軍人がGI法によって大学に行き[38]、ハッチンズの警告とは裏腹に、一般の同期生らよりも高い平均成績を収めた。ジャーナリストのエドワード・ヒュームズが彼らの進路を調査したところ、後のノーベル賞受賞者14人、最高裁判事3人、大統領3人、上院議員12人、歯科医2万2,000人、医

師6万7,000人、科学者9万1,000人、教師23万8,000人、そしてエンジニア45万人、さらには数多くの弁護士、看護師、ビジネスマン、芸術家、俳優、作家およびパイロットが含まれていた[39]。そしてクレアモント・マッケナ大学、マールボロ・カレッジ、ニューヨーク州立大学ビンガムトン校などで、大規模な学生の流入に対応するための新たなキャンパスが次々と誕生し、1944年には全米で58校だった2年制コミュニティーカレッジは、1947年には358校になった[40]。

しかし、GI法の成果はもっと高めることが可能だったはずだ。GI法は、黒人の退役軍人も対象としていたものの、予算配分は自治体の判断に委ねていた。あまりに予想通りの結果だが、黒人の退役軍人が得られた補助金の額は白人よりもはるかに少額だった[41]。それまで取り残されてきた非常に多くの人々に対して機会の扉を開いた法律は、同時に多くの人々を効果的に締め出してしまったのだ。

こうした不備はあるものの、賢明でターゲットを絞った投資が社会を変える効果を生むことを、この法律は示している。受益者たちは単に社会復帰したのではなく、社会を立て直したのだ。法律の2つ目の柱である低利子住宅ローンは、住宅所有率を戦前の44%から1950年代半ばの60%まで、一気に上昇させた（ただし、ここでも黒人の多くは除外された）[42]。これらの方策が郊外住宅地の驚異的な成長に拍車をかけ、すでに好景気に沸く経済を下支えした。アメリカ全体として、復員した第二次世界大戦の退役軍人に投資された1ドルにつき、8ドルの回収効果があったと歴史学者たちは試算しているものの[43]、真の恩恵の額は計り知れない。

Stanford SOCIAL INNOVATION Review Japan

豊かな未来をつくる

　もう何年も前になるが、ロサンゼルス市内のワッツ地区で採用面接を受ける予定となっていた私は、自宅から面接会場まで、バス5本を乗り継いで市を横断するのに1時間半かかると見込んで移動した。2時間半後、とっくに面接が終わっているはずの時間であったが、私は4本目のバスを降り、打ちひしがれた気持ちで引き返した。

　失われた機会については言うまでもないが、このような失望は、低所得地域に住む非白人にとっては今もよくある現実を表している。仕事、学校、病院、食料品店とのつながり、そして、しばしば人と人のつながりも、とても得にくくなっているのだ。黒人の20%、そしてラテン系アメリカ人の12%の世帯が自動車を保有しておらず[44]、先住民居留地の道の3分の2が未舗装である[45]。公共交通機関の利用者の半数が非白人だが、目的の場所にたどり着くことができない人々があまりに多く存在する[46]。シカゴでは、住民の5人に4人が公共交通機関を利用しても90分以内に職場にたどり着くことができない[47]。

　環境正義*の父と呼ばれた、作家・学者のロバート・ブラードは、「交通は、実世界および自然界に関わってくるし、私たちがどこに居住し、どこで仕事をし、遊び、どこの学校に通うかについてのあらゆる側面に関わってくる。また、交通は人と人の相互関係、社会階層間の流動性、そしてサステナビリティの形成においても中心的な役割を果たしている」と記している[48]。

　アメリカが公正なインフラをきちんと整備できれば、その恩恵は幅広く浸透するだろう。交通に対する投資、とりわけ公共交通の整備事業は、インフラを構築・維持するために多くの雇用と契約の機会を生み出す。適切な政策が実施されれば、これらの投資は2つの役割を果たすだろう。まず、物理的なインフラを整備することで、サービスが十分に行き届いていない地域の住民が経済的機会につながりやすくなる。また、こうした住民に雇用やビジネスチャンスを提供することにもなる。

　国内で最も大きい20の都市が、交通関連予算の半分を高速道路から公共交通機関に振り替えるだけで、アメリカは今後5年間で交通関連分野で100万を超える雇用を創出することができる[49]。新たな出費は不要で、単に政策の優先順位を変えるだけでよいのだ。

　企業も恩恵を受ける。ハーバード・ビジネス・スクールが実施したビジネスリーダーが優先する課題についてのアンケート調査では、公共交通の拡充とサービス向上が第1位となっており[50]、その理由を理解するのは簡単だ。交通が発達しているほうが従業員の常習的な欠勤が減るうえ、求人ポストを埋める際に、より多くの人材から採用者を選ぶことができるのだ[51]。2013年の研究では、都市圏のバスや電車の座席数をわずかに追加するだけで（住民1,000人当たり4席の追加）、市中心部で働く人数が1平方マイル当たり320人増え、平均で20%近い増加となるという試算結果を、都市計画研究者であるカリフォルニア大学バークレー校のダニエル・チャットマンとラトガース大学のロバート・ノーランドが示した[52]。また同様に、公共交通機関を10%拡充すると都市の総経済生産が1〜2%高まることも彼らは見出した。チャットマンとノーランドの試算では、都市圏における公

> 新たな出費は不要で、単に政策の優先順位を変えるだけでよいのだ

＊　環境正義：環境保護と社会的正義を統合するもので、人種や所得にかかわらず、誰もが安全な環境で暮らせるようにすることを提言する運動

共交通機関の「隠れた経済的価値」の平均は4,500万ドルであり、都市圏の規模によって、少なくとも150万ドルから上は20億ドル近くまでの価値が算出された。

波及効果はこれだけではない。公共交通機関にアクセスできれば人々が良い学校に通いやすくなり、高等教育の経歴を活用できるようになるので、地域の労働力の質が高まる。また、診療所や病院にも行きやすくなるので予防医療が進み、医療コストを削減できる。さらに、公共交通の整備は犯罪の減少にもつながることがデータから示唆されている。

> 「交通関連の資金の流れを追えば、誰が重視されていて誰が重視されていないかがわかる」

一言でまとめるならば、交通機関が改善するとより多くの機会を得やすくなるのだ。実際、スタンフォード大学の先駆的な経済学者であるラジ・チェティによる研究では、社会階層間の流動性が全米で最も高い10都市を洗い出したところ、このうち5都市（ニューヨーク、サンフランシスコ、ボストン、ワシントンD.C.、シアトル）が物理的な移動のしやすさについても上位10位に入っていた[53]。

こうした恩恵を最大化するため、全米の大都市圏で交通に関する戦略や投資の見直しが始まっている。その一端を、ミネアポリスとセントポールという隣接する2都市の例から垣間見ることができる。これらの都市では、非白人の4分の1以上が貧困状態となっていて、彼らは長年にわたって十分な投資がない地域に集中しており、機会から断絶されてしまっていた[54]。グリーンラインという新たな路面電車路線の計画においても、当初はこれらの地域が見落とされており、まさにブラードの言葉通り「交通関連の資金の流れを追えば、誰が重視されていて誰が重視され

ていないかがわかる」状況だった[55]。しかし、地元の活動家たちが古い慣例を変えるために、連邦政府、市、そしてその他の各方面と連携した[56]。その結果、今では交通プロジェクトの実行可能性を市が評価する際は、計画者が、提案されている道路や路線が人種間の公正性を向上するかどうかを採点したものを提出するようになった[57]。つまり、交通について検討する際の旧来の評価指標である安全性や利用状況に関する統計に加えて、公正性も主要な指標になったのである。

グリーンラインは、インクルーシブな発展のモデルだ。プロジェクト実施にかかる労働時間の5分の1近くを非白人の人々の仕事が占め[58]、建設工事契約の20%近くを女性やマイノリティーが経営する小規模企業が獲得し、その総額は1.15億ドル相当にもなった[59]。グリーンラインの路面電車は、これまで見過ごされてきた地区にも停車するようになり、これらの地区の住民を、より強力な労働市場であるミネアポリスとセントポールのダウンタウン地区につなげたのだ。

アメリカは経済全体を強化するために、交通インフラをはるかに超えた視野でカーブカット的思考を採用することが可能だ。経済がゆがんだ形で成長してきたことは、最底辺にいる人々以外にとっても問題になっている。経済協力開発機構（OECD）から国際通貨基金（IMF）まであらゆる機関が、格差の拡大が経済成長の鈍化につながると結論づけている[60,61]。自国経済に多くの人々を取り込むことができないと、つまり機会の輪の制限を厳しくしてしまっていると、経済が弱体化して国全体が苦しむことになる。

どうすれば格差を縮小して経済成長を実現できるかという問いについて、答えは明白だ。それは、金融緩和でもなければサブプライム

住宅ローンでもなく、社会的セーフティーネットの民営化や仕分けでもない。格差への対抗手段は、公正性なのだ。公正性とは、良い仕事を増やし、低賃金労働の待遇と質を改善することだ。また、現在および将来の労働人口の教育やスキルの水準を上げることで、人材の能力開発を行うことだ。さらに、たとえば、ほとんどが非白人である700万人の人々を閉じ込めてしまっている刑事司法制度の改革などによって、経済活動の公正な機会を目指す経済的包摂を実現したり、市民参画の壁を取り払ったりすることだ[62]。そして、アメリカ国内で特に疲弊している地域とその住民の機会を、投資によって拡大するということなのだ。

マンハッタンの光り輝く超高層ビル街とイーストロサンゼルスの貧困地区の間の深い隔たりが、アメリカ全体の発展と経済的な潜在能力の発揮を妨げてしまっているのだとすれば、適切な政策によってこの隔たりをなくせば何が起こるかを考えてみてほしい。2012年には、黒人、ラテン系またはアジア系アメリカ人が経営する企業が、白人経営企業の3倍の速度で成長した[63]。それなら、非白人の企業経営者に対する支援プログラムの強化によって、どれほどの起業家のエネルギーが解き放たれるかを想像してみてほしい。また、テクノロジー業界など成長著しい業界と、非白人の貧しい人々や若者たちをつないだ場合に生まれるインパクトを想像してみてほしい。（「公正性」を指す）「equity（エクイティ）」という言葉の定義は、企業の文脈においては単に資産や負債の記録を指している。しかし、人種多様性のある企業がそうでない競合他社よりも良い業績を出す可能性が35%高いことを踏まえたうえで[64]、企業の世界でも「equity」という言葉がより広い意

味を持つようになったときに得られる利益を想像してみてほしい。

アメリカ経済における人種間格差を縮小すると、つまりは単純に白人労働者と同じ割合で非白人の労働者を雇用し、賃金を同じにするだけで、アメリカの上位150位以内の都市圏の合計GDPを25%近く上昇させることが可能だ[65]。ニューヨーク市の都心部ではGDPが31%、4,090億ドルの増加。マイアミのGDPは41%、1,130億ドルの増加。テキサス州ブラウンズビルでは、GDPが131%増加の見込みだ。人種間の公正性のある経済を構築すれば、アメリカ全体の年間GDPは合計で2.1兆ドル増となる。

カーブカット効果は、アメリカが1つの国であり、繁栄時にも衰退時にも共に歩むという建国時の信念を改めて訴えるものだ。公正性なしには、進歩も繁栄もない。長年にわたって政治家たちはそうではないと主張してきたが、経済における重力は、常に逆方向に働く。機会は上から下に滴り落ちる（トリクルダウン）のではなく、横や上に広がっていくのだ。

本記事で取り上げた事例は単なる補助金や無償支援の事業ではなく、より広義の社会の幸福に対する投資だ。その効率は非常に高い。連邦政府が全面的に引き受けるものではない。実は、そのほとんど、少なくともその多くが、州レベルあるいは自治体レベルで実施される政策次第なのだ。

これはリベラルか保守かという問題ではない。また、モラルか効率性かが厳密に問われ

> 公正性なしには、進歩も繁栄もない。長年にわたって政治家たちはそうではないと主張してきたが、経済における重力は、常に逆方向に働く。機会は上から下に滴り落ちる（トリクルダウン）のではなく、横や上に広がっていくのだ

ているわけでもない。民主党支持者も共和党支持者も、企業も非営利組織も、都市部の人間も郊外の人間も、すべての人が関心を持つことがある。それは、ターゲットを絞って達成可能な改革を推し進め、実質的な結果を生み出し、目に見える違いを最も弱い立場に置かれている人々の暮らしにもたらすことだ。逃れようのない結論は、懸命に働くアメリカ人に対して、彼らの努力がもたらす利益をもっと目に見えるようにするのは正しくかつ賢明である、ということだ。より多くのアメリカ人、いや、すべてのアメリカ人に対して自国に貢献する機会を与えること、また、皮膚の色や経済的な階級とは無関係にすべてのアメリカ人が参画し繁栄できるような未来を

> 「1人に直接影響を及ぼすものは、それが何であれ私たち全員に間接的に影響を及ぼすのだ」

築くのは、正しくかつ賢明なことなのだ。求められているのは、「公共の利益」という概念に立ち返ること以外の何物でもない。

今から半世紀前、アラバマ州バーミンガムの刑務所の独房でマーティン・ルーサー・キング・ジュニア博士（キング牧師）が予言的に書いた手紙には、こんな一節がある。

「私たちは逃れようのない相互依存のネットワークの一員であり、ひとつなぎの運命で結ばれている。1人に直接影響を及ぼすものは、それが何であれ私たち全員に間接的に影響を及ぼすのだ」[66]

現在、この刑務所の建物の外には、この最も有名な受刑者を称える銘板がある。そして、その横の歩道には、一定の間隔でカーブカット・スロープが設けられているのだ。

1　"Builders and Sustainers of the Independent Living Movement in Berkeley: Volume IV," Disability Rights and Independent Living Movement Oral History Series, University of California.

2　Frank Greve, "Curb ramps liberate Americans with disabilities—and everyone else," McClatchy Newspapers, January 31, 2007.

3　同上.

4　同上.

5　Steven E. Brown, "The Curb Ramps of Kalamazoo: Discovering Our Unrecorded History," *Disability Studies Quarterly*, vol. 19, no. 3, 1999, pp. 203-205.

6　同上.

7　"Remarks of President George Bush at the Signing of the Americans with Disabilities Act," EEOC History: 35th Anniversary: 1965-2000, US Equal Employment Opportunity Commission.

8　Greve, "Curb Ramps."

9　同上.

10　"Data Summaries," National Equity Atlas, PolicyLink and the USC Program for Environmental and Regional Equity.

11　同上.

12　Phillip Bump, "The 25 top hedge fund managers earn more than all kindergarten teachers combined," *The Washington Post*, May 10, 2016.

13　Raj Chetty, Nathaniel Hendren, Patrick Kline, Emmanuel Saez, and Nicholas Turner, "Is the United States Still a Land of Opportunity? Recent Trends in Intergenerational Mobility" *American Economic Review: Papers & Proceedings*, vol. 104, no. 5, 2014, pp. 141-147.

14　Anne Case and Angus Deaton, "Rising morbidity and mortality in midlife among white non-Hispanic Americans in the 21st century," *Proceedings of the National Academy of Sciences of the United States of America*, vol. 112, no. 49, 2015, pp. 15078-15083.

Stanford SOCIAL INNOVATION Review/Japan

15 Ronald Brownstein and Janie Boschma, "Education Gaps Pose Looming Crisis for U.S. Economy," National Journal, May 20, 2015.

16 "Labor Force Statistics from the Current Population Survey," Bureau of Labor Statistics, US Department of Labor.

17 "Poverty Rate by Race/Ethnicity," State Health Facts, The Henry J. Kaiser Family Foundation.

18 Sandra L. Colby and Jennifer M. Ortman, "Projections of the Size and Composition of the U.S. Population: 2014 to 2060," U.S. Census Bureau, March 2015.

19 Frank Bass, "White Share of U.S. Population Drops to Historic Low," Bloomberg News, June 13, 2013.

20 "Most Children Younger Than Age 1 are Minorities," U.S. Census Bureau, May 17, 2012.

21 Colby and Ortman, "Projections of the Size."

22 Josh Bivens, "Inequality, exhibit A: Walmart and the wealth of American families," Economic Policy Institute, July 17, 2012.

23 "Policy Impact: Seat Belts," Centers for Disease Control and Prevention, January 2011.

24 Poncie Rutsch, "Will Vaping Reignite the Battle Over Smoking On Airplanes?" National Public Radio, February 24, 2015.
"Trends in Current Cigarette Smoking Among High School Students and Adults, United States, 1965-2014," Centers for Disease Control and Prevention.

25 "Protected Bicycle Lanes in NYC," New York City Department of Transportation, September 2014.

26 Will Kane, "Oakland racing to meet demand for bike lanes," San Francisco Chronicle, April 27, 2014.

27 "Protected Bicycle Lanes in NYC."

28 "Sustainable Streets: 2013 and Beyond," New York City Department of Transportation, 2013.

29 "Initial Findings: Kinzie Street Protected Bike Lane," Chicago Department of Transportation, September 21, 2011.

30 "The Economic Benefits of Sustainable Streets," New York City Department of Transportation.

31 "The Re-Design of Broadway Moving All Modes," New York City Department of Transportation, July 2010.

32 Jessica Majors and Sue Burow, "Assessment of the Impact of the Indianapolis Cultural Trail: A Legacy of Gene and Marilyn Glick," Indiana University Public Policy Institute, March 2015.

33 Neil Maizlish, James Woodcock, Sean Co, Bart Ostro et al., "Health Cobenefits and Transportation-Related Reductions in Greenhouse Gas Emissions in the San Francisco Bay Area," American Journal of Public Health, vol. 103, no. 4, 2013, pp. 703-709.

34 同上.

35 "Environmental Statistics," Statistics Library, People for Bikes.

36 Meredith Hindley, "How the GI Bill Became Law in Spite of Some Veterans' Groups," Humanities, vol. 35, no. 4, 2014.

37 Thalia Assuras, "How the GI Bill Changed America," CBS News, June 22, 2008.

38 Claudio Sanchez, "How the Cost of College Went From Affordable to Sky-High," National Public Radio, March 18, 2014.

39 Edward Humes, Over Here: How the G.I. Bill Transformed the American Dream, San Diego, Harcourt, 2006.

40 William Celis III, "50 Years Later, the Value of the G.I. Bill Is Questioned," The New York Times, June 22, 1994.

41 Chuck Leddy, "A critical look at the GI Bill's impact," The Boston Globe, September 10, 2009.

42 同上.

43 Jared Lyon, "The GI Bill's Impact on the Past, Present and Future," Institute for Veterans and Military Families, Syracuse University, June 21, 2013.

44 Elaine Murakami and Liang Long, "Vehicle Availability and Mode to Work by Race and Hispanic Origin, 2011," Census Transportation Planning Products, US Department of Transportation, October 20, 2015.

45 Demographics, About Tribes, National Congress of American Indians.

46 Mike Maciag, "Public Transportation's Demographic Divide," *Governing*, February 24, 2014.

47 Adie Tomer, Elizabeth Kneebone, Robert Puentes, and Alan Berube, "Missed Opportunity: Transit and Jobs in Metropolitan America," Metropolitan Policy Program, Brookings Institution, May 2011.

48 Robert D. Bullard, "Addressing Urban Transportation Equity in the United States," *Fordham Urban Law Journal*, vol. 31, no. 5, 2003, pp. 1183-1209.

49 Todd Swanstrom, Will Winter, and Laura Wiedlocher, "More Transit Equals More Jobs," Transportation Equity Network.

50 Michael E. Porter and Jan W. Rivkin, "An Economy Doing Half Its Job," Harvard Business School Survey on U.S. Competitiveness, September 2014.

51 Eric Jaffe, "Public Transit Is Worth Way More to a City Than You Might Think," *CityLab*, August 14, 2013.

52 Daniel G. Chatman and Robert B. Noland, "Transit Service, Physical Agglomeration and Productivity in US Metropolitan Areas," *Urban Studies*, vol. 51, no. 5, 2014, pp. 917-937.

53 "2016 City and Neighborhood Rating," Walk Score.

54 "Choice, Place and Opportunity: An Equity Assessment of the Twin Cities Region," Metropolitan Council, 2014.

55 Robert D. Bullard, *Growing Smarter: Achieving Livable Communities, Environmental Justice, and Regional Equity*, Cambridge, Mass., The MIT Press, 2007.

56 John McCarron, "Building Equity By the Tracks," *Next City*, August 30, 2013.

57 Rachel Dovey, "Transportation Funding Change Aims for Equality in Twin Cities," *Next City*, September 24, 2014.

58 "Central Corridor Green Line DBE and Workforce Story," Metropolitan Council, June 2014.

59 "Council Meets Contracting Goals for Green Line Construction," Metropolitan Council, July 17, 2014.

60 "Inequality hurts economic growth, finds OECD research," OECD, September 12, 2014.

61 Era Dabla-Norris, Kalpana Kochhar, Nujin Suphaphiphat, Frantisek Ricka, and Evridiki Tsounta, "Causes and Consequences of Income Inequality: A Global Perspective," International Monetary Fund, June 15, 2015.

62 Lauren E. Glaze, Danielle Kaeble, "Correctional Populations in the United States, 2013," Bureau of Justice Statistics, US Department of Justice, December 19, 2014.

63 Vanessa Cárdenas and Sarah Treuhaft, eds., *All-In Nation: An America That Works for All*, Center for American Progress and PolicyLink, 2013.

64 Vivian Hunt, Dennis Layton, and Sara Prince, "Why Diversity Matters," *McKinsey Insights*, January 2015.

65 Sarah Treuhaft, Justin Scoggins, and Jennifer Tran, "The Equity Solution: Racial Inclusion Is Key to Growing a Strong New Economy," PolicyLink and USC Program for Environmental and Regional Equity, October 22, 2014.

66 Martin Luther King Jr., "Letter from a Birmingham Jail [King, Jr.]," African Studies Center, University of Pennsylvania, April 16, 1963.

Stanford SOCIAL INNOVATION Review Japan

投資の可能性を拓く

社会的インパクトと利益のトレードオフからどう脱却するか

マット・バニック　Matt Bannick

ポーラ・ゴールドマン　Paula Goldman

マイケル・クブザンスキー　Michael Kubzansky

ヤセミン・サルトゥク　Yasemin Saltuk

桑田由紀子 訳

インパクト投資の世界では長年、「経済的リターンと社会的インパクトは両立しうるのか否か？」という決着のつかない論争が繰り広げられてきたが、もはやそれはトレードオフではない。インパクト投資分野で、営利投資から助成金まで幅広い案件を手掛けてきたオミディア・ネットワークが、これまでの知見と経験を凝縮したフレームワークを、投資判断の具体例とともに示す。（2017年冬号）

tinuum

IMPACT
INVEST

マット・バニック
Matt Bannick

オミディア・ネットワーク（Omidyar Network）
マネージングパートナー。

ポーラ・ゴールドマン
Paula Goldman

オミディア・ネットワーク バイスプレジデント、
およびインパクト投資部門のグローバル担当。

マイケル・クブザンスキー
Michael Kubzansky

オミディア・ネットワーク パートナー、知的資本
チームリーダー。

ヤセミン・サルトゥック
Yasemin Saltuk

オミディア・ネットワーク 知的資本チームシニア
マネジャー。

イ ンパクト投資業界では、「社会的インパクトと経済的リターンの間には、トレードオフが避けられないのか？」という議論が以前から続いている。

「社会的インパクトを最大化したければ、投資家は経済的リターンを犠牲にせざるを得ない」という考え方がある。なぜなら、利益を最大化しようとする行動によって、必然的に企業は社会的なミッションから遠ざかっていくし、支援を必要とする受益者を重視する姿勢も弱まってしまうからだ。

一方で、逆こそ真である、すなわち、「社会的インパクトと経済的リターンには強力な正の相関がある」という主張もある。この見方では、インパクトを最大化するのにベストな方法とは、健全なキャッシュフローを生み出して市場に進出することで急成長できるような、採算性のある営利組織をつくることである。結局のところ、成長資金をうまく獲得できない組織は、十分に事業を拡大できないからだ。

この議論は長年決着がついていないが、新たな気づきよりもはるかに多くの混乱を生み出しており、インパクト投資分野の成長を妨げている。「経済的リターンと社会的インパクトはトレードオフなのか」という問いに対して、インパクト投資に関わる多くのリーダーが、「Yes」あるいは「No」と答えたくてたまらない。しかし私たちは、過去10年間のオミディア・ネットワーク（Omidyar Network）での経験から、「Yes」でも「No」でもない、「場合による」という答えにたどり着いた。事例によっては、と言うよりもおそらくほとんどの事例において、経済的リターンと社会的インパクトにはたしかに強力な相関関係がある。一方で、経済的リターンが少なくても、非常に大きな社会的インパクトを企業が生み出せるような事例もある。

私たちオミディア・ネットワークは、フィラン

ソロピー投資の会社であり、社会的インパクトを大きく生み出すような事業の支援を目指して世界各地で活動している。営利企業と非営利組織の両方に資金を提供しているが、特に重点を置いているのは、「教育」「新興テクノロジー」「金融包摂（ファイナンシャル・インクルージョン）」「行政のガバナンスと市民参画」「土地およびその他の財産に対する所有権」の5セクターである。

これまでの経験を経て私たちは、インパクト投資分野はトレードオフをめぐる非生産的な議論から脱却して、より現実的な問いに向き合うべきだと考えるようになった。その問いとは、「投資家はどういった条件下で、社会的インパクトを実現する機会と引き換えに、市場相場よりも低いリスク調整後リターン*を受け入れるべきなのか」というものだ。

本論文では、私たちが「リターンの連続体」と呼ぶものに、どうやって横断的に投資するかのフレームワークを提案する。この連続体には、完全に営利目的の投資から、利益を求めないフィランソロピーの助成金まで、幅広く含まれている。このフレームワークは、有望な投資手法は幅広く存在しているという私たちの信念に基づいている。一部、社会的インパクトと経済的リターンの間のトレードオフが生じるものも含まれるが、多くのものではそういった事態は生じていない。

私たちが主張したいのは、「市場の相場よりも低いリターンを受け入れるべきか」の検討が必要になるのは、限られた状況の場合のみである、ということだ。オミディア・ネットワークでは、リ

> 特定の状況下では、社会変化を加速するような新たな市場を生み出しうる企業を支援するために、インパクト志向の投資家はリターンの期待値を調整すべき場合もある

ターンの見込みが低い案件を受け入れるのは、「市場レベルのインパクト」を私たちがあえて追求しようとしている場合だけであり、例外はほとんどない。そして、市場レベルのインパクトを評価するための明確なフレームワークも、私たちは開発した。このようなアプローチをとるからといって、弱いビジネスモデルに投資する口実をつくってはならない。しかし、特定の状況下では、社会変化を加速するような新たな市場を生み出しうる企業を支援するために、インパクト志向の投資家はリターンの期待値を調整すべき場合もあるのだ。

方法の探求

私たちは「リターンの連続体」に対して横断的に投資することの価値を、はじめからはっきりと認識していたわけではなかった。インパクト投資の道のりを歩み始めたとき、私たちは営利目的のベンチャーキャピタルを設立した。助成金による事業支援の取り組みはすでに世の中に存在していたので、営利部分を補おうとしたのだ。私たちはどんな案件に対しても、高い水準の社会的インパクトを求めた。さらに、リスク調整後リターンが市場相場以上となる可能性が高そうな案件に絞って検討していた。なぜなら、この基準を甘くすれば効果的でない事業に投資することになり、ひいては私たちが発展させようとしている市場そのものをゆがめてしまう可能性もあると信じていたからだ。大規模なインパクトを実現する唯一の方法は、組織の成長と市場レベルのインパクトの両方を支える資金を十分に生み出せるような、大規模な営利企業を築くことだと、私たちは考えていた。

しかし、新興市場で社会的に不利な人々向けのビジネスを行う初期ステージ（アーリー）の企業に対する投資額と直接取引の案件数が増えていくにつ

---

* リスク調整後リターン：ある案件への投資成績を評価する際に、得られたリターンだけの数値ではなく、そのリターンに対してどれくらいのリスクを取っていたかを反映させた指標。シャープ・レシオ、アルファ、情報比などの計算方法がある

Stanford SOCIAL INNOVATION Review Japan

れて、私たちはこの種の市場の複雑さに気づくようになった。世界を変える潜在力を秘めたイノベーションを起こそうとしている並外れた起業家に何人も出会ってきたが、多くの場合で彼らには、一般的な営利目的の投資より強い忍耐と大きな先行投資が必要だった。彼らにはスタートアップ・エクイティを得る機会が限られていたし、インフラは整っておらず、サプライチェーンはコストがかさむうえに機能していないという問題があった。さらに、曖昧で役に立たない規制、不十分な消費者教育、利用者側の可処分所得の不足など、数々の困難に直面していたのだ。彼らが求めている投資家とは、最終的な収支以上のものを見ることができる人だった。

このような展望を描いたのは私たちだけではなかった。当時、アキュメンやシェル財団といった社会的ミッションを重視する投資機関は、すでに低所得層向けの事業に対して「忍耐強い資本*」を投資しており、彼らが起こしたイノベーションは称賛に値する。私たちも独自のアプローチを築いていく過程で、先人たちの実践から非常に多くのことを学んだ。

私たちにとって決定的だったのは、リターンの連続体に横断的に投資することの価値を私たちが認識しはじめた頃に、偶然にも、市場レベルの変化の促進がますます重視されるようになったことだ。私たちが気づいたのは、きわめて革新的な企業は時代によって入れ替わるが、市場そのものには持続的な社会変化を生み出す能力があるということである[1]。私たちは経済的リターンの小さな事業への投資を検討するようになり、当初抱いていた考え方を見直す必要に迫られた。つまり、「低利益許容型の投資は、常に小規模なインパクトしか生まないのだろうか？ そしてそのような投資は、常にこれから生まれようという市場をゆがめる効果をもたらすのだろうか？」と問い直すようになったのだ。

分析を積み重ねて何度も議論を交わした結果、私たちは4つの洞察を得ることができた。それらの洞察によって、どのような状況のときに利益の見込みの低いリターンを受け入れられるかが明確になったのだ。

1つ目の洞察は、「1つの組織がもたらすインパクトは、顧客に直接届くよりもはるか遠くまで及ぶことがある」という点だ。実際、わずかな経済的リターンしか達成できない組織であっても、サービスが十分に届いていない人々や社会的に不利な人々まで対象とする市場の発展を加速することで、かなりのインパクトを生むことがある。このような「市場レベルのインパクト」が見込めるかどうかは、利益の見込みが低い案件への投資を判断する際の重要な基準となった。

2つ目は、「低利益許容型の投資は、実質的に補助金として機能するので、市場をゆがめる可能性がある」という点だ。そのため、私たちは低利益許容型の資本や助成金を提供する際には大きな注意を払う。特に慎重になるのが、複数の競合がいるような新興市場の場合だ[2]。ところが、やがて気づいたのは、そもそもゆがめられる構造自体が存在しないほど成熟していない市場もある、ということだった。しかも多くの場合、低利益許容型の投資が必要となるのは、ひとたび事業の成功が証明され、市場相場程度のリターンが発生するようになり、営利目的の投資家の注目を集めるようになるまでと一時的だ。このほか、商業的な投資機会につながらないような市場インフラなどの共有財産を整備するために、長期間の補助金が必要になる場合もある。

3つ目は、「低利益許容型の投資案件を評価する際は、同じ目的を掲げている非営利団体または公的機関があるかどうかを参考にすべきである」という点だ。利益

* 忍耐強い資本（patient capital）：社会的な事業の初期ステージに投融資を行い、社会的インパクトを優先するため高いリスクを受け入れて長期的な回収を目指すモデル

本論文の土台

　過去 10 年間、オミディア・ネットワークは野心的なインパクト投資のポートフォリオを築いてきた。それと同時に、インパクト投資分野を定義および理解するための研究を野心的な計画に従って進めてきた。実はこの論文も、私たちの考え方の発展における過去の段階を踏まえて書かれたものである。このうち 2 つの段階における、インパクト投資分野に対する私たちの進化途上にある視点の概要を、過去に 2 本の報告書で説明した。

　2012 年発表の「投資を呼ぶポンプ」（未訳／ Priming the Pump）では、インパクト投資家が変化を単に組織レベルではなく、セクターまたは市場レベルで追求することの必要性を強調した。そして、この点を主張するため、健全な市場のエコシステムを生むのに必要な 3 種類の投資を示した。1 つ目は、「市場の規模を拡大する者（実証済みビジネスモデルを用いる企業）への投資」、2 つ目は「市場のイノベーター（新たな市場のための新モデルを創出する組織）への投資」、そして 3 つ目は「インフラ（その市場内のすべての組織が直面している問題の解決を目指す取り組み）への投資」である。私たちは、さまざまなセクターでの投資戦略にこの分析を組み込んできた。

　2015 年発表の「フロンティア・キャピタル」（未訳／ Fontier Capital）では、この考え方を拡張して、新興市場で低所得層および低中所得層を顧客とする事業に特化して適用し、これらの事業が本質的には 3 種類に分かれるということを議論した。1 つ目は「レプリケーション（複製・再現）と適用」であり、実証済みのビジネスモデルのうち、今やベンチャー投資資金の大半を呼び集めているものがこれに該当する。2 つ目は「フロンティア」である。まだ実証されていないビジネスモデルではあるものの、資産が軽量（アセットライト）で多様な所得層を顧客としているために一般的なベンチャーキャピタルのポートフォリオに適合すると思われるものが、ここには含まれる。3 つ目となるのが、「フロンティアプラス」であり、まだ実証されていないビジネスモデルのうち、アセット集約型であるか低所得層のみを顧客としているために一般的なベンチャーキャピタルのポートフォリオに適合しない可能性があるものがこれに該当する。この報告書ではインパクト投資家らに、これら 3 種類の事業のいずれについても、もっと直接投資を実施するよう呼びかけ、特に、主流の営利目的の投資が集まる望みが薄いフロンティアプラス企業に対する投資を増やすよう訴えた。

　さて、今回の論文では、私たちの考え方の第 3 段階から得られた知見を共有したい。「リターンの連続体」という概念は、私たちが「投資を呼ぶポンプ」で考察した市場構築のテーマを、「フロンティア・キャピタル」で実施したビジネスモデルの分析とつないでくれる。私たちの取り組みは進化し続けているものの、リターンの連続体はインパクト投資のための総合的枠組みを提供するものであると考えている。この枠組みがあれば、有望な投資先とその投資先が活動している市場を支援するために、商業資本、大きなリターンを求めない投資家の資本、そして助成金の形をとる資本を組み合わせることができるはずだ。

の見込みが低い企業とは異なり、助成金だけで運営されている団体は、規模拡大のために助成金を求め続けることになりがちだ。私たちの考えは、補助金を永遠に必要とするような解決策よりも、新たな市場を開拓するような利益の見込みが低い企業に資金を提供したほうが良いというものだ。

4つ目は、「リターンに対する期待を下げるからといって、投資を評価する際の厳格さを甘くすべきではない」という点だ。そのため、投資案件を評価する際は、検討する投資チームがインパクトの見込みを具体的に思い描いていることを徹底するようにした。この能力を育むのは決して一筋縄ではいかなかったし、今でも学習しながら投資のあり方を進化させ続けている。

「市場レベルのインパクト」とは何か

多くのインパクト投資家は、企業が顧客に提供する価値そのものが、その企業が生み出す最大あるいは唯一の社会的インパクトであると考えている。このような顧客にもたらすインパクトに投資することは、もちろん重要ではある。だが、同じくらい投資家に求められているのは、「市場レベルのインパクト」を実現する可能性のある組織、特に初期ステージでリスクの高い企業も支援することだ。実際、新たな市場を形成するような事業を支援すると、その企業は組織レベルをはるかに超えた社会的インパクトを創出しうるのだということを、私たちは信じるようになった。

それでは、企業がどのように市場レベルのインパクトを生み出せるのかについて、私たちの経験から導いた3つの基本的な方法を紹介しよう。

新たなモデルの先駆者となる

特に低所得層や農村部の消費者を対象とするような市場は、成熟するまでに時間がかかることがある。また、より所得の高い層向けのサービスとは異なるビジネスモデルが求められる場合もある[3]。インパクト投資家が高いリスクをとって忍耐強い資本を提供すれば、企業は新たなモデルの実行可能性を証明できるようになる。そのモデルが成功すれば、他の企業も刺激されて後に続こうとするし、競争が生まれることで、連鎖的に価格が下がり、質が上がり、イノベーションが活発に起こっていく。この意味で、先駆者となる企業が市場に与えるインパクトは、自らが創出しようとする市場に将来参入することになるすべての企業の顧客にまで及ぶのだ。したがって、先駆者となるような企業への投資を検討するとき、インパクト投資家は、その企業から見込まれる経済的リターンや顧客にもたらす直接的なインパクトだけでなく、まったく新しいモデルを立ち上げることによって生じ得る恩恵についても重視するべきだ。

> 先駆者となる企業が市場に与えるインパクトは、自らが創出しようとする市場に将来参入することになるすべての企業の顧客にまで及ぶ

忍耐強い資本がまったく新しい市場を創出した事例として、最も有名なものの1つがマイクロファイナンス市場だが[4]、他にも同様の事例はある。たとえば、開発途上国における消費者向けの太陽光発電製品市場だ。オミディア・ネットワークの投資先の1つであるd.light（ディー・ライト）は、ソーラーランタンや家庭用の太陽光発電機を、アフリカをはじめ中国、南アジア（さらには米国）の顧客に提供している。d.light創業時のミッションの1つは、低所得地域での有害で高価な灯油（ケロシン）の使用を太陽光エネルギーによって廃絶することだ。

私たちがd.lightへの投資を始めた頃、消費

者向けの太陽光発電製品市場など、まったく実証されていなかった。しかし、d.light は数年をかけて、初の商品であるソーラーランタンが商売として成り立つ可能性があることを示した。彼らは、革新的な製品モデルをデザインし、ターゲット市場内で効果的な販売経路を構築することによってこれを成し遂げた。さらにその過程で、他のソーラーランタン事業者が参入する道筋も整えたのだ。

d.light の 2 つ目の商品は、家庭用の低価格太陽光発電機である。当初、同社はこのシステムを主に M-Kopa（エムコパ）という東アフリカの販売パートナー企業を通じて販売していた。しかし、その後 M-Kopa は d.light との独占的販売代理店契約を破棄し、自ら家庭用の太陽光発電機を販売するようになった。他の企業も市場に参入し、その多くが新製品や新サービスを開発した（たとえば、オフグリッド・エレクトリックはリース契約モデルを提供している）。どの企業が勝ち残るのかを判断するには、時期尚早ではある。しかし、今や複数の企業が参入している強力な新市場の発展を加速したのは、オミディア・ネットワークなどの投資家による d.light への初期段階の支援であったのは明らかだろう。

業界のインフラを提供する

一部の市場では、効果的な発展の要となるようなインフラが求められている。しかし、そこに投資するための費用とリスクを単独で負担したい者などいないため、インフラ整備は遅れてしまいやすい。特に、インフラ投資が潜在的な競合他社にも恩恵をもたらす場合はなおさらだ。

この好例が、マイクロファイナンス市場で起こった「外貨との為替リスクをどう回避するか」という問題だ。マイクロファイナンスはもともと、非営利の取り組みから進化してきた。その後さまざまな企業がこの業界で営利事業を模索して

きたが、手頃な為替リスクを回避する方法がなく、そのために効率的な市場に発展できずにいることがわかってきた。特に大きかったのは、通貨のミスマッチの問題だ。具体的にはこういうことだ。多くのマイクロファイナンス機関の資金源は、米国または欧州を拠点とする投資家から提供されるハードカレンシー（国際的に信用の高い通貨）だ。一方、現地においてマイクロファイナンス機関は、利用者のニーズに合わせて、為替上の流動性が非常に低い現地国の通貨で貸付を行っている。このことから、マイクロファイナンス市場が成長するにつれて、マイクロファイナンス機関の通貨リスクも大きくなっていったのだ。しかし、現地通貨のリスクをヘッジするような商品を提供している金融機関は少なく、提供していたとしても、マイクロファイナンス機関にとって負担となる担保を条件付けるものが多かった。

この問題を解決するため、オミディア・ネットワークやマイクロファイナンス投資機関のアクシオンなど、さまざまなステークホルダーが集まり、2009 年に MFX を設立した。MFX は、為替ヘッジと教育サービスを提供する営利目的の有限責任会社であるが、本質的には協同組合のようなものだ。なぜなら、設立に携わったマイクロファイナンス機関や財団は、オーナーであると同時に顧客になることも多いからだ。設計上、ほどほどのリターンを得ることしか想定していない。実際に、流動性の低い通貨を扱う際の手数料がかさむため、収益性は低いままだ。設立後の活動によって、MFX は為替リスク回避に関する格差を解消できただけでなく、マイクロファイナンス機関にのしかかる担保の負担もなくすことができた（ちなみに後者については、米国海外民間投資公社［現在の米国国際開発金融公社］との公民連携も一役を担った）。現在までに、MFX は 10 億米ドルを超えるマイクロファイナンス資金の保護に貢献してきた。

オミディア・ネットワークにとって MFX への投資は、マイクロファイナンス機関への直接支援事業を補完するものとして、自然に生まれてきたものだ。リターンに関する分析では MFX からの採算性は低いと示されていたものの、意味のある成長市場に対して MFX は触媒となるようなインパクトをもたらし得ると確信していたので、私たちは投資を決断した。

政策に影響を与える

1つの企業が市場全体の環境整備に貢献できることとして、政府に対して政策の変更や明確化を促す方法がある。あるいは、特定のビジネスモデルをめぐる政策状況に影響を及ぼすような議論に火をつける、という方法もある。

たとえば、ブリッジ・インターナショナル・アカデミーズ（Bridge International Academies、以下、ブリッジ）は、アフリカの一部とインドにおいて、子どもの学習成果を向上させるための活動に教育システムの中で取り組んでいる。同社は、私たちが考える「市場レベルのインパクト」を生み出す方法のうち2つに取り組んでいる。つまり、新たな市場をつくるような新たなモデルの先駆者となっているだけでなく、そのモデルを可能にする規制環境づくりを進めるために政策立案者らとも協働しているのだ。ブリッジのモデルは、テクノロジーを活用した教育カリキュラムの提供を軸としており、このカリキュラムは、ブリッジが経営する私立校と、行政が直轄する公立校の両方において提供されている。

オミディア・ネットワークがブリッジに投資した2009年には、共同投資にぜひ参加したいという者はわずかであった。多くの投資家はこの話を、運営面からも規制の観点からもリスクが高いと考えていたのだ。私たちがこの投資案件のリターン評価を受け入れた理由は、並外れた規模のインパクトの可能性を見出したためである。すなわち、ブリッジが子どもの学習成果が向上するような結果を出すことに成功すれば、このモデルの価値を示すことになるし、同様のモデルがどんどん広がるように政策の変化を促せるだろうと私たちは考えた。

そして、ブリッジは実際に、運営面でも規制の観点でも確実に進展している。ケニアでは、直営の私立校を複数運営し、所得が比較的低い世帯の子どもたち10万人以上にサービスを提供している。これらの学校に通う子どもの学業成績は、全般的に見て大幅に向上した。さらに、ブリッジが運営するような、学費が公立校よりも安い私立校は「コンプリメンタリー・スクール」と呼ばれているが、その役割を検討する政策議論を生み出すことにも貢献した。リベリアでは、政府と契約を交わして公立校を運営し、ブリッジのカリキュラムを導入した。また、こうした合意ができるよう、政府に対して政策変更の働きかけも行った。

ケニアとリベリアの両国で、ブリッジは同様の民間企業が教育分野で果たす役割とは何かという、重要な議論に火をつけた。こうした政策議論は論争を引き起こすこともあるが、私たちは市場の発展のためには必要かつ健全な要素であると考えている。

フレームワークの発展

以上見てきたように、「新たなモデルの先駆者となる」「業界のインフラを提供する」「政策に影響を与える」という、市場レベルのインパクトを起こす3つの方法を特定したことは、オミディア・ネットワークにとって重要な一歩であった。これによって、利益の見込みが低いリターンを受け入れる条件を定義することができたし、その分析を土台に編み出したのが「リターンの連続体」のフレームワークである。これは、営

「リターンの連続体」のフレームワーク

オミディア・ネットワークは、全投資案件について直接的インパクト（組織レベルのインパクト）の期待値を高く設定している。しかし、市場へのインパクトと経済的リターンについての期待は、投資の種類によって異なっている。

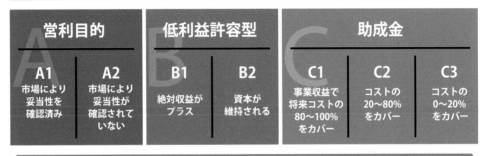

利目的の投資と同時に低利益許容型の投資や助成金拠出を可能にするものだ。

　私たちが投資案件について評価する際は、その投資が直接的（または組織レベルの）インパクトを生み出しうることをまず確認する。そして、その案件を、リターンの連続体を区分したカテゴリのいずれかに分類する。カテゴリ分けは、期待される経済的リターンと市場レベルのインパクトの組み合わせによって決まる。たとえば、リスク調整後に経済的リターンが見込まれる投資はカテゴリAに分類される。市場レベルのインパクトについてどれくらい潜在力があるかのエビデンスは求めない。カテゴリBあるいはCには、リターンの見込みが低い投資が分類される。これらの投資案件が求める条件は、投資先に市場レベルのインパクトを与える潜在力があるという説得力のある材料が揃っていることだ。

　別の言い方をすれば、経済的リターンへの譲歩が大きいほど、期待される市場レベルのインパクトには説得力が伴わなければならない。非

営利組織への助成金も含むカテゴリCの投資の場合、より大きなインパクトを期待するが、経済的リターンは一切期待しない。（上図「『リターンの連続体』のフレームワークを参照）

カテゴリA（営利目的の投資）

　このカテゴリに該当するすべての投資に対して、プラスの社会的インパクトと大きな経済的リターンの達成を期待する。しかし同時に、経済的な見通し次第でミッションが変わってしまう危険のある企業への投資は避けている。たとえば、経済的リターンを最大化したいと望むあまりに、値上げをしたりより裕福な消費者にターゲットを移したりして、もともとの社会的ミッションを台無しにしてしまうような場合だ。そのようなリスクを抑えるため、「ビジネスモデルに社会的インパクトが埋め込まれている」企業を投資対象にしている。ただし、企業がこの社会的インパクトを厳密に追求しているかは問わない。このような企業は、単純に自らの顧客層にサー

Stanford SOCIAL INNOVATION Review Japan

ビスを提供するだけで、確実に社会的インパクトを直接生み出せるようなモデルを採用しているからだ。

私たちは、カテゴリ A の投資を、A1 と A2 という 2 グループに分けている。A1 は、営利目的の共同資金提供者がいる案件だ。共同資金提供者がいるということは、利益の生じるリターンが見込まれていることを示しているので、市場性の検証となる。A2 は、営利目的で共同資金提供者がいない案件だ。このように区別することで、他の投資家が同じようなリスク評価をする案件であっても、私たちは異なる評価ができるようになった。つまり、A2 の投資案件に対しては、営利目的の投資家よりもリスクを低く評価しているのだ。その理由として、営利目的の投資家よりも、私たちが特定の地域（アフリカなど）やセクター（金融包摂など）についての経験値が高い可能性があること、あるいは特定の起業家に対してより高い信頼を寄せていることが挙げられるだろう。

私たちのポートフォリオでは、ベンチャーキャピタル市場が十分に発展している米国や欧州やインドなどの地域に、A1 投資が集中する傾向にある。A1 企業の多くは、実証済みのビジネスモデルの移植を行っている。つまり、そのモデルをうまく機能している市場から別の市場に移し、現地の状況に適応させているのだ[5]。その好例がデイリーハント（Dailyhunt、旧称 Versé Innovation）だ。

インドを本拠地とするデイリーハントの事業で最も有名なのは、ランキング上位の実績あるスマートフォンアプリだろう。そのアプリは、英語に加えてインドの 11 の言語でニュースや書籍コンテンツを提供している。私たちには、デイリーハントは 2 つの側面で直接的なインパクトをもたらすだろうという見込みがあった。すなわち、「人口が大規模」かつ「十分なサービス

が届いていない」非英語話者のインド人に対して、デイリーハントのサービスは幅広いコンテンツを届けられるようになると見込んだ。同社は今や、インドで最も人気の高い現地語コンテンツ企業となっている。600 を超えるニュースメディアとおよそ 1,600 の電子書籍出版社から提供されるコンテンツを配信しており、ウェブサイトの毎月のページビュー数は 30 億に達している。私たちは、デイリーハントが市場にイノベーションをもたらすだろうと信じていた。実際に同社が起こしたイノベーションの例の 1 つが、英語以外の言語でコンテンツを読める Kindle（キンドル）用アプリの Flipboard（フリップボード）* の開発だ。

この投資には相当なリターンが見込まれていたし、営利企業のマトリックス・パートナーズ・インドと共同資金提供した。共同資金提供者を得られたことで、市場レベルのインパクトの見込みを検討する必要なく、この投資案件を正当化できた。とはいえ、私たちはデイリーハントが市場レベルのインパクトをもたらすだろうと期待していたし、同社はほぼその期待通りの実績を収めた。まず、他のインターネット企業も旧来の出版社も無視してきた、現地語でのコンテンツ配信という市場を大幅に拡大した。さらに、ユーザーがクレジットカードやデビットカードではなく携帯電話の事業者を通じてサービス利用料を支払うことができるキャリア決済法を構築した（デイリーハントの顧客層はほとんどがカード決済利用者ではなかった）。

カテゴリ A2 の投資案件に対しても採算性のあるリターンを期待するが、営利目的の共同資金提供者は存在しない。米国以外の市場で私たちが実施している投資のほとんどが A2 の案件だ。多くの場合、こうした市場の有望企業は低所得層および低中所得層の消費者に

* Flipboard：さまざまなニュースを本物の雑誌を読むような動作で閲覧できる、ソーシャルメディアアプリ

サービスを提供しているが、一般に営利目的の投資家は、こういった消費者を対象としても採算性がないとみなしている。また、こうした市場に展開しているベンチャーキャピタルも少ない。

カテゴリA2の企業の一例として、インドネシアで金融・情報サービスを提供している PT Ruma（以下、ルマ）が挙げられる。ルマは、インドネシア中の小規模事業を運営できる人材を集めて教育し、販売代理人のネットワークを構築した。ルマはこのネットワークを活用して、水道光熱費から、ローンの支払い処理、モバイル決済、保険に至るまで、幅広いサービスを提供している。現在、ルマは 60 以上の都市で 800 人以上を雇用し、10 万人以上の販売代理人からなるネットワークを運営しており、取引数も累計 5,000 万件を超えている。

> ある企業が市場レベルのインパクトを創出するからといって、経済的リターンも大きくなるとは限らない

ところが、ルマが資金調達を始めた当初から前途は万全だったわけではない。インドネシアに巨大な市場が眠っていることは明らかだった。しかし、ルマのモデルが規模を拡大できるかは、広く全国に分散している数多くの農村集落から販売代理人を登用できるかどうかにかかっていた。また、ルマ自身も初期ステージの企業であり、しかもその国ではベンチャーキャピタル市場が生まれたばかりだ（新興市場プライベート・エクイティ協会［EMPEA］のデータによれば、インドネシアで 2011 年から 2012 年に実施されたベンチャーキャピタルによる取引は、わずか 5 件だった）。

私たちオミディア・ネットワークも、こうしたリスクを認識していた。しかし、ルマを評価していくうちに、同社が大規模で直接的なインパクトを生み出し、かつ財務的にも力強い採算性を実現できるという、かなりの潜在能力を備えていることがわかってきた。ルマは私たちの初

期投資を得てから大きく成長し、その後の資金調達ラウンドでは、営利目的の資金提供者として、インドネシアの保険会社である PT セクイス、東南アジアのベンチャー投資家であるゴールデン・ゲート・ベンチャーズ、そして東南アジアのテクノロジー市場のリーダーであるガレナなどからの支援を呼び込むことができた。そのため、現在私たちは、ルマをカテゴリ A1 に分類している。

これらの事例が示すように、カテゴリ A の案件は、投資時点では期待されていなかったような市場レベルのインパクトを大きく生み出すことがある（たとえばルマは、インドネシアにおける電子マネーの実現可能性を示した）。カテゴリ A の企業は、資本の獲得もしくは呼び込みができるため、高い成長能力がある。そして、市場レベルのインパクトを生み出すうえでは、規模拡大の能力は欠かせない要素だ。まずは先駆者となる企業が市場をけん引する力を獲得しなければ、他の企業がその新市場に参入する可能性も、政府が新市場を支援するような政策を採用する可能性も低くなるだろう。

カテゴリB（低利益許容型の投資）

このカテゴリに入る投資案件に対しては、市場レベルのインパクトを大きく生み出す見込みがあることと引き換えに、経済的リターンが小さくなる可能性を受け入れる。なぜなら、ある企業が市場レベルのインパクトを創出するからといって、経済的リターンも大きくなるとは限らないからだ。新たな市場で新たなモデルの先駆者となる企業は、現地の市場独自の障壁を乗り越えてモデルの実現可能性を確立させるまでに時間を要することが多い。同様に、市場インフラの構築や政策への働きかけに取り組む企業も、多くの場合は採算性のあるリターンを生むまでには至らない。

私たちは、カテゴリBの投資案件をB1とB2という2グループに分けている。B1の案件については、プラスの絶対収益を期待するが、プラスのリスク調整後リターンは必ずしも求めない。B2の案件では、私たちの第一の期待は元本割れをしないことである。

カテゴリB1の投資事例として、アフリカ・アジアで低所得世帯に保険を提供するマイクロ・エンシュアがある。マイクロ・エンシュアは、NPOのオポチュニティ・インターナショナルのプロジェクトとして、2002年に始まった。プロジェクトチームは、適切な保険商品があれば低所得世帯の経済的安定性が高まることを知っており、魅力的で手頃な価格の商品を提供する方法を模索した。それまでも低所得層にサービスを提供する保険会社はあったが、市場をけん引する力を築けなかったり、事業継続のために多額の補助金が必要になっていた。多くの低所得世帯にとって、保険という概念はわかりづらいし、将来恩恵を受けることになる保険商品にお金を払うよりも、現在差し迫っている他のニーズに対処することのほうが優先されるためである[6]。

マイクロ・エンシュアは、こうした障壁を乗り越えるためのモデルを開発した。このモデルでは、顧客は携帯電話のテキストメッセージで保険金を申請することができ、保険会社は、たとえばイマーム（イスラム教指導者）のような地元のリーダーによる身元保証を確認したのちに保険金を支払う。通常、保険金の支払いはほぼ即座に実行される。また、保険商品は実質的には自動で販売されるようになっている。携帯電話事業者が顧客ロイヤルティを高めるために、所定の通信時間とマイクロ・エンシュアのサービスを抱き合わせて販売しているからだ。端的に言えば、このモデルは、保険に手が届かない問題とわかりづらさの問題を取り除いたので、マイクロ・エンシュアの保険商品は急速に広まったのだ。

商品に対する顧客からの強力な支持を確立したマイクロ・エンシュアは、2012年にオポチュニティ・インターナショナルから独立し、営利目的の社会的企業となった。この移行を支えるため、オミディア・ネットワークは転換社債という形で初期投資を行った。さらに、新しく設立された営利企業に対する株式投資も実施した。この投資に対して私たちが下した評価は、利益は期待できてもリスク調整後リターンがプラスになることは期待できないというものであったが、私たちはその程度のリターンを受け入れることに前向きだった。なぜなら、マイクロ・エンシュアが成功すれば、直接的に何百万もの人々に貢献するだけでなく、新たな市場の構築にもつながると考えていたためである。

現在、マイクロ・エンシュアのサービスに登録している顧客は、20カ国で4,000万人を超えている。AXAとサンラム（Sanlam）という2つの大手保険会社からの投資のおかげもあり、規模は拡大し続けている。さらに、マイクロ・エンシュアの成長が刺激となり、ビーマやインクルーシビティ・ソリューションズといった企業がマイクロインシュアランス市場に新規参入するようになった。

カテゴリB2の投資案件は、カテゴリB1の案件と同様に、市場レベルのインパクトを大きく生み出すことが期待されるものである。B1と異なる特徴は、経済的リターンの予測が非常に困難であるという点だ。なぜなら、このカテゴリの企業の多くが、民間セクターの関与がこれまで実質まったくなかった市場を開拓しようとしているためだ。こうした投資には経済的リターンを生む可能性が秘められているとはいえ、リターンに対する私たちの第一の期待は、あくまで元本割れをしないことだ（実は、B2の投資案件が私たちのポートフォリオに占める割合は小さい）。

たとえばコロンビアを拠点とするスーヨ（Suyo）は、都市部の低所得世帯が不動産の権利を正式に所有できるように支援する企業だ。同社は、不動産データのプラットフォームをモバイルテクノロジーと組み合わせて、正式な所有に向けたプロセスの迅速化を図った。もともとスーヨのアイデアは、2012年にNGOのマーシー・コー（Mercy Corps）が実施したパイロット・プロジェクトから生まれたものだ。事業資金はオミディア・ネットワークが提供し、マット・アレクサンダーとマルセロ・ヴィスカッラという、後にスーヨの共同創業者となる2人の男性がプロジェクトのリーダーとなった。ボリビアで実施されたパイロットでは対照実験を行い、7カ所の被験地域では新サービスを試験提供し、23カ所の対照地域では旧来の方法による正式な所有手続きを提供した。その結果、被験地域では対照地域と比較して、3倍早いうえに43%も安く不動産の正式な所有手続きを完了することができた。

その後アレクサンダーとヴィスカッラはスーヨを設立し、企業のミッションとして、多くの人が利用できる手頃な価格の不動産所有手続きサービスの構築を目指した。「価格の手頃さ」を重視する姿勢と、一般には公共セクターの管轄である「所有権」に特化した事業という、2つの要素が相まって、スーヨの経済的パフォーマンスの見通しは一層立てづらくなっていた。それでも私たちは、スーヨには2つの潜在力が秘められていると信じていた。1つは所有権関連の政策に影響を与えること、もう1つは所有権関連サービスの新市場を開拓することだ。また、スーヨのモデルがモバイルテクノロジーを活用するので、サービスの規模を拡大するために多くの資本を必要としないのではないかという点も考慮した。こうした理由があったので、得られるリターンは資本維持の水準に届くもののそれ

以上にはならないかもしれない、という見込みであっても快く投資することにした。

重要なのは、今やスーヨへの投資を検討している営利目的の資金提供者がいくつか存在していることだ。たとえば、マリオ・サント・ドミンゴ財団（世界的なオンライン資金調達プラットフォームを手がける非営利組織Kivaの現地パートナー）のようなマイクロファイナンス機関から、確実な所有権のある顧客基盤を築くことに関心を寄せる電力会社まで、幅広い組織が検討している。このような進展は、私たちがスーヨのモデルに見出した市場性を実証するものである。

カテゴリC（助成金）

オミディア・ネットワークでは、助成金に対する返済は期待しないが、市場レベルのインパクトへの期待については高い水準を貫いている。ただし、このカテゴリの助成金については、助成先が事業運営によってどの程度経費をカバーできるかによって、3つのサブカテゴリに分類している（この区分の目的は、単純に各助成先の財務モデルを説明するためだ。このような情報は、ポートフォリオの長期的なマネジメントと分析に関わってくる）。

カテゴリC1の助成金は、いずれ持続的な財務状況を実現できると期待できる団体に対して支給される（より具体的に言うと、事業収益によって、コストの80〜100%を将来カバーできるようになると見込まれる団体だ）。その一例がドナーズ・チューズ（DonorsChoose.org）だが、これは米国の公立校で教育改善に取り組む教師が、現場で必要な教材などの学習リソースの支援を募るオンラインの寄付プラットフォームだ。当初、この団体は運営コストをまかなうためにオミディア・ネットワークやその他の支援者からの助成金に依存していた。しかし最近、ウェブサイトの利用者に対して課金するというモデ

ルに転換した。

一方、カテゴリ C2 の助成金は、いずれ一部が持続的な財務状況を実現できそうな団体に支給される（具体的には、コストの 20〜80% をカバーする程度の収益を得られるようになると見込まれる団体だ）。

カテゴリ C3 の助成金は、収益を得ることができないか、得てもわずかにしかならない可能性が高い団体に支給される（収益によってカバーできるコストが全体の 20% 以下になると見込める団体だ）。たとえば、オープン・ガバメント・パートナーシップ（OGP）は、各国政府に対して、透明性の実現や、市民のエンパワーメント、汚職の減少に向けた取り組みを確実に実施するよう働きかける国際的なイニシアチブである。2011 年の活動開始以降、OGP の加盟国数は 70 を超えるまでに拡大し、3,000 以上の確約を各国政府から得てきた。OGP が収益を得る能力は限られているが、汚職の少ない、より良い政府という公共の利益に貢献しており、広範囲にわたる市場レベルのインパクトを生み出しているため、オミディア・ネットワークはこの団体に助成金を支給している。

複雑な問題にどう向き合うか

理想化された投資のフレームワークを開発することと、一貫性を持ってそのフレームワークを現実世界に適用することは、まったく別の話だ。言うまでもなく、「リターンの連続体」のフレームワークは私たちの投資とインパクト評価のプロセスに明確さと堅実性をもたらしたものの、まだ改善すべき課題が残っている。フレームワークの利用方法を磨きながら、私たちは以下のような、現実世界の多くの面倒かつ複雑な問題に直面してきた。

・**社会的インパクトは経済的リターンよりも予測が困難である**──オミディア・ネットワークで働く投資の専門家たちは、提案された投資案件について、個別にどれくらいの経済的リターンが見込めるかを明らかにして数値化することはできる。しかし、どれくらいのインパクトが見込めるのか、特に市場レベルのインパクトの算出は、はるかに難しい。結局のところ、こうしたインパクトをどこまで追求できるかは、数多くの外部プレーヤー次第なのだ。初期ステージにある企業は、成果（アウトカム）の予測が特に難しい。なぜなら、規模拡大を目指すべきビジネスモデルが定まるまで、何度も方針を変える場合が多いからだ。

・**実際のインパクトと予測インパクトの比較は、実際のリターンと予測リターンの比較よりも困難である**──特に市場レベルにおいては、実際に社会的インパクトを生み出すことは、経済的リターンの創出よりも時間がかかる。さらに、社会的インパクトは時に予想外の方法で生じることもある。たとえば、企業が事業のアプローチを変えた場合や、市場のダイナミクスが転換した場合などだ。この課題に対応するため、現在私たちは、社内の投資の専門家たちに次のことを要求している。初期投資を実施する際には、検証可能な投資仮説を立てること、さらに、組織レベル（と見込めるなら市場レベル）のインパクトを実現するまでの過程の予測を明確に示すことだ。これにより、その案件について次の投資を行うかの判断をする際には、詳細なベースライン予測が一式揃っていることになり、実際のインパクトと比較することが可能になる。

・**実際のリターンは、予測リターンから大幅にずれやすい**──このフレームワークは、実際のリターンよりも予測リターンに重点を置いている。しかし、初期ステージに投資する人なら誰

でも知っているが、投資についての当初の予測と、その後のパフォーマンスとの間には大きな差があることが多い。実際、当初カテゴリBに分類した案件の中には、カテゴリAの案件よりも高い経済的パフォーマンスを発揮している企業もある。一方で、驚きはないが、カテゴリBよりもはるかに大きな市場レベルのインパクトを生み出したカテゴリAの案件もある。リターンの連続体が投資判断にとって必須のツールになったとはいえ、私たちは、長期的なポートフォリオのパフォーマンスの予測や説明をするときにこのツールを頼ることはない。

・良い経済的ベンチマークを見つけることは困難である——このフレームワークは、各投資案件について、リスク調整後リターンに利益が見込まれるかどうかの判断を求めている。しかし実際の予測方法は、かなり場当たり的なままだ。私たちが投資している地域の大半では、インパクトが及ぶセクターにおいて、初期ステージの投資のパフォーマンスを示すデータがほとんどない。したがって、投資のベンチマーク設定はかなり困難なのだ。これが、私たちが共同資金提供者による市場性の検証に依存していること、また、新興市場における初期ステージの投資に関する研究を支援していることの理由の1つである。

> 不正確な根拠によって「市場レベルのインパクト」を見込み、経営状態のよくない企業や成功しないビジネスモデルに対する支援を正当化してしまう危険は、常に存在する

・投資に手を抜けば、本当に痛い目にあう——このフレームワークの大前提は、市場レベルのインパクトが大きく期待できるという条件さえあれば、高いリスクや少ないリターンが見込まれる案件の受け入れを正当化できる、というものだ。しかしながら、不正確な根拠によって「市場レベルのインパクト」を見込み、経営状態のよくない企業や成功しないビジネスモデルに対する支援を正当化してしまう危険は、常に存在する。ここで問題となるリスクは、投資が効果を発揮しないだけでなく、市場をゆがめてしまう可能性だ。また、私たちが懸念しているのは、「インパクト投資は、やはり効率や効果の低い投資だ」と結論付けてしまう人が出てくる可能性もあることだ。こうしたことから私たちは、利益の見込みが低いリターンを認めるフレームワークがあるからといって、そのような案件を安易に受け入れることがないように、細心の注意を払っている。

・一貫性を維持することは、困難だが必須でもある——私たちのポートフォリオは幅広いセクターや地域を網羅しており、そのマネジメントは本質的には私たちの主観によるものだ。そのため、ポートフォリオ全体を通して、それぞれの案件に対して、どのように期待値を設定してどの投資カテゴリに分類するかは、常に困難な作業だ。たとえば、金融サービス企業に期待される市場レベルのインパクト評価は、独立系メディア企業に期待される市場レベルのインパクト評価とは大きく異なる。オミディア・ネットワークの投資の専門家たちは、可能な限り一貫性を持たせようと努力している。

対話の開始

「インパクト投資には、インパクトとリターンのトレードオフを受け入れることが求められるか否か」という問いは、投資家に誤った選択肢を提示することになる。この問いにとらわれると、意欲的な資本の本格参入を遠ざけてしまうだけでなく、インパクト面と経済面の両面から成功を評価するような実用的なフレームワークを投資

家が開発することも妨げてしまう。インパクト投資家が誤った選択肢と決別して前に進むためには、リターンが連続的に存在すること、また、投資の可能性を評価する際には、直接的インパクトと市場レベルのインパクトの両方が考慮されるべきであるということを、認識しなければならない。

　私たちはこれまでの活動で、消費者に対する直接的インパクトと投資家に対する市場の相場レベルのリターンがともに生み出される機会を、数多く見出すことができた。実際のところ、私たちのポートフォリオのかなりの部分にこの表現が当てはまる。一方で、並外れた市場レベルのインパクトを生み出す可能性と引き換えであれば、市場相場を下回るリターンが見込まれる企業にも納得して投資できるということも学んだ。

　もちろん、リターンの連続体を横断的に投資する意欲や柔軟性をすべての投資家が持っているわけではない。グローバル・インパクト投資ネットワーク（Global Impact Investing Network、GIIN）によると、インパクト投資家と自認する人の 60% 近くが市場相場程度（またはそれ以上）のリターンを期待している。一部の投資家は、年金基金のように、ステークホルダーのために最大限のリターンを求めざるをえない。

　逆に言えば、残りの投資家は、社会的インパクトを追求するために非常に大きなリスクをとる意欲も能力もある。中には、リスク調整後リターンを期待せずに大きなリスクをとることをいとわない者もいる。こうした投資家にとっては、リターンの連続体という考え方は不可欠なツールとなりうるだろう。このような柔軟なインパクト投資家は、リターンとインパクトの見込みがさまざまに異なる案件への投資を追求することで、新たな市場につきまとうリスクを和らげたり取り除いたりする活動を支援できる。さらに、利益を厳密に追求する投資家に対して、将来有望なイノ

ベーションの規模を拡大するような投資機会も生み出すことができるのだ。

　以下のように、影響力の大きいいくつかのグループが、インパクト投資において連続体のアプローチを採用し始めている。彼らには、ぜひこの動きを推し進めてほしいと私たちは願っている。

超富裕層

　投資可能資産が 3,000 万米ドルを超える個人からなるこのグループは、30 兆米ドル、別の表現をするならば世界の富の 12% を動かしている[7]。米国では、最も裕福な 400 人の個人純資産の合計は 2.5 兆米ドル近くになり、1 人当たりの平均は 60 億米ドルにもなる[8]。超富裕層には、その資本を社会的な利益のために使うという、計り知れない可能性がある。現在、従来からフィランソロピー活動で名高い一族（プリツカー家やロックフェラー家など）と、近年台頭してきたフィランソロピー活動家（ビル・ゲイツおよびメリンダ・ゲイツ夫妻、プリシラ・チャンおよびマーク・ザッカーバーグ夫妻など）の双方が、インパクト投資家としてのリーダーシップを発揮している。他の超富裕層の人たちにも、社会貢献と投資を分断する誤った二分法をはねのけ、リターンの連続体に横断的に投資することで社会的インパクトを実現する可能性を検討することをお願いしたい。

> 柔軟なインパクト投資家は、リターンとインパクトの見込みがさまざまに異なる案件への投資を追求することで、新たな市場につきまとうリスクを和らげたり取り除いたりする活動を支援できる

開発金融機関（DFI）および二国間援助機関

　これらの機関には、市場の構築支援という明確な任務がある。それにもかかわらず、市場相場レベルのリターンの追求に終始するようなイン

センティブによって動きがちだ。DFI や援助機関は、組織レベルに加えて市場レベルのインパクトも加味すれば、ミッションを実現するための能力を磨くことができるだろう。私たちは、すでに複数の DFI が、この問題について先進的な取り組みを行っていることを認識しているし、グローバル・イノベーション・ファンドやカタリスト・ファンドのような、インパクト投資に柔軟なアプローチを組み込んだ基金が最近設立されていることも称賛したい。

財団

フィランソロピー団体がインパクト投資に充てている資金の割合は、驚くほど低いままだ。2013 年には、財団が拠出した 550 億米ドルのうち、助成金ではなく投資に回されたものは 2% 未満であった。そして、そのうち株式投資に回された資金はさらに少なく、全体の 0.5% にも満たなかった[9]。しかし、フィランソロピー分野でも大きな転換が起ころうとしている。フォード財団、ビル&メリンダ・ゲイツ財団、ヘロン財団、マッカーサー基金およびマクナイト財団は、助成金用の基金から資金提供しているプログラム関連投資から、エンダウメント資金を用いた営利目的の投資まで、自分たちが自由に使えるあらゆるツールを投入している。私たちは、他の財団も後に続くことを願っている。

今回示したリターンの連続体のフレームワークは、オミディア・ネットワークのポートフォリオの構築とマネジメントの経験から生まれてきた。私たちは、今もこのフレームワークを改善しており、応用法について学んでいる途上だ。また、他の視点についても学んでいきたいと思っている。現実の経験を踏まえた対話や議論によってこそ、インパクト投資家は、優先したいインパクトやリターンに合わせて投資判断を調整するための洞察を獲得できるのだ。

この論文の執筆に当たって多大な貢献をしてくれたオミディア・ネットワークのマーケティングおよびコミュニケーション担当ディレクターであるリビー・スマイリーに感謝したい。

1   Matt Bannick and Paula Goldman, "Priming the Pump: The Case for a Sector Based Approach to Impact Investing," Omidyar Network, September 2012.

2   同上.

3   Ashish Karamchandani, Michael Kubzansky, and Paul Frandano, "Emerging Markets, Emerging Models: Market-Based Solutions to the Challenges of Global Poverty," Monitor Group, March 2009.

4   Harvey Koh, Nidhi Hegde, and Ashish Karamchandani, "Beyond the Pioneer: Getting Inclusive Industries to Scale," Deloitte Touche Tohmatsu India, April 2014.

5   Matt Bannick, Paula Goldman, and Michael Kubzansky, "Frontier Capital: Early Stage Investing for Financial Returns and Social Impact in Emerging Markets," Omidyar Network, 2015.

6   Peter Hazell, Jamie Anderson, Niels Balzer, Andreas Hastrup Clemmensen, Ulrich Hess, and Francesco Rispoli, "The Potential for Scale and Sustainability in Weather Index Insurance for Agriculture and Rural Livelihoods," International Fund for Agricultural Development and World Food Programme, 2010.

7   "World Ultra Wealth Report: Highlights 2015–2016," Wealth-X, September 2016.

8   "Inside the 2016 Forbes 400: Facts and Figures about America's Richest People," Forbes, October 4, 2016.

9   Mission Investors Exchange よりデータ提供.

design thinking for social innovation

デザイン思考×ソー

善意を空回りさせず、成果を生み出す方法

ティム・ブラウン　Tim Brown
ジョセリン・ワイアット　Jocelyn Wyatt

森本伶 訳

人々の問題を解決するためにサービスを設計したのに、ユーザーから受け入れられない──この「善意の空回り」をどうすれば避けられるだろう？　「デザイン思考」は、丁寧な観察と深い洞察をもとにプロトタイピングを繰り返し、顧客の真のニーズに応える解決策を生み出す。複雑なニーズを紐解くソーシャルイノベーション分野で真価を発揮する、この方法論の活用法を示す。（2010年冬号）

09

シャルイノベーション

ティム・ブラウン
Tim Brown

イノベーションとデザインのグローバル企業である IDEO の会長。著書に、デザイン思考がいかに組織を変容させイノベーションをもたらすかを解説した『デザイン思考が世界を変える〔アップデート版〕』（早川書房）。

ジョセリン・ワイアット
Jocelyn Wyatt

IDEO のソーシャルイノベーション・グループ責任者。さまざまな企業、財団、NGO と協働し、世界各地でデザイン思考能力の開発や、地域の顧客ニーズを満たす革新的な製品・サービスのデザインに取り組んでいる。

インドのハイデラバード郊外、住宅地と農村部の中間エリアに、1 人の若い女性が住んでいる（ここではシャンティと呼ぶことにしよう）。彼女は毎日、自宅から 300 フィート（約 90 メートル）ほどのところにあり、いつでも利用できる近所の掘抜き井戸から水を汲んでいる。その際彼女は、頭の上に載せて簡単に運べる 3 ガロン（約 11 リットル）のプラスチック容器を使用している。シャンティと彼女の夫は、飲料水や洗濯に使用する水はすべてこの無料の水源から確保している。この水が、ナンディ財団（Naandi Foundation）が運営している地域の浄水施設の水ほど安全ではないという話は耳に入っているが、それでも使い続けている。シャンティの家族は先祖代々この井戸水を飲み水として使用しており、彼女や家族が時々体調を崩すことはあるものの、彼女は今後も利用をやめるつもりはない。

　シャンティがナンディ財団の浄水施設を利用しない理由はいくつもあるが、おそらく多くの人が想像するものとは違う。施設は自宅から楽に徒歩で通える場所にあり、その距離は 3 分の 1 マイル（約 0.5 キロメートル）ほどだ。地域内でも有名で、料金は手ごろである（5 ガロン［約 19 リットル］当たり約 10 ルピー［約 20 セント］）。一部の村人にとっては、この少額の料金を支払うことは、1 つのステータスシンボルにさえなっている。また、シャンティが掘抜き井戸を利用しているのは、通い慣れているからでもない。彼女がより安全な水の利用を見送っているのは、システムのデザイン全体のさまざまなところに欠陥があるからだ。

　シャンティは浄水施設まで歩くことはできるが、施設が指定している 5 ガロンのポリ容器を運ぶことはできない。プラスチックでできた四角形のポリ容器に水を溜めると、あまりにも重すぎるのだ。また、彼女は重い物を運ぶときに腰や頭に

Stanford SOCIAL INNOVATION Review Japan

載せることを好むが、このポリ容器の形状はそのような運び方に適したデザインになっていない。シャンティの夫も、運ぶのを手伝えない。彼は都心に勤務しており、帰宅した頃には浄水施設の営業が終了してしまっているのだ。また、浄水施設の規則で利用者は、1日あたり5ガロン分のパンチカードを月毎に購入しなければならないが、この量は彼らに必要な分よりはるかに多い。シャンティは、「わざわざ必要以上の量を買ってお金を無駄にしようと思う人はいないでしょう」と言い、もっと少ない量を買わせてくれさえすれば、ナンディ財団の施設からの購入を考えてもよかったと補足した。

この地域の浄水施設は、きれいな飲料水を供給するように設計されており、その目的を果たすうえでは十分に成功している。実際に、この地域に住む多くの人々、特に、夫や年長の息子がバイクを持っており、営業時間中に浄水施設を訪れることのできる家族にとってはうまく機能している。しかし、浄水施設のデザイナーたちは、地域住民全員の文化やニーズまでは考慮できなかったことにより、よりよいシステムをデザインする機会を逃してしまった。

このような機会損失は、事後的に見れば明らかな手抜かりなのだが、頻繁に起きることだ。利用者や顧客のニーズに基づいていなかったり、

Illustration by John Hersey

フィードバックを得るためのプロトタイピングを怠ったりしたがために、取り組みが壁にぶつかる事態が繰り返し発生している。実地調査を行った場合であっても、調査チームがニーズや解決策について先入観を持っていることがある。いまだにこうした不備のあるアプローチが、企業セクターと非営利セクターの双方において常態化している。

シャンティの事例からもわかる通り、社会課題の解決にはクライアントや顧客のニーズに根差したシステムレベルの解決策が求められる。これこそが、多くのアプローチが失敗に終わるポイントだが、解決策を創出するための新たなアプローチであるデザイン思考は、まさにこの点に強みを持っている。

従来のデザイナーは、製品の見た目や機能性を高めることに焦点を置いていた。この種のデザイン業務の典型例は、アップルのiPodやハーマンミラーのアーロンチェアである。近年では、デザイナーはそのアプローチの幅を広げ、製品やサービスを届けるシステム全体をつくるようになっている。

デザイン思考では、関係者や消費者についての深い洞察と、素早いプロトタイピングを取り入れており、その狙いは、効果的な解決策の妨げとなる先入観から抜け出すことである。本質的にデザイン思考は、楽観的、建設的、経験主義的なアプローチであり、製品やサービスを消費する人々のニーズに応え、それらの利用を可能にする基盤作りに取り組むための手法だ。

企業が続々とデザイン思考を採用しているのは、より革新的な組織になる、ブランドの差別化を促進する、製品やサービスを素早く商品化するといったことに役立つからだ。しかし最近では、社会課題へのよりよい解決策を開発する手法として、非営利団体もデザイン思考を取り入れ始めている。デザイン思考は、公共、企業、非営利セクターという従来の境界をまたぐアプローチだ。クライアントや消費者との緊密な連携に基づき、大きなインパクトをもたらす解決策を、トップダウンで押しつけるのではなくボトムアップで湧き起こるようにする。

> デザイン思考は、公共、企業、非営利セクターという従来の境界をまたぐアプローチだ。クライアントや消費者との緊密な連携に基づき、大きなインパクトをもたらす解決策を、トップダウンで押しつけるのではなくボトムアップで湧き起こるようにする

デザイン思考の実用

ポジティブ・デビアンス・イニシアチブ（現：ポジティブ・デビアンス・コラボレイティブ／Positive Deviance Collaborative）の設立者であり、2008年に逝去するまでタフツ大学で教授を務めていたジェリー・スターニンは、彼が呼ぶところの「地域の問題へのアウトサイダーによる解決法」を見出すことに長けていた。スターニンによるソーシャルイノベーションへのアプローチは、デザイン思考の実用化の好例である[1]。1990年、スターニンは妻のモニークとともに、ベトナム国内の1万の村において子どもの栄養失調を改善する活動を行っていた。当時のベトナムでは、5歳未満の子どもの65%が栄養失調状態にあったが、既存の解決策のほとんどは政府による栄養サプリメントの配給頼りのものだった。しかし、サプリメントは思うような成果をもたらしていなかった[2]。そこでスターニン夫妻は、「ポジティブ・デビアンス（ポジティブな逸脱）」という代替的なアプローチを採用した。これは、地域の中ですでにうまくいっている個人や家族の事例から解決策を探すアプローチである[3]。

スターニン夫妻とセーブ・ザ・チルドレンの同僚たちは、タインホア省クアンスオン県内の

4つの地域を調査し、「きわめて貧しい状態」にありながらも子どもの健康状態が良好な世帯の例を探し出した。そして、該当した6世帯を「ポジティブ・デビアント（ポジティブな逸脱者）」と呼び、食事の下ごしらえ、調理、提供方法を観察したところ、彼らの中では共通しているが他の世帯には見られない、いくつかの食習慣が見つかった。栄養状態が良好な子どもたちの親は、田んぼからとってきた小エビやカニやカタツムリを、サツマイモの葉っぱと一緒に食事に加えていた。これらの食材は簡単に手に入るものだが、子どもには安全でないと信じられていたため、一般的にはあまり食べられていなかった。ポジティブ・デビアントたちはほかにも、比較的少量の食事を1日何回かに分けて子どもに与えていた。これにより、胃袋の小さい子どもでも1日に食べて消化できる量を増やすことができていたのだ。

> デザイン思考家は、その場の状況でできる措置を探し、即興的に解決策を生み出す。そのうえで、自らが生み出す製品やサービスにそれらの解決策を取り入れる方法を模索する。デザイン思考家はまた、通常とは異なる生き方、考え方、消費の仕方をする「極端」な人々が存在する場所である、私たちが呼ぶところの「エッジ（境界部・辺縁地）」を参考にする

　スターニン夫妻らはポジティブ・デビアントたちと協力し、子どもが栄養失調になっている世帯に向けて料理教室を実施した。実施初年の終わりには、プログラムに参加した1,000人の子どものうち80％に、十分な栄養状態の改善が見られた。さらに、この取り組みはその後、ベトナム国内の14の村においても実施された[4]。
　スターニン夫妻の活動は、ポジティブ・デビアンスやデザイン思考が現地の問題の解決策を見出すために、いかに現地ならではの知識を重視しているかを示す好例だ。デザイン思考家は、その場の状況でできる措置を探し、即興的に解決策を生み出す（たとえば、エビ、カニ、カタツムリを食事に取り入れること）。そのうえで、自らが生み出す製品やサービスにそれらの解決策を取り入れる方法を模索する。デザイン思考家はまた、通常とは異なる生き方、考え方、消費の仕方をする「極端」な人々が存在する場所である、私たちが呼ぶところの「エッジ（境界部・辺縁地）」を参考にする。この点について、ポジティブ・デビアンス・イニシアチブのディレクターを務めていたモニーク・スターニンが次のように述べている。
　「ポジティブ・デビアンスやデザイン思考は、人間中心のアプローチです。このアプローチを通して生み出された解決策は、独特の文化的な文脈において意味を持つものであり、それ以外の状況でも効果を発揮するとは限りません」
　デザイン思考を採用していれば効果が高まっただろうと思われるプログラムとして、アフリカにおける防虫蚊帳の配布の事例が挙げられる。防虫蚊帳は設計が優れているので、利用者のマラリア発症率を下げるのに有効だ[5]。世界保健機関（WHO）も高く評価しており、防虫蚊帳の導入によって、5歳未満の子どものマラリアによる死亡件数が、エチオピアでは51％減、ガーナでは34％減、ルワンダでは66％減と、大幅に改善したと報告している[6]。一方、防虫蚊帳の流通の仕方に関しては、思わぬ結果が見られた。
　たとえばガーナ北部では、妊婦や5歳未満の子どもを持つ母親には無料で防虫蚊帳が配布されている。該当する女性は、地元の公立病院に行けば簡単に無料の防虫蚊帳を手に入れることができる。しかし、対象外の人々にとっては入手が難しくなっている。本稿の筆者が、最近マラリアを発症したアルバートという教養あるガーナ人男性に話を聞いたところ、就寝時に防虫蚊帳を使用しているかという質問に対し、

彼は「ノー」と答えた。彼が住むタマレの街ではその蚊帳を購入できる場所がないというのだ。多くの人は無料で手に入れられるため、商店の経営者としては防虫蚊帳を店頭に出しても利益にならないのである。一方、病院でも、無料配布とは別に防虫蚊帳を販売する仕組みが整っていない。

アルバートの体験談からもわかるように、プログラムをデザインするにあたっては形態（フォーム）や機能（ファンクション）だけでなく、流通チャネルも考慮に入れることが重要だ。たしかに、防虫蚊帳の無料配布はそもそもアルバートのような人を想定しておらず、彼は単純にプログラムの範疇を外れているという主張もできる。しかし、それでは大きな機会を逃すことになるだろう。システム全体を考慮しなければ、防虫蚊帳を広く普及させることはできず、マラリアの撲滅は不可能になってしまうのだ。

デザイン思考の起源

IDEO（アイディオ）は、1982年にアップルコンピュータ（現：アップル）の初期のマウスを生み出したデビッド・ケリー・デザインと、同じく1982年に世界初のラップトップパソコンをデザインしたID Twoという2社の合併によって1991年に誕生した。当初のIDEOはビジネス顧客を相手に従来型のデザイン業務に注力し、パーソナルデジタルアシスタントのPalm V、オーラルBの歯ブラシ、スチールケースのデスクチェアなどの製品をデザインした。要するに、ライフスタイル雑誌に掲載されたり、現代芸術の美術館で展示されたりするようなアイテムである。

しかし2001年頃には、IDEOは伝統的なデザインの観念からはかけ離れているような問題解決の依頼を受けることが多くなっていた。たとえば、ある医療財団からは組織再編の支援を、創業100年のある製造会社からは顧客理解の促進を、ある大学からは従来の教室学習に代わる学習環境の構築を依頼された。この種の案件により、IDEOの業務内容は消費者向けの製品のデザインから顧客体験のデザインへと移行していった。

従来型のものからこの新種のデザイン業務を区別するために、私たちはこれを「小文字のdのデザイン」と呼び始めた。だが、これは完全に満足のいく呼称ではなかった。そんな中、スタンフォード大学のハッソ・プラットナー・デザイン研究所（通称「d.school」）の設立者でもあるデビッド・ケリーは、デザインについて尋ねられた際にはいつも、デザイナーの仕事を説明するために「思考」という言葉を添えている点に気づいた。やがて、「デザイン思考」という言葉が定着した[7]。

> デザイン思考には、直感力、パターンを認識する力、機能的に優れているだけでなく利用者の感情にも配慮したアイデアを構築する力、言葉や記号以外の媒体で自身の考えや感覚を表現する力が不可欠である

デザイン思考は、誰もが持っているが、従来型の問題解決手法では見過ごされてきた能力を活かしたアプローチだ。人間中心のアプローチに基づく製品やサービスの開発に注力するだけではなく、そのプロセス自体もきわめて人間的である。デザイン思考には、直感力、パターンを認識する力、機能的に優れているだけでなく利用者の感情にも配慮したアイデアを構築する力、言葉や記号以外の媒体で自身の考えや感覚を表現する力が不可欠である。感情や直感やインスピレーションのみに頼って組織を運営したいと思う人はいないが、合理性や分析的な観点に頼りすぎるのも同じぐらいのリスクになり得る。デザイン思考は、デザインプロセスの核心部分でこの両者を統合するアプローチであり、第3の道を提供するものだ。

デザイン思考のプロセスは、一連の秩序だったステップというよりも、複数の空間が重なり合ったシステムと考えるのが最も適切だろう。考慮するべき空間としては、「着想（インスピレーション）」「発案（アイディエーション）」「実現（インプレメンテーション）」の３つがある。着想とは、解決策を模索するきっかけとなる問題や機会のことだ。発案とは、アイデアの発案、発展、検証のプロセスである。実現とは、アイデアをプロジェクトの段階から人々の実生活へとつなげるまでの道筋だ。

これらの要素を「ステップ」ではなく「空間」と呼ぶのは、必ずしも一定の順序に従って実行するものではないからだ。チームがアイデアを洗練させたり新しい方向性を模索したりする中で、プロジェクトでは着想、発案、実現を複数回にわたって繰り返す可能性がある。初めて取り組む人がデザイン思考に対して混沌とした印象を抱いても、不思議ではない。しかしプロジェクトを最後まで見届けた際には、多くの組織で一般的に用いられている直線的でマイルストーンに基づいたプロセスとは異なるものの、デザイン思考の混沌としたプロセスには意味があり、成果につながると実感するようになる。

> チームがアイデアを洗練させたり新しい方向性を模索したりする中で、プロジェクトでは着想、発案、実現を複数回にわたって繰り返す可能性がある

着想［インスピレーション］

デザイナーは前述の３つの空間を直線的に進んでいくとは限らないものの、一般的にデザインプロセスは着想（インスピレーション）の空間、つまり解決策を模索するきっかけとなる問題や機会から始まる。着想の典型的な出発点は「概要書（ブリーフ）」で

ある。概要書とは、プロジェクトチームの思考の範囲を絞る一連の要素であり、どこから始めるかを示すためのフレームワーク、進捗を測るためのベンチマーク、そして「魅力的な価格」「利用可能な技術」「市場セグメント」といった達成目標を設定するものだ。

しかし、仮説とアルゴリズムが異なるのと同じように、概要書は問題解決の手順書でもなければ、問題が投げかけられる前に答えを見つけようとする試みでもない。むしろ、よくつくり込まれた概要書は、偶然の発見、予測不可能な展開、運命の気まぐれといった、ブレークスルーをもたらすアイデアが生まれる創造的な空間を確保しているものだ。概要書が抽象的すぎると、プロジェクトチームを迷わせてしまう危険がある。一方で、あまりにも厳格に条件が定まっていれば、プロジェクトの成果はほぼ確実に段階的な改善の域にとどまり、平凡なものになるだろう。

概要書を策定したあとに、デザインチームは人々のニーズの発掘に乗り出す。その際、フォーカスグループやサーベイなどの従来の調査手法では、重要な洞察は滅多に得られない。これらの手法はほとんどの場合、「あなたが求めているものは何か」と尋ねるにとどまる。こうした従来型の調査は、段階的な改善を目指すためには役に立つかもしれないが、「今までどうして誰も思いつかなかったのだろうか」とうならせるようなブレークスルーをもたらすことはあまりない。

この点を理解していたヘンリー・フォードは、「顧客に何が欲しいかと尋ねたとしても、『もっと足の速い馬が欲しい』という答えしか返ってこなかっただろう」*という言葉を残している[8]。自分の本当のニーズが何であるかを語れない人は多いが、彼らの実際の行動を観察することで、どのような満たされていないニーズが存在するかの貴重なヒントを得ることは可能だ。

したがって、デザイナーにとってのよりよい出

* 「もっと足の速い馬が欲しい」という答え：まだ自動車がなかった時代の人々は、馬車というそれまでの延長線上のアイデアしか思いつかない。顧客が必ずしも自身の本当のニーズを把握しているとは限らないことのたとえ

発点は、実際に現場に繰り出し、小規模な農家、学校に通う子ども、地域のヘルスワーカーなどが日常生活にどんな工夫をしているか、という実生活の様子を観察することだ。その際、通訳や異文化ガイドとなる地元の協力者と協働することも重要である。彼らは、地域へのつなぎ役となり、さらにはデザイナーが迅速に住民から信頼を得て理解を深める手助けにもなる。こうしてデザイン思考家は、「ホームステイ」をしたり地域住民の職場や自宅への密着調査をしたりしながら、デザインの受益者となる人々の生活に溶け込んでいく。

この論文を執筆した年の初頭、ブリティッシュ・コロンビア州バンクーバーにあるエミリー・カー美術大学の学生であるカラ・ペックノルドは、ルワンダのある女性協同組合でインターンシップに参加した。彼女の任務は、ルワンダの農村部の織物職人を世界の人々とつなぐウェブサイトを制作することだった。しかし、プロジェクトを開始して早々ペックノルドは、織物職人たちがコンピュータやインターネットにアクセスする手段をほとんど、あるいはまったく持っていないことに気づいた。そこで、ウェブサイトを使ってもらう代わりに、彼女は概要書をより広い視

点から見直し、人々が暮らしを改善できるように支援するために、地域にどのようなサービスを提供できるかという問題を提起した。自身が学んできたことや IDEO の人間中心デザインツールキットを参考に、ペックノルドはデザイン思考のさまざまな手法を駆使し、女性織物職人たちの将来への望みを探っていった（下の「デザイン思考ツールキット」を参照）。

ペックノルドは現地の言葉を話せなかったので、女性たちに依頼して、自分たちの生活や将来への望みを表すものをカメラで記録してもらったり、その地域における成功とはどのようなものかを絵で表現してもらったりした。こうした活動を通して女性たちは、外部の人間に想像させるのではなく、自分たちにとって大切で価値あるものを主体的に見出すことができた。ペックノルドはまた、プロジェクト期間中、1 日の手当てとして妥当な額（500 ルワンダ・フラン、およそ 1 ドルほど）を参加者に提供し、1 人ひとりがそのお金をどのように使うかを観察した。この取り組みもまた、彼女が人々の生活や望みへの洞察を深めることにつながった。一方女性たちは、1 日たった 500 ルワンダ・フランでも、生活が変わるような重大な金額になり得ると気

デザイン思考ツールキット

2008年、ビル&メリンダ・ゲイツ財団は IDEO に対して、開発途上国で小規模農家と協働する草の根の NGO 職員が簡単にデザイン思考を活用できるように、デザイン思考のプロセスを体系化するよう依頼した。IDEOのデザインチームは、3 カ月にわたってヘイファー・インターナショナル、国際女性研究センター、インターナショナル・ディベロップメント・エンタープライズと協働して、これらの組織における新しい製品やサービスやプログラムのデザインプロセスを調査し、それを IDEO自身のデザインプロセスと統合した。

その結果生まれたのが「人間中心デザインツールキット」であり、これは、自分たちでデザイン思考のプロセスを実行したい組織が使用できる方法論である。このツールキットは www.designkit.org にて無料でダウンロードできる。

づいた。こうした可視化のプロセスは、ペックノルドや女性たちが地域開発の企画に優先順位をつけるのに役立った[9]。

発案［アイディエーション］

デザイン思考プロセスの第2の空間は発案（アイディエーション）である。プロジェクトチームは現場での観察調査やデザインリサーチを行った後、そこで見聞きしたものから解決策や変化への機会につながる洞察を抽出していく「綜合」のプロセスに入る。このアプローチでは、調査で発見した複数の要素を掛け合わせながら、アイデアの選択肢や、人間のふるまいに関するさまざまな洞察を生み出していく。そうして生まれたものは、新製品の提供に関する新しいビジョンや、インタラクティブな体験を生み出すさまざまな手法につながるかもしれない。拮抗するアイデア同士を比較検討することで、最終的に生み出されるアイデアがより大胆で説得力のあるものになる見込みが高くなる。

> 真に革新的なアイデアとは、現状に挑み、他との違いが際立つ、創造的破壊の性質を持った発想である

2度にわたってノーベル賞を受賞した科学者のライナス・ポーリングが述べたように、「良いアイデアを生み出すためには、まずたくさんのアイデアを持っている必要がある」のだ[10]。真に革新的なアイデアとは、現状に挑み、他との違いが際立つ、創造的破壊の性質を持った発想である。このようなアイデアは、多くの人が自分が抱えていると認識していなかった問題に対し、まったく新しい解決策を提供する。

もちろん、選択肢が増えれば複雑さが増し、特にプロジェクトの予算やスケジュールを管理する者にとっては、仕事が大変になり得る。ほとんどの組織は通常、理解しやすく段階的に進んでいくものを好んで、選択の幅を狭めようとする

傾向がある。短期的にはこうしたアプローチの方が効率的かもしれないが、長期的には組織を保守的にし、柔軟性を低下させる結果につながりやすい。その意味で、発散的な思考はイノベーションへの道であり、障壁ではないのだ。

発散的な思考を活用するためには、プロセスに多様な人々を関与させることが重要である。心理学を学んだ建築家、MBAを保有する芸術家、マーケティングの経験がある技術者など、複数分野のバックグラウンドを持つ人は発散的な思考に長けていることが多い。こうした人々は分野を超えて協力する際に求められる能力や性質を備えている。

異分野連携の環境で活動するためには、2つの次元において強みを持っている必要がある。このような人材のことを「T字型」人材と呼ぶ。まず、T字の縦の次元においては、チームの全メンバーが、プロジェクトの成果に具体的な貢献ができるだけの優れた技能を持っている必要がある。T字の上部にある横の次元は、その人をデザイン思考家たらしめる要素だ。それは、他者や他の専門分野に対する共感に関するものである。その特徴は、オープンな姿勢、好奇心、楽観性、実行を通じて学ぶ傾向、実験を好む性質などで表されることが多い（これらはIDEOの新入社員に求める特性と同じだ）。

一般的に異分野連携のチームは結成後、構造化されたブレインストーミングのプロセスへと入る。刺激的な問いを1つひとつ検討し、奇抜なものからわかりやすいものまで何百ものアイデアを出していく。それぞれのアイデアは、ポストイットに書き留めるなどし、チーム内で共有される。また、コンセプトを視覚的に表現することは、たいてい他のメンバーが複雑なアイデアを理解する助けになるため、奨励されている。

ブレインストーミングにおけるルールの1つは、「判断は後回しにする」である。トム・ケリーが

著書『イノベーションの達人！』で解説しているように、多くの場合に妨害的で何も生み出すことがない「悪魔の代弁者」＊1になろうとするメンバーをうまく抑えることが重要である[11]。ブレインストーミングの参加者は、アイデアを批判する代わりに、できるだけ多くのアイデアを出すことを奨励される。多くのアイデアを出すことで、チームはアイデアを分類・仕分けするプロセスに移行できる。そこで、よいアイデアは自然と浮上し、悪いアイデアは早いうちに脱落していく。

イノセンティブ（InnoCentive）＊2は、デザイン思考がいかに何百ものアイデアを生み出すことができるかを示す好例である。同社が取り組んだのはウェブサイトの開発で、そこでは会員である非営利団体や企業が登録した課題への解決策を、一般の人々が投稿できるようになっている。科学者、技術者、デザイナーをはじめ、世界中で17万5,000人以上もの人々が解決策を投稿している。

ロックフェラー財団はイノセンティブを通して10個のソーシャルイノベーションへの挑戦を支援しており、課題を投稿した非営利団体に効果的な解決策を届けることに成功した事例は全体の80％だと報告している[12]。こうしたオープン・イノベーション＊3のアプローチは、多くの新しいアイデアを生み出すのに効果的である。そのアイデアを取捨選択し、実地テストを行い、短いサイクルの改良を繰り返し、市場に出す責任は、最終的にはプロジェクトの実行者にある。

イノセンティブは、「結核治療薬開発のための世界同盟」（TBアライアンス）との提携において、既存の結核治療法を簡素化するための理論的な解決策を探していた。イノセンティブのCEOであるドゥウェイン・スプラドリンは次のように説明している。「この模索プロセスは、デザイン思考がソーシャルイノベーションに役立つこ

とを示す典型例です。抗結核薬の開発プロジェクトでは、採用された解決策の投稿者の職業は科学者でしたが、課題に投稿しようと思ったきっかけは、彼が14歳のときに、家族を1人で養っていた母親が結核を発症した体験です。母親は仕事を辞めなければならなくなり、代わりに彼が仕事と学校を掛け持ちして家族を養うことになりました」。スプラドリンによれば、このような、提案者のモチベーションとなる課題との深いつながりは、イノセンティブ内のプロジェクトにしばしば恩恵をもたらしているという[13]。

実現[インプレメンテーション]

デザイン思考プロセスの第3の空間は実現（インプレメンテーション）であり、ここでは、発案を通して浮かび上がった最高のアイデアを、十分に練り上げた具体的な行動計画へと変換する。実現の中核にあるのはプロトタイピングだ。これは、アイデアを実際の製品やサービスに変換したうえで、それをテストし、改良し、洗練させていくプロセスである。

プロトタイピングを行うことでデザイン思考プロセスが目指すのは、長期的な成功をより確実にするために、アイデアの実行段階で発生する予期せぬ問題や意図せざる結果を明らかにすることだ。プロトタイピングは、特に製品やサービスの提供先が開発途上国である場合に重要性を持つ。開発途上国においては、インフラ、小売販売網、コミュニケーションのネットワーク、識字率など、システムの機能に欠かせない要素が不足していることから、新製品や新サービスのデザインが難しくなることが多いからである。

＊1 悪魔の代弁者：あえて批判的な主張をする役割を担う人
＊2 イノセンティブ：ロンドンを拠点にする、イノベーション支援サービスを展開するグローバル企業ワゾク（Wazoku）の1ブランド。2001年に米製薬大手イーライリリー・アンド・カンパニーの出資を受けて創業し、2020年にワゾクに買収された
＊3 オープン・イノベーション：従来の、企業内部のR&D部門による研究開発を通じた閉じたイノベーション（クローズド・イノベーション）から脱却して、社外に自社技術や知見を共有し、また社外の技術や人材と連携しながら、新しい価値を創造するイノベーションを起こそうとするモデル

Stanford SOCIAL INNOVATION Review Japan

プロトタイピングを行えば、たとえばデバイスの部品、画面上のグラフィック、または献血者と赤十字ボランティアのやりとりの詳細などに関する経済的実現性（ヴァイアビリティ）が検証できる。この時点でのプロトタイプは生産するコストが高く、複雑でありながらも、最終的な製品・サービスとほとんど変わらないかもしれない。プロジェクトが完了に近づき、実際の運用へと向かうにつれ、プロトタイプの完成度も高まっていくだろう。

プロトタイピングのプロセスが完了し、最終的な製品・サービスが完成したところで、デザインチームはコミュニケーション戦略の策定支援に入る。ストーリーテリング、特にマルチメディアを活用したものは、組織内外の多様な利害関係者（ステークホルダー）たちに解決策を伝えることに役立ち、とりわけ言語や文化の壁を越えたコミュニケーションに有効である。

インドにおいて低価格の眼科サービスを提供するビジョンスプリング（VisionSpring）は、実現におけるプロトタイピングの重要性を示す好例だ。かつて大人向けに老眼鏡の販売を行っていたビジョンスプリングは、子どもに向けた包括的な眼科サービスの提供に乗り出したいと考えた。ビジョンスプリングが取り組んだのは、自助団体を通して行われている「アイキャンプ」と呼ばれる無料の眼科検診のマーケティングから、アイケア（目の手入れ）の重要性を伝える教師向けのトレーニングや、地域のアイケアセンターへの子どもの送迎に至るまで、眼鏡そのもののデザイン以外のあらゆるものをデザインすることである。

> ビジョンスプリングが取り組んだのは、自助団体を通して行われている「アイキャンプ」と呼ばれる無料の眼科検診のマーケティングから、アイケア（目の手入れ）の重要性を伝える教師向けのトレーニングや、地域のアイケアセンターへの子どもの送迎に至るまで、眼鏡そのもののデザイン以外のあらゆるものをデザインすることである

ビジョンスプリングと協力し、IDEOのデザイナーは8歳から12歳の15人の子どもを対象に目の検査をプロトタイプした。デザイナーたちはまず、ある少女に対して従来の手法で視力検査を行おうとした。しかし、この実験のプレッシャーが大きく、失敗するリスクを感じたため、少女はすぐに泣き出してしまった。ストレスを和らげようとしたデザイナーたちは、次の子どもに対しては担任教師に検査を行ってもらった。しかし、ここでも子どもは泣き出してしまった。そこでデザイナーは、今度はその少女に先生の視力検査をしてもらった。すると、クラスメートが羨ましそうに見守る中、少女は真剣に検査作業に取り組んだ。最終的にデザイナーたちは、子どもたちに互いを検査し合ってもらい、そのプロセスについての感想を語ってもらった。子どもたちはお医者さん役を楽しみ、また検査プロセスを守りながら取り組むようになった。

こうしたプロトタイピング、ならびにプロジェクトの試験的運用や拡大に向けた実行計画の策定を経て、IDEOはビジョンスプリングの顧客である医療従事者、教師、子どもに適したアイケアシステムをデザインすることができた。2009年9月までに、ビジョンスプリングはインドにて、10回にわたる子ども向けのアイケアキャンプの開催、3,000人の子どもに対する目の検査の実施、202人の子どもに対する地域内の眼科への送迎、69人の子どもに対する眼鏡の提供を行った。

ビジョンスプリングで営業・業務執行担当バイスプレジデントを務めるピーター・エリアセンは次のように説明している。「子どもへの目の検査や眼鏡の提供には、この課題特有のさまざまな問題があります。そこで私たちは、最適なマーケティング・流通戦略を策定するために適した枠組みを与えてくれる、デザイン思考に着目しました」。エリアセンはまた、プロトタイピングを

行ったことにより、検査の際に子どもたちを安心させるアプローチの開発に焦点を当てることができたと説明している。「デザイン思考を活用できる組織となった今、新たな市場にアプローチする際には、最も重要な顧客であるアイケア事業の起業家（または営業担当者）と最終消費者からのフィードバックや経済的実現性（ヴァイアビリティ）を評価するために、プロトタイプを使い続けています」[14]

システムレベルの問題には、システムレベルの解決策が必要だ

　多くの社会的企業（ソーシャルエンタープライズ）は、すでにデザイン思考のいくつかの側面を本能的に取り入れているものの、従来の問題解決アプローチを超える方法として本格的に導入する組織はほとんどない。もちろん、デザイン思考を組織として採用するにはさまざまな障壁がある。もしかすると、組織全体にデザイン思考のアプローチが受け入れられるまでには至っていないかもしれない。あるいは、人間中心のアプローチの採用に抵抗し、ユーザー、技術、組織といった観点のバランスをとることができていないのかもしれない。

　デザイン思考の導入に対する最大の障壁の1つは、シンプルに失敗への不安である。「実験や失敗は、早い段階で発生し、学習の機会となる限り何も問題にならない」という考え方は、組織にとって受け入れることが難しい場合がある。しかし、デザイン思考に基づく活気ある文化を持つ組織は、素早く、安価で、粗削りなプロトタイピングを創造的なプロセスの一部だとみなして奨励し、完成されたアイデアの実証のためだけにプロトタイピングを行うことはないだろう。

　アキュメン（Acumen）で知識創造・コミュニケーション戦略の担当ディレクターを務めるヤスミナ・ザイドマンは、次のように述べている。

「私たちが投資している対象は、経済的なピラミッドの底辺にいる貧困層の生活改善に寄与する事業で、そこでは継続的な創造や問題解決が求められます。そのような事業において、デザイン思考は真の成功要因になります」

　デザイン思考は何百ものアイデアの創出につながり、最終的には、組織やそのサービスが提供される人々にとってより有益な成果を生み出し、現実世界の解決策をもたらすのだ。

> デザイン思考の導入に対する最大の障壁の1つは、シンプルに失敗への不安である

1　"In Memoriam: Jerry Sternin," Positive Deviance Initiative.

2　"Nutrition in Viet Nam," Positive Deviance Initiative.

3　"What Is Positive Deviance?" Positive Deviance Initiative.

4　"The Viet Nam Story: Narrated by Jerry Sternin," Positive Deviance Initiative.

5　Kevin Starr, "Go Big or Go Home," *Stanford Social Innovation Review*, Fall 2008.

6　J.R. Minkel, "Net Benefits: Bed Netting, Drugs Stem Malaria Deaths: Proactive African Countries See Fewer Children Felled by the Mosquito-Borne Disease," *Scientific American,* February 4, 2008.

7　Tim Brown, *Change by Design: How Design Thinking Transforms Organizations and Inspires Innovation,* New York: HarperBusiness, 2009.〔ティム・ブラウン『デザイン思考が世界を変える〔アップデート版〕──イノベーションを導く新しい考え方』千葉敏生訳，早川書房，2019 年〕

8　Tim Brown, *Change by Design*.〔ティム・ブラウン『デザイン思考が世界を変える〔アップデート版〕』〕

9　2009 年 9 月 23 日に行われた，ジョセリン・ワイアットとカラ・ペックノルドの電子メールでのやり取りによる．

10　Linus Pauling, *Linus Pauling: Selected Scientific Papers, Volume II—Biomolecular Sciences*, London: World Scientific Publishing, 2001.

11　Tom Kelley and Jonathan Littman, *The Ten Faces of Innovation: IDEO's Strategies for Beating the Devil's Advocate and Driving Creativity Throughout Your Organization*, New York: Random House, 2005.〔トム・ケリー，ジョナサン・リットマン『イノベーションの達人！──発想する会社をつくる 10 の人材』鈴木主税訳，早川書房，2006 年〕

12　"Accelerating Innovation for Development: The Rockefeller Foundation and InnoCentive Renew Partnership Linking Nonprofit Organizations to World-Class Scientific Thinkers," Rockefeller Foundation, June 23, 2009.

13　2009 年 9 月 18 日に行なわれた，ジョセリン・ワイアットとドゥウェイン・スプラドリンの電子メールでのやり取りによる．

14　2009 年 8 月 10 日に行われた，ジョセリン・ワイアットとピーター・エリアセンの電子メールでのやり取りによる．

Collective Impact

コレクティブ・インパクト

個別の努力を越えて、今こそ新しい未来をつくり出す

ジョン・カニア　John Kania
マーク・クラマー　Mark Kramer

友納仁子 訳

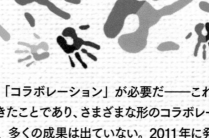

社会を変えるためには「コラボレーション」が必要だ——これは何十年も前から言われてきたことであり、さまざまな形のコラボレーションが模索されてきたが、多くの成果は出ていない。2011年に発表された本論文「コレクティブ・インパクト」は、従来の方法論と異なるコンセプトを提示し、大きなインパクトをもたらすアプローチとして反響を呼んだ。その後、各国でアクションが生まれ、毎年国際カンファレンスも開催されるなど、グローバルな実践と学習が続いている。

複雑な問題の解決に向けて、個別の活動をそれぞれ追求するのでもなく、あるいは全員が同じ集団的な行動をとるのでもなく、互いの違いを活かしながら、共通の目標に向かって集合的なインパクトを生み出す5つの原則とは何か。

本書を通じて多様な「社会の変え方」を探求してきたが、それらを結集する可能性を秘めたこの論文を、締めくくりとして紹介したい。（2011年冬号）

ジョン・カニア
John Kania

FSG 取締役兼マネージングディレクター。同社のコンサルティングプラクティスを統率する。本書収録論文「02 システムリーダーシップの夜明け」共著者。『スタンフォード・ソーシャルイノベーション・レビュー』への寄稿多数。

マーク・クラマー
Mark Kramer

FSG の共同設立者でありマネージングディレクター。センター・フォー・エフェクティブ・フィランソロピー（The Center for Effective Philanthropy）の共同設立者・初代理事長、ハーバード大学ジョン・F・ケネディ・スクール・オブ・ガバメントのシニアフェローでもある。本稿はクラマーが『スタンフォード・ソーシャルイノベーション・レビュー』に掲載した 5 本目の論文である。

米国の公教育システムは、その規模と複雑さのために何十年もの間、改革に失敗してきた。アネンバーグ財団、フォード財団、ピュー慈善信託といった有力な資金提供者が、取り組みに進展がないことを認め、失意のうちにその多くを断念してきた。かつては世界をリードし、第二次世界大戦後には世界一の高校卒業率を誇った米国だが、今では先進工業国 24 カ国のうち 18 位となり、毎年 100 万人以上が中等教育課程[*1]で中退もしくは進学を断念している。無数の教師、学校運営者、非営利団体による英雄的な努力と何十億ドルもの寄付金によって、個々の学校やクラスの単位では大きな改善があったかもしれない。しかし、システム全体の進歩はほとんど実現していないように思われてきた。

この行き詰まった状況の中、オハイオ州シンシナティで注目すべき例外が生まれつつあるようだ。ナレッジワークス傘下の非営利団体ストライブ・パートナーシップ（StrivePartnership）[*2]は、シンシナティ広域都市圏からケンタッキー州北部の至るところで、地域のリーダーたちを巻き込んで、生徒の学業成績の危機に立ち向かい、教育を改善してきた。ストライブ設立からの 4 年間で、同団体のパートナーは 3 つの大きな公立学区において、数十の重要項目で生徒の達成度を改善している。景気後退や予算削減にもかかわらず、ストライブが追跡する 53 の成功指標のうち、高校卒業率、4 年生の読解力と数学のスコア、義務教育を受ける準備のできた未就学児の数など、34 の指標でポジティブな傾向が見られたのである。

多くの取り組みが失敗するなか、ストライブはなぜ成果をあげてきたのだろうか。それはコミュニティのリーダーから成る中心グループが、それぞれのアジェンダ[*3]を

*1 中等教育課程：14〜18 歳の生徒が対象で、日本では中学・高校と重なる

*2 ストライブ・パートナーシップ：本書収録論文「04 規模の拡大を目指して」中のストライブとは別団体

手放し、生徒の学業成績を向上させるための集合的なアプローチを取ることを決意したからだ。影響力のある民間財団や企業財団のトップ、自治体の担当者、学区の代表、8つの大学とコミュニティ・カレッジの学長、教育関連の数百のNPOやアドボカシー団体の代表者など、地元組織のリーダー300人以上が参加に同意した。

これらのリーダーたちは、たとえ一連の教育領域のある一点を修正しても（たとえば放課後プログラムを改良する）、すべての領域が一斉に改善されなければ大した違いを生まないことを理解していた。どんなに革新的、あるいは強力な組織でも、これを単独で成し遂げることはできない。集まったリーダーたちは、若者たちの人生のあらゆる段階で、つまり「ゆりかごから就職まで」を連携しながら改善するという、野心的なミッションを定めたのである。

このように始まったストライブが、新しい教育プログラムの開発を試みたり、寄付者に追加の資金提供を求めたりすることはなかった。その代わりに、入念に設計された協働プロセスを経て、教育コミュニティ全体の着目点を、同じ方法で測定できる一連の共通目標へと向けさせたのである。参加組織は、幼児教育や個別指導といった活動分野ごとに、15のスチューデント・サクセス・ネットワーク（SSN）にグループ分けされている。過去3年にわたり、各SSNはコーチやファシリテーターを交えた2時間の会合を2週間ごとに開催し、共通のパフォーマンス指標の開発、進捗状況の検討、そして最も重要なこととして、互いに学び合い、それぞれの取り組みを連携し、支え合った。

> コレクティブ・インパクトとは、異なるセクターから集まった重要なプレーヤーたちのグループが、特定の社会課題の解決のために、共通のアジェンダに対して行うコミットメントである

ストライブは、組織そのものとしても、協働を促進するプロセスの内容としても、「コレクティブ・インパクト」の見本である。コレクティブ・インパクトとは、異なるセクターから集まった重要なプレーヤーたちのグループが、特定の社会課題の解決のために、共通のアジェンダに対して行うコミットメントである。コラボレーション自体は特に目新しいものではない。ソーシャルセクターには、「パートナーシップ」や「ネットワーク」といった協働の事例があふれている。しかしコレクティブ・インパクトの取り組みには、それらとは明らかな違いがある。多くのコラボレーションと異なり、コレクティブ・インパクトは、中心となるインフラストラクチャと専従のスタッフを備えている。そして、「共通のアジェンダ」「共通の測定システム」「継続的なコミュニケーション」と、すべての参加者による「相互に補強し合う取り組み」をもたらすような、構造化されたプロセスがある。（171ページの「コラボレーションの種類」を参照）

教育分野と同じく、複雑な問題を解決するために多種多様なプレイヤーの行動変容が求められる社会課題に取り組んだコレクティブ・インパクトの成功例は、他にもわずかながら存在する。1993年、マージョリー・メイフィールド・ジャクソンは、何十年も産業廃棄物によって汚染されてきたバージニア州南東部のエリザベス川の浄化をミッションとする、エリザベス・リバー・プロジェクト（Elizabeth River Project）の立ち上げに尽力した。彼女らは、バージニア州のチェサピーク、ノーフォーク、ポーツマス、バージニアビーチの各市役所、バージニア州環境品質局、米国環境保護庁（EPA）、米国海軍、何十社もの地元企業、学校、コミュニティグループ、環境団体、大学など100を超える利害関係者に働きかけて、18項目の流域回復

*3 アジェンダ：解決に向けて実行に移されるべき課題の設定やその実行計画

計画を策定した。それから15年で、エリザベス川流域の1,000エーカーを超える土地が保全もしくは回復されたうえ、汚染物質が2億1,500万ポンド減少し、最も危険な発がん性物質の濃度が6分の1に低下するなど、水質が大幅に改善した。川の完全回復までにやるべきことは多々あるが、回復した湿地帯ではすでに27種の魚やカキ類が繁殖し、ハクトウワシが巣作りのために岸辺に戻っている。

また、マサチューセッツ州サマービルが全市を挙げて小学生の肥満の抑制と防止に取り組んだ、シェイプアップ・サマービルもコレクティブ・インパクトのよい例である。同プログラムはタフツ大学フリードマン栄養科学政策大学院の准教授であるクリスティナ・エコノモスが主導し、疾病管理予防センター（CDC）、ロバート・ウッド・ジョンソン財団、ブルークロス・ブルーシールド協会マサチューセッツ支部、ユナイテッド・ウェイのマサチューセッツ・ベイおよびメリマック・バレー支部の資金提供を受けて、行政職員、教育者、企業、非営利団体、一般市民が協働して健康維持や体重増加予防の実践方法を定義した。各学校は、より健康的な食事の提供、栄養知識の指導、体を動かす活動の促進に同意した。低脂肪で栄養価の高いメニューを提供する地元レストランには、証明書が発行された。市は農家の直売所を組織化し、市内在勤者のジム利用に割引料金を適用するなど、健康的なライフスタイルを奨励した。さらに、歩いて登校する子どもが増えるようにと、歩道の改修や横断歩道の塗り直しも行われた。その結果、2002年から2005年の間に、同コミュニティの子どものBMI（体格指数）が統計的に有意に低下したのである。

企業もまた、社会課題に取り組むためのコレクティブ・インパクトを模索し始めている。M&M'S、スニッカーズ、ダブなどのチョコレートブランドを展開する菓子メーカーのマース（Mars）は、カカオの主な調達先であるコートジボワールで貧困に苦しむカカオ農家50万人以上の生活を改善するために、NGOや地方政府、さらには同業他社とも協力している。調査によると、今後、農法の改善やカカオ株の改良によって単位面積当たりの収量が3倍になり、農家収入が劇的に増加し、マースのサプライチェーンのサステナビリティが改善される可能性がある。同社がこれを実現するためには、多くの組織に連携の取り組みを求めなければならない。たとえば、コートジボワール政府には農業改良普及員の派遣人数を増やしてもらい、世界銀行からは道路の新設資金を提供してもらう必要がある。カカオ栽培地域の医療、栄養、教育を改善するために、二国間援助によってNGOを支援することも必要だ。そして同社のサプライチェーンの外にいる農家にもリーチするには、市場競争の前段階の課題について、直接的な競合企業と協力し合う道も見つけなければならない。

これらの多様な事例には、1つの共通点がある。それは、大規模な社会変化をもたらすのは、個々の組織による「個別介入」（アイソレーテッド・インターベンション）より

> 大規模な社会変化をもたらすのは、個々の組織による「個別介入」（アイソレーテッド・インターベンション）よりも、セクターを横断する優れた連携である

も、セクターを横断する優れた連携であるということだ。このアプローチの有効性を示すエビデンスはまだ限られているとはいえ、これらの事例は、非営利団体、政府、企業、一般の人々がコレクティブ・インパクトを生み出すために共通のアジェンダのもとに集まれば、私たちが直面するきわめて深刻で複雑な社会課題の多くについて、その解消に向けたはるかに大きな前進が見られる可能性を示唆している。コレクティブ・インパクトの事例がそれほど頻繁に見られない

コラボレーションの種類

　いくつもの組織が何十年も前からコラボレーションによる社会課題の解決を試みてきたが、多くの成果は出ていない。なぜなら、あまりに多くの場合、各活動の連携を維持させるのに必要な、コレクティブ・インパクトの取り組みを成功させる要素が欠けているからだ。

資金提供者のコラボレーション

　同じ課題解決を支援することに関心を持ち、共同でリソースを拠出する資金提供者のグループ。一般に、参加者がエビデンスに基づく包括的なアクションプランや共通の測定システムを導入することはなく、資金の拠出を決めた当初の対象以外の活動や、他のセクターの関係者への働きかけも行わない。

官民パートナーシップ

　特定のサービスや便益を実現するために、政府と民間セクターの組織の間で形成されるパートナーシップ。狭い目標（ある１つの疾病の治療のために、特定の医薬品を開発するなど）を掲げることが多く、通常はその問題に関わる関係者全体（その薬品候補の流通システムなど）を巻き込むことはない。

マルチステークホルダー

　共通のテーマに関わる、異なるセクターの関係者による自発的な活動。この種の取り組みの典型例では、各活動の連携をしっかり進めたり結果の説明責任を果たしたりするための、共通のインパクト測定システムやサポートを行うインフラが欠けている。

ソーシャルセクターのネットワーク

　公式／非公式を問わず、目的意識に基づいて緩やかにつながった個人や組織のグループ。コラボレーションは基本的に即興的であり、多くの場合、持続的で構造的な取り組みというよりも、情報共有や目標を絞った短期的アクションに力点を置く。

コレクティブ・インパクト

　異なるセクターの重要プレイヤーで構成されるグループによる、特定の社会課題の解決に向けた共通のアジェンダへの長期的コミットメント。その行動の基盤には共通の測定システム、相互に補強し合う取り組み、継続的なコミュニケーションがあり、独立したバックボーン組織のスタッフが支援している。

のは、それが不可能だからではなく、試み自体がきわめて少ないからだ。資金提供者も非営利団体も、社会変化を生み出す主な手段として個別のアクションに目を向けすぎて、コレクティブ・インパクトが持つ可能性を見過ごしてきたのである。

アイソレーテッド（個別的）・インパクト

　大半の資金提供者は、多くの申請者の中から助成対象を絞り込む際、社会課題の解決に最も貢献する組織を見極めようとする。そして申請者の方は、自分たちの活動がいかに最大の効果をもたらすかを強調して、選ばれようと競い合う。各組織は、インパクトを生み出すための個々の潜在力に基づいて判断され、同じくその問題に影響を与えうる他の数多くの組織とは切り離して見られる。自分たちの活動のインパクト評価を求められた申請者は、他の要素を切り離した自身の影響力を説明することに全力を尽くすのだ。

　要するに、非営利セクターで最もよく見られるのは、私たちの言うアイソレーテッド（個別的）・インパクトのアプローチを用いた活動である。このアプローチでは、1つの組織で完結できる解決策を見つけ出して資金を提供する。そこには、「最も効果的な組織は、組織の規模拡大や活動の複製・再現によって、インパクトをもっと広げていけるはずだ」という期待もある。そして資金提供者側は、実験室で病気の治療薬を発見するのと同じように、「崩れつつある学校のための治療薬」があって、それを見つけさえすればよいとでもいうかのように、より効果的な介入を探している。

　こうしたプロセスの結果、大きな社会課題に対して140万近くの非営利団体が独自の解決策を開発しようとしているため、互いに対立しながら活動を続けたり、意義ある成果をあげるのに必要とされるリソースが指数関数的に膨れ上がったりしている。

　近年のトレンドは、この状況に拍車をかけるばかりである。たとえばベンチャーフィランソロピーや社会起業家に対する関心の高まりは、多くのパフォーマンスの高い非営利団体を見つけ出してその成長を加速させるという形でソーシャルセクターに大いに貢献しているが、一方で選ばれた少数の組織の規模拡大が社会の進歩のカギであると強調するような風潮を助長してもいる。

　このアイソレーテッド・インパクトのアプローチがこれほど広がっているにもかかわらず、今日の複雑で相互依存的な世界において、これが多くの社会課題を解決する最善策だというエビデンスは乏しい。どんな重大な社会課題でも、どこか1つの組織に責任があるわけでもなく、また、どこか1つの組織が解決しきれるわけでもない。教育分野の場合、最も尊敬される非営利団体——たとえばハーレム・チルドレンズ・ゾーン、ティーチ・フォー・アメリカ、ナレッジ・イズ・パワー・プログラム（KIPP）——でさえも、数万人の子どもたちにプログラムを届けるのに数十年を要している。これは称賛に値するすばらしい成果だが、米国では何千万人もの子どもが支援を必要としていることを考えると、まだ規模が3桁足りないのだ。

　このアイソレーテッド・インパクトへの傾倒の問題は、非営利セクター自体が孤立していることによってさらに深刻になっている。社会の課題は、行政やビジネス活動の相互作用からも生じるのであって、ソーシャルセクターの組織の振

> すべての社会課題にコレクティブ・インパクトが必要だと言いたいわけではない。実際のところ、問題によっては個別の組織で解決することが最善策だという場合もある

る舞いだけが原因ではない。つまり、複雑な問題は、非営利セクターの外側の組織も巻き込む、セクター横断的な連携がなければ解決し得ないのである。

とはいえ、すべての社会課題にコレクティブ・インパクトが必要だと言いたいわけではない。実際のところ、問題によっては個別の組織で解決することが最善策だという場合もある。『スタンフォード・ソーシャルイノベーション・レビュー』2004年冬号に寄稿した、ロナルド・ハイフェッツとの共同論文「大胆なリーダーシップ」（未訳／ Leading Boldly）で、私たちは「技術的問題」と「適応課題」の違いについて論じた。社会課題の中には技術的なものもある。つまり、問題の定義が明確で、あらかじめ答えがわかっていて、単独または少数の組織がその解決策を実行する能力を持っている場合である。たとえば大学の奨学金制度への資金提供、病院の建設、フードバンクにおける在庫管理の導入などが当てはまる。

これに対して適応課題は、問題が複雑で答えがわからず、たとえ答えがわかっていても、必要な変化を実現するためのリソースや権限を単独で持っているプレーヤーが存在しない。たとえば公教育の改革、湿地帯の環境回復、地域住民の健康改善などは、いずれも適応課題だ。これらの場合、効果的な解決策にたどり着くためには、その問題の利害関係者たちが学習し、自分たちの振る舞いを変えることを通して解決策を生み出す必要がある。

アイソレーテッド・インパクトからコレクティブ・インパクトへの移行は、もっとコラボレーションや行政と民間のパートナーシップを増やそうという単純な話ではない。組織間の関係性と、共通の目的に向かって前進することに注力する、社会的インパクトの実現に向けたシステムレベルのアプローチが必要だ。そのためには、

集合的なアクションの成功に必要な要素を組み合わせて調整するためのスキルとリソースを備えた、非営利のマネジメント組織を新しく立ち上げる必要がある。

コレクティブ・インパクト 成功の5条件

私たちの調査によると、典型的なコレクティブ・インパクトの成功例には次の5つの条件があり、これらが揃うことによって、本物の連携が生まれて力強い結果がもたらされる。

1. 共通のアジェンダ
2. 共通の測定システム
3. 相互に補強し合う取り組み
4. 継続的なコミュニケーション
5. 活動をサポートするバックボーン組織

❶ 共通のアジェンダ

コレクティブ・インパクトを実現するには、すべての参加者が変化への共有ビジョンを持つ必要がある。たとえば、課題に対する共通理解を醸成することや、合意したアクションを通じて解決に向けた共同アプローチをとることなどだ。同じ社会課題に取り組んでいると信じている資金提供者と非営利団体のグループでも、それぞれについて掘り下げてみると、まったく違う問題を見ていたと判明するのはよくある話だ。多くの場合、課題や究極的なゴールの定義は組織ごとに少しずつ違う。組織が単独で個別の取り組みをしていると無視されがちだが、こうした違いを放置すると、個別の努力を分断し、課題の領域全体へのインパクトを損なうのである。コレクティブ・インパクトにおいては、これらの違いについてよく話し合い、解消することが求められる。その課題のあらゆる側面について、すべての参

加者が互いに合意する必要はない。実際のところ、私たちが確認したコレクティブ・インパクトの事例ではいずれも、意見の不一致による参加者の対立は残っている。しかし、コレクティブ・インパクトの取り組み全体としての最も重要な目標には、すべての参加者が合意しなければならない。たとえばエリザベス・リバー・プロジェクトの場合、セクター横断で実行可能なイニシアチブを確立するために、企業、政府、コミュニティグループ、現地住民のそれぞれの異なる目標の間で、共通の基盤を見つけることが必要だった。

　関係者の中でも資金提供者は、各組織に協調した行動を取るように導くという、重要な役割を果たすことができる。ストライブの例では、多くの資金提供者が、何百もの戦略や非営利団体を個別に後押しするのではなく、足並みを揃えてストライブの重点目標を支援した。グレーター・シンシナティ財団（Greater Cincinnati Foundation）は、財団が用いる教育達成度の測定方法にストライブの年次報告カードを導入し、同財団の教育目標とストライブの基準を関連づけられるように調整した。デューク・エナジー（Duke Energy）は、助成金を申請してくる組織に毎回、「ストライブのネットワークに関わっていますか」と質問している。そして新規の資金提供者であるヘイル財団（Carol Ann and Ralph V. Haile Jr./U.S. Bank Foundation）が教育分野への関心を示したときには、シンシナティの教育界の主要リーダーのほぼ全員が、地域の教育にインパクトを与えたいならストライブに参加するべきだと勧めたのである[1]。

❷ 共通の測定システム

　コレクティブ・インパクトには共通の測定システムの構築が欠かせない。成功をどう測定してどう報告するかについて合意しない限り、共通

のアジェンダへの合意は幻想と化してしまう。コミュニティ全体で、そしてすべての参加組織が枠を越えて、厳選した指標に沿って一貫してデータ収集と結果測定を行うことにより、すべての取り組みの整合性が維持されるだけでなく、参加者同士が説明責任を果たし、互いの成功や失敗から学び合うことも可能になる。

　何百もの多様な組織を同じ測定基準で評価することなど不可能だと思うかもしれない。しかし近年では、インターネット技術の進歩のおかげで、パフォーマンスの報告や成果の測定を行う共通のシステムが利用できるようになった。こうしたシステムは効率を改善し、コストを削減する。さらに、収集したデータの質や信頼性の改善、助成金を受けた団体が互いのパフォーマンスから学び合うことによる活動の有効性向上、活動領域全体の進捗状況の記録も可能になる[2]。

　たとえばストライブの場合、すべての未就学児向けプログラムが、同じ基準で成果を測定し、必ずエビデンスに基づいた決定をするということに合意済みである。活動の種類によって測定内容は異なるが、同じ種類の活動に従事する組織はすべて、同じ測定基準で報告する。多様な組織を並べて成果を検証することにより、参加者は問題のパターンを突き止め、解決策を見出し、それを迅速に実行できる。その結果、未就学児向けプログラムでは、義務教育に上がる前の夏休みに子どもの退行現象が見られることがわかった。そこで、通常はミドルスクール（中学校）向けに行われる画期的な「サマーブリッジ」*という手法を導入し、すべての未就学児向けプログラムで一斉に実行したところ、義務教育に上

> すべての参加者に同じ行動を求めるのではなく、他の参加者のアクションへの支援や連携において、各自が得意とする活動を行うよう奨励する

*　サマーブリッジ：新学年が始まる直前の夏に行う、さまざまな学習機会の提供プログラム

がる準備具合を示すスコアの平均値が、1年の
うちに地域全体で平均10パーセント上昇した
のである[3]。

❸ 相互に補強し合う取り組み

コレクティブ・インパクトの取り組みは多様
な関係者の協働で成り立つが、これはすべての
参加者に同じ行動を求めることによってではなく、
他の参加者のアクションへの支援や連携におい
て、各自が得意とする活動を行うよう奨励する
ことによって実現するものだ。

集合的なアクションの威力は、参加者の多さ
や取り組みの均質性からではなく、相互に補強
し合う行動計画を通じて多様な活動が連携して
いくことによって生まれる。全体の取り組みを成
功させるためには、それぞれの利害関係者の取
り組みが包括的な計画に沿っていなければなら
ない。社会課題には多様な原因があり、それだ
け解決策の構成要素も多様になるのだ。このよ
うな状況には、個別の組織によるばらばらなア
クションでは対処できないのである。

エリザベス・リバー・プロジェクトの場合、す
べての参加者が18項目の流域回復計画に合
意しているが、各自が特有の能力に基づいて、
それぞれに違った役割を果たしている。あるグ
ループは、一般市民の草の根的な支援と参加
を生み出すことに力を入れる。2つ目のグルー
プは、汚染抑制に取り組もうと産業界から自発
的に参加した企業向けに、相互評価や人材確
保の面で協力する。3つ目のグループは、科学
的調査の調整やレビューを行う、という具合だ。

ストライブの15のSSNは、一連の教育分野
においてそれぞれ異なる範囲で、異なる種類の
活動を行っている。ストライブは、300の参加
組織の1つ1つにやり方を指図するわけではな
い。各組織やネットワークは、共通のアジェン
ダに沿って自由に自身の針路を決めることがで

きるうえ、成果に関しては共通の測定システム
によって把握できるのだ。

❹ 継続的なコミュニケーション

非営利団体、企業、政府機関の間に信頼を
構築することは、至難の業である。それぞれの
多様な取り組みの背後にある共通の動機を認識
して評価できるように、参加者は数年がかりで
定期的にミーティングを重ねることを通して、互
いを知る時間を十分に持つ必要がある。自分の
利益が正当に扱われていることや、ある組織の
優先事項を他よりも優遇しないように、客観的
なエビデンスや考えうる最善の解決策に基づい
て意思決定が行われるということを、皆が納得
するための時間が必要だ。

共通用語を作成するだけでも時間がかかるが、
これは共通の測定システムを開発するために欠
かせない前提条件である。私たちが研究したコ
レクティブ・インパクトの取り組みではすべて、
各組織のCEOクラスのリーダーが、毎月、場
合によっては隔週で本人参加の会合を開いてい
た。欠席や部下の代理参加は許されない。大
半の会合は、外部ファシリテーターの支援を受
けて、きちんと設計された議題と対話形式に沿っ
て進められた。

たとえばストライブのネットワークでは、3年
以上にわたり定期的な会合が開かれ、その合
間にもコミュニケーションが交わされていた。ス
トライブはGoogleグループなどのオンライン
ツールを使って、ネットワークの内外でコミュニ
ケーションが円滑になされるようにした。当初は、
自らの組織への提供資金が増えるのではないか
と期待して会合に出席するリーダーも多かった
が、彼らはすぐに、会合の目的はそうではない
ことを理解した。そして、課題に関する深い知
識と情熱を共有する者が集い、共に学び共に課
題を解決することの意義を見出したのである。

❺ 活動をサポートするバックボーン組織

　コレクティブ・インパクトを生み出しマネジメントしていくためには、イニシアチブ全体の支柱（バックボーン）となるためのきわめて特殊なスキルセットを持つ、独立した組織とスタッフが必要である。ネットワークの調整は時間のかかる作業であり、参加組織のどれかが引き受けられるものではない。サポート構造がなくてもコラボレーションを実現できるだろうと期待することは、最もよく見られる失敗原因の1つである。

　バックボーン組織には、参加組織とは異なる立場で、取り組み全体の計画、マネジメント、支援に注力する専任スタッフが必要だ。その仕事は、継続的なファシリテーション、技術面とコミュニケーションの支援、データの収集と報告、ロジスティクスや運営面の無数の細かい事柄への対応など、取り組みが円滑に進行するために必要な役割を果たすことだ。ストライブは、バックボーン組織の最初のスタッフ要件として簡潔に3つの役割を定めた。それはプロジェクトマネジャー、データマネジャー、ファシリテーターである。

　コレクティブ・インパクトには、有効な意思決定につながる高度に構造化されたプロセスも必要だ。たとえば、ストライブのスタッフはゼネラル・エレクトリック（GE）と協力して、GEが自社の持続的な品質改善に用いている「シックスシグマ」の手法をソーシャルセクターに取り入れた。ストライブにおけるシックスシグマのプロセスには、各 SSN が共通のアジェンダ、共通の測定基準、行動計画を定義する際に使用するトレーニングやツールやリソースが盛り込まれており、ストライブのファシリテーターが指南役として同プロセスを支援している。

　最高の条件が整うと、こうしたバックボーン組織はいわば「アダプティブ・リーダーシップ」の原則を体現する存在になる。すなわち、人々の関心を一点に集めて切迫感を生み出すことができ、関係者を圧倒しない程度にプレッシャーをかけ、困難と合わせて機会も示すような形で課題の枠組みをつくり、関係者間の対立を仲裁する力を持つようになるのだ。

コレクティブ・インパクトへの資金提供者の役割

　コレクティブ・インパクトを成功させるためには、多額の投資が必要だ。具体的には、参加組織がその活動に費やす時間、共通の測定システムの開発とモニタリングにかかる労力、継続的な活動をリードして支援するバックボーン組織の人材確保が必要となる。

　ストライブのように成功している取り組みでも、資金提供者がインフラへの支出を渋ったり、短期的な解決策を好んだりしたために、資金調達には苦労してきた。コレクティブ・インパクトに求められる資金提供者は、事前にいかなる特定の解決策にもこだわることなく、社会変化に向けた長期的なプロセスを支援する。そして、社会変化は1つの組織の1つのブレークスルーだけでなく、システム全体が長い時間をかけて徐々に改善していくことを通して実現できるのだと心得て、助成先に活動の舵取りを委ねる意志と、数年がかりで取り組みを支える忍耐力を持たなければならない。

　そのためには、資金提供者が自らの役割を根本から見直す必要がある。組織に資金を提供する役割から、社会変化の長期的プロセスを主導する役割へと変わるのだ。ある1つの非営利団体が生み出した画期的な解決策に資金を提供したり、その組織の能力開発を支援したりす

> 資金提供者が自らの役割を根本から見直す必要がある。組織に出資する役割から、社会変化の長期的プロセスを主導する役割へと変わるのだ

るだけでは、もはや不十分である。そうではなく、セクター横断的な連携が生まれて発展していくように、集合的なプロセス、測定結果の報告システム、コミュニティのリーダーシップを創出し、維持することを支援しなければならない。

こうした変化の到来について、私たちは前述の「大胆なリーダーシップ」と、その後『スタンフォード・ソーシャルイノベーション・レビュー』2009年秋号に寄稿した「カタリストとしてのフィランソロピー」（未訳／Catalytic Philanthropy）の両方で予見している。前者の論文では、適応課題に対処する際に資金提供者が担う最も強力な役割は、課題に関心を集中させることと、関係する各組織を動かして、彼ら自身が解決策を見出していくようなプロセスを生み出す支援をすることだと指摘した。そして「カタリストとしてのフィランソロピー」の論文では、「利害関係者を動員して調整することは、ある1つの組織の説得力のある助成金申請に対して資金を提供することよりも、はるかに煩雑で進捗の遅い作業である。しかしシステム的な変化の成否は、究極的には、課題に関わる社会領域全体の能力と連携を向上させるような活動を持続できるかどうかが左右する」と指摘した。大規模な変化を望む資金提供者に対し、私たちは4つの行動を実践することを提案した。その行動とは、解決策の構成要素を取りまとめる役割を担うこと、変化へのムーブメントを生み出すこと、非営利セクター以外からの解決策を取り込むこと、そして人々の振る舞いに影響を与えパフォーマンスを向上させるような、実践的な知識を活用することだ。

> 年間予算が多くないバックボーン組織でも、数百の組織によるコレクティブ・インパクトを支援して、それらの組織に既に提供されている数百万ドル、場合によっては数十億ドルの資金のインパクトを強めることができるのだ

この4つの原則はコレクティブ・インパクトのイニシアチブにも当てはまる。ストライブの運営者たちは、教育分野の非営利団体が行う特定のプログラムに資金を提供するという従来のアプローチを捨てて、教育改革を推進する責任を自らに課した。彼らは共通の目標を掲げて何百もの組織に働きかけることにより、ムーブメントを確立した。そしてGEのシックスシグマの計画プロセスをソーシャルセクターに適用するなど、非営利セクター以外で使われていたツールを活用した。また、コミュニティの報告カードとSSNの隔週ミーティングを通して、コミュニティを刺激し参加者のパフォーマンスを改善するための実践的な知恵を編み出したのである。

コレクティブ・インパクトへの資金提供はそれなりの規模にならざるをえないが、レバレッジの効いた投資になりうるだろう。年間予算が多くないバックボーン組織でも、数百の組織によるコレクティブ・インパクトを支援して、それらの組織に既に提供されている数百万ドル、場合によっては数十億ドルの資金のインパクトを強めることができるのだ。たとえばストライブ自体の年間予算は150万ドルだが、合計予算が70億ドルに達する各組織の取り組みを調整し、その有効性を高めている。ところがソーシャルセクターの資金提供の慣行は依然として、コレクティブ・インパクトに移行するために必要な変化を実現できていない。資金提供者たちがこの新しいアプローチを受け入れて、各組織の協調的な活動を可能にするファシリテーション、調整、測定に十分なリソースを投じる意志を持たない限り、必要なインフラは発達しないだろう。

未来の衝撃

資金提供者、非営利団体、行政職員、市民のリーダー、企業幹部たちがコレクティブ・イン

パクトを受け入れたとしたら、社会変化はどのようなものになるだろうか。最近のストライブでの出来事は、その可能性を示唆する心躍るものだ。

ストライブは、他のコミュニティがより迅速にコレクティブ・インパクトを達成できるように、彼らが学んだ事柄を体系化する作業に着手した。現在は他の9つのコミュニティと協力して、ストライブが構築したものと同じように、若者の「ゆりかごから就職まで」を改善する取り組みの構築を目指している[4]。ここで重要なのは、ストライブのインパクトは全国レベルに拡大しているものの、ストライブ自体は他の都市に支部をつくらず、運営規模を広げていないということだ。その代わりにストライブが広げているのは、変化を起こすための柔軟なプロセスである。ストライブの経験を踏まえつつ、地域ごとのニーズやリソースに沿って調整できるような、コレクティブ・インパクト実現のためのツールセットを各地のコミュニティに提供しているのだ。こうすることで、新しいコミュニティが自分たちが携わるコレクティブ・インパクトの取り組みに本当の当事者意識を持つことができ、しかもこのプロセスをゼロから始める必要がなくなる。教育を集合的に改革するためのミッションやビジョンの策定、あるいは具体的なコミュニティレベルの教育指標の作成といった作業は、ストライブの資料やスタッフによる支援を活用することで加速する。ストライブが数年がかりで開発したプロセスが、それよりもはるかに短い期間で他のコミュニティによって現場に即した形で使用されているのである。

これら9つのコミュニティと本部のあるシンシナティは、各活動の代表者が定期的に接触して学びを共有する実践コミュニティを形成している。コミュニティの数と多様性のおかげで、ストライブとそのパートナーは、どれが普遍性のある

プロセスで、どれが各地の状況に合わせた調整が必要なものなのかを迅速に判断できる。今後は学びの蓄積に合わせて、新しく発見された知見をストライブのスタッフがオンラインの知識共有ポータルに取り込んでいき、ストライブ式のコレクティブ・インパクトに取り組もうとするすべてのコミュニティが利用できるようになる見込みだ。

ストライブのコレクティブ・インパクトの取り組みが見せる心躍る展開は、現在のソーシャルセクターでは主流のアイソレーテッド・インパクト——包括的で大規模な変化を目指す取り組みを阻害するアプローチ——とはまったくの別物である。うまくいけばこのストライブの取り組みは、今日の最も深刻な社会課題を私たちが既に持っている身近なリソースで解決できるような、新しいアプローチが広がる前触れになる。もしそうなれば、システム全体に衝撃が走るだろう。しかしこれは、社会から本当に必要とされているショック療法なのである。

1 グレーター・シンシナティ財団のCEOであるキャシー・マーチャントへのインタビュー、2010年4月10日.

2 Mark Kramer, Marcie Parkhurst, and Lalitha Vaidyanathan, *Breakthroughs in Shared Measurement and Social Impact*, FSG Social Impact Advisors, 2009. を参照.

3 "Successful Starts," United Way of Greater Cincinnati, second edition, fall 2009.

4 ストライブの教育改革プロセスを最初に実行したのは, インディアナ州インディアナポリス, テキサス州ヒューストン, バージニア州リッチモンド, そしてカリフォルニア州ヘイワードの4コミュニティである. また, オレゴン州ポートランド, カリフォルニア州フレズノ, アリゾナ州メサ, ニューメキシコ州アルバカーキ, テネシー州メンフィスが取り組みを開始したところである.

日本の「社会の変え方」を
どう変えていくか

Stanford SOCIAL INNOVATION Review Japan

デザイン思考、システムリーダーシップ、Bコーポレーション、インパクト投資、そしてコレクティブ・インパクト……本書では、さまざまな「社会を変える」ための方法論や概念を語る論文を紹介してきた。

それでは、世界中で見出されてきたこれらの知見を生かし、これからの日本においてはどのようにソーシャルイノベーションを実践していけるのだろうか。

イノベーション研究の第一人者である経営学者の入山章栄氏と、さまざまなビジネス現場での豊富な知見を持ちNPOの理事も務める篠田真貴子氏を招き、本書の各論文のテーマと紐付けながら語り合ってもらった。

語られた数々の国内事例から見える、日本におけるソーシャルイノベーションの課題と可能性とは──。

篠田真貴子 [しのだ・まきこ]

エール株式会社取締役
慶應義塾大学経済学部卒業、米ペンシルバニア大ウォートン校MBA、ジョンズ・ホプキンス大国際関係論修士。日本長期信用銀行、マッキンゼー、ノバルティス、ネスレを経て、2008年10月にほぼ日（旧・東京糸井重里事務所）に入社。同年12月から2018年11月まで同社取締役CFO。1年間のジョブレス期間を経て、エール株式会社の取締役に就任。監訳書に『LISTEN──知性豊かで創造力がある人になれる』（日経BP）、『ALLIANCE アライアンス──人と企業が信頼で結ばれる新しい雇用』（ダイヤモンド社）。

入山章栄 [いりやま・あきえ]

早稲田大学大学院経営管理研究科（ビジネススクール）教授
慶應義塾大学経済学部卒業、同大学院経済学研究科修士課程修了。三菱総合研究所で主に自動車メーカー・国内外政府機関への調査・コンサルティング業務に従事した後、2008年に米ピッツバーグ大学経営大学院よりPh.D.を取得。同年より米ニューヨーク州立大学バッファロー校ビジネススクール助教授。2013年より早稲田大学ビジネススクール准教授。2019年から現職。近著に『世界標準の経営理論』（ダイヤモンド社）。

● 聞き手：井上英之（SSIR Japan）
　文：やつづかえり
　写真：和田剛

「1人のための解決策」が
「みんなの利益」になる

入山：この本に収録された論文を通して学べる
のは、「ソーシャルイノベーションで大事なのは
社会的インパクト」だということですよね。営
利企業にとってのインパクトが「売上」だと考
えると、会社の大きさとインパクトの大きさがほ
ぼ比例します。でも、ソーシャルイノベーション
に関しては、「自分たちが単体で大きな成果を
出すべき」というものではない。同じ方向に向
かう動きが色々なところで起きて、最終的に世
の中全体に対するインパクトが大きくなればよい
わけです。

── 今回、SSIR の過去の記事の中から 10 本
を厳選して掲載しました。その総まとめとして
最後を飾るのが「10 コレクティブ・インパク
ト──個別の努力を越えて、今こそ新しい未来
をつくり出す」という論文です。各個人や組織
が個別（アイソレーテッド）にではなく、いかに集
合的（コレクティブ）にインパクトを生み出すか
という内容で、まさに入山さんがおっしゃった内
容に通じます。

集合的なインパクトの大きさをどうやって高
めるか、その 1 つの解答が「07 社会を動かす
カーブカット効果──マイノリティへの小さな解
決策から生まれる大きな変化」という論文に示
されています。この論文は、ある夜にこっそり、
歩道の縁石（カーブ）にある段差に市民がゲリ
ラ的にセメントを流し込んで、車椅子ユーザー
が通れるように傾斜をつくってしまったエピソー
ドから始まります。するとこの取り組みは、車椅
子ユーザーだけではなく誰にとっても使いやすい
ことがわかり、全国に広がっていきました。この
ことを、この論文は「カーブカット効果」と呼
んでいます。

篠田：これを読んで思い出したのが、ある大手企業の労働組合の方に伺ったお話です。コロナ禍で学校が休校になって「家で子どもを見ながら働くのが大変」という社員の声を受け、勤務時間中に仕事から離れて子育てに専念できる、「中抜け」タイムを持てる制度を会社に提案したそうです。

そのとき、「子どものいる社員だけが中抜けを許されるのはフェアじゃない」という話が出て、「だったら全員オッケーにしよう」ということになったんですね。在宅勤務の全社員にこのルールを適用したら、とても働きやすくなって子育て中の社員以外にも大変喜ばれた、というのです。これがまさにカーブカット効果ですよね。最初はマイノリティのために問題提起がなされるのだけれど、その課題解決が実はマジョリティのためにもなるという。

—— そうです。この論文では、「特定のマイノリティにフォーカスした政策は不公平だ」というゼロサムゲームの見方は思い込みで、実際はみんなのためになるし、経済的な効果も大きいのだと書かれています。これは、富裕層がより豊かになれば社会全体に富が広がっていくという「トリクルダウン説」とは逆の主張です。マイノリティや貧しい人を助けないで、どうやって社会全体が豊かになるのか、と問いかけています。トリクルダウン説を唱える政治家や、特定のマイノリティの困りごとをなんとかしたいという想いからスタートしているNPOの人たちにも、ぜひ読んでいただきたいですね。

入山：同性婚をめぐる問題もそうですね。同性婚と夫婦別姓は別々に議論されていますが、同性婚には「夫婦の姓をどうするのか」という課題も含まれています。同性婚をめぐる問題を解決することで、制度疲労を起こしている結婚制度全体へのインパクトも生まれるはずです。

—— そうですね。現状、世界が行き詰まっている感覚があるのは、選択肢がないように見えるからだと思います。いま、カーブカット効果の話をもとに、おふたりからいくつかの具体例が出てきました。このように「ある場所ではこんなことが起きている」「別の産業ではこういうアイデアがある」という議論が盛んになると、選択肢が増えたり新しい選択肢をつくるヒントが得られたりしますよね。

売上減少なのに出店？

—— 新しい選択肢といえば、「06 グローバル企業に広がるBコーポレーション——資本主義を再構築する新たなツール」という論文で、企業の選択肢として世界で広がっている「ベネフィット・コーポレーション（Bコーポレーション）」が紹介されています。これは、株主だけではなくすべてのステークホルダーの利益に貢献する企業を認証する制度です。

入山：日本にはBコーポレーション的な組織が

Stanford SOCIAL INNOVATION Review Japan

すでにあると思っています。たとえばいま私が理事として関わっている「生活協同組合コープさっぽろ」は、ほぼBコーポレーションですよ。

生協は地域の組合員（利用者）が出資して運営します。つまり、地域に暮らす生協利用者は株主でもあるので、組織による地域社会に対するコミットメントが自然に生まれるんですよね。理事会に上がってくる出店計画を見ると、やがて売上が減少していく予測が書かれていることすらあります。そんな計画は一般企業では見たことがありません。「どういうことですか？」と聞くと、「ここは限界集落だから、他の大手小売チェーンは進出しない。我々が生命線だから店を出すんです」と。投資回収期間もものすごく長期視点です。

篠田：それは胆力が必要ですね。

入山：そうです。覚悟をもって取り組んでいます。ただ、コープさっぽろには店舗だけでなく宅配事業があります。北海道は人口減少が進んで独居老人も多い。そうなると、宅配の流通網をつくり上げてきた生協は非常に強いですよ。デジタル化もすごく進んでいて、お客様の声が全部データで報告されますし、財務情報の透明性も高い。理事長の大見英明さんは、「SDGsが出てくる前から、私たちはそういうことをやってきている」とおっしゃっていましたが、たしかにそうなんですよ。

——「グローバル企業に広がるBコーポレーション」という論文は、Bコーポレーションの重要性は認証そのものよりも、企業が認証を目指してさまざまな取り組みをする過程で社内が進化し、それが取引先や資金提供者など周囲のステークホルダーにもよい影響を生み出し、彼らの意識が変わることで市場も変化し、ついには社会が変わることにある、というメッセージになっています。入山さんはいま、Bコーポレーションという概念について考えることをきっかけに、日本の生協を違った視点で見ることができるのだ、と示されました。SSIR日本版を読んだ方たちの中で、まさにこういう会話が始まってほしいと思います。

「日本ならでは」の文脈に目を向ける

篠田：SSIRをきっかけに対話や議論が起こり、自分たちの選択肢を見出していくのは素晴らしいことです。ただ、これらの論文が書かれた国と日本とのコンテクストの違いには、気をつけなければいけないと感じます。

たとえば「08 投資の可能性を拓く——社会的インパクトと利益のトレードオフからどう脱却するか」を日本企業の人が読んだとき、勘違いしてしまうことがあるかもしれません。

—— この論文は、投資において社会的インパクトと経済的リターンは「トレードオフで両立しない」「そんなことはない、両立するものだ！」という議論に一石を投じるものです。つまり、投資から得られる社会的インパクトと経済的リターンにはグラデーションのように連続するさまざまなパターンがあり、それらを丁寧に検討することで多様な選択肢を見つけることが可能になると提案しています。

篠田：アメリカは骨の髄まで株主資本主義が浸透しているように思えます。一般的な営利企業は、この論文にある「リターンの連続体」のフレームワーク（143ページ参照）で言うところのA1のレベル（市場で実証済みのビジネスモデルを持つ企業への、営利目的の投資）にあることを前提に議論

が始まっているんです。ですが日本では、株式会社でありながら実態はB1（市場に生み出すインパクトを重視して、低利益であっても絶対収益を期待する投資）やB2（市場に生み出すインパクトを重視して、元本割れさえしなければよしとする投資）である場合が少なくありません。

入山：そのような企業がこの論文を読んで、成果を追求せずに「自社はこれでいいんだ」と勘違いしてしまう懸念はありますね。

篠田：そうなんです。本気で社会的インパクトを出そうとすれば、それはそれでとても厳しいことが要求されるはずなんですよ。でも最近は、営利を追求するはずの企業がESGやSDGsを掲げることで、きちんと利益を出せていないことの隠れ蓑にしている雰囲気を感じます。

—— この論文でも、「低利益許容型の投資が実質的には補助金として機能し、市場を歪める可能性」が言及されています。

篠田：日本の場合、国内産業や企業を守るための規制が市場を歪めている例がたくさんあります。

入山：政府のやっていることが、既得権益層を甘やかしてプラスの結果を生んでいないということですか。

篠田：アメリカには、政府が何もしないからソーシャルセクターが発展してきたという歴史があります。日本は逆で、この70年来ずっと、政府の規制によって社会課題を解決しようとしてきているんですよね。だから民間からのソーシャルイノ

ベーションが生まれづらいのだと感じます。

入山：「みやじ豚*」の例を考えてみると、農産物の流通が制度疲労を起こしているのに政府に守られていて変わらない、という現状があったからこそのイノベーションなんですよね。そう考えると、日本特有の文脈におけるソーシャルイノベーションの形がありそうです。

「困っているに違いない」という思い込みから脱しよう

篠田：政府による規制も、最初はその時代の社会にとっては正しいことを実現しようとして行われてきたわけですよね。問題は、時代が変わったいま、それが社会的インパクトを生み出していないものも少なくないことなんです。

—— 本書の最初の論文である「01 ソーシャルイノベーションの再発見——誰が未来をつくるのか」は、ソーシャルイノベーションとはアウトカム（成果）だけを指すのではなく、そのアウトカムをどんなやり方で生み出すのかという「プロセス」のことでもあると伝えています。

そして、そのプロセスにおいては「クロスセクター」を重視しています。つまり、政府と民間や、企業セクターと非営利セクターが互いに役割を再定義してやり方を学び合うことで、大きな社

＊ 株式会社みやじ豚（神奈川県藤沢市）：一般的な養豚農家が一次問屋に豚を買い取ってもらいその後の流通にはタッチしないのに対し、自社生産のブランド豚「みやじ豚」をレストランなどに産地直送で販売するビジネスモデルを確立した。代表取締役社長 宮治勇輔氏はDIAMONDハーバード・ビジネス・レビュー「未来をつくるU-40経営者20人」に選出

会的インパクトが実現する、というメッセージです。ただ単にプロセスを重視するだけでは「いいことをやってるんだから、いいでしょ」と成果を追求しなくなってしまう危険もあります。ですが、アウトカムを意識して生まれたよいプロセスは、やはり結果としてシステム変化を伴うアウトカムを生み出すものなんです。

篠田：再現性ですよね。たまたま運が良くてインパクトが出たということではなく、10年も20年もインパクトを出し続けることができているのだとしたら、その背景にはこれこれこういうよいプロセスがある——そういう論理的一貫性が大事ですね。

入山：みやじ豚という事業が生まれた後には、他社からも、生産者と飲食店を直接つなぐ「SEND」や、消費者が生産者から直接購入できる「食べチョク」などのプラットフォームが生まれてきました。みやじ豚が始めた「既存の流通システムから脱する」というプロセスに、再現性があったということですよね。

—— そのようなプロセスを考えるうえで有効なのが、デザイン思考です。「09 デザイン思考×ソーシャルイノベーション——善意を空回りさせず、成果を生み出す方法」は、SSIRの中でも非常に反響の大きかった論文です。

篠田：デザイン思考は、ビジネスの現場で大いに注目されましたね。私もワークショップに参加したことがあります。

—— この論文の冒頭では、住民に清潔な水を提供するために浄水施設をつくったものの、実際に水を持ち運ぶ人たちの目線を反映できていないデザインをしてしまったために、結局は不衛生な井戸水が使われ続けてしまったというインドの事例が語られています。このエピソードは、デザイン思考とソーシャルイノベーションは非常に相性がいいことを、鮮明に示しています。ソーシャルセクターでは、「人間中心」を掲げていても、実際にはそれを手法レベルまで落とし込めておらず、一生懸命やっているけれど細かなところまで手が届いていないことがあります。その点をデザイン思考によって具体的に改善できるのではないか、というのがこの論文の趣旨です。

篠田：たしかにデザイン思考のようなプロセスがないと、せっかく想いを持って始めたことも、ただの身勝手になりかねませんね。「かわいそう」とか「困っているんでしょう？」と勝手に考えているだけであったり、目についたところだけをなんとかしようとして他に不具合が発生したり。
　熱い心はとても大事ですが、それと同時に、冷静に相手の話を聞いて丁寧に観察することも必要です。一生懸命やっていれば誰かが見てくれているわけではなくて、インパクトを出して初めて気づいてもらえるものですよね。だから「どうやってやるのか」がとても大事だと感じます。

入山：「利用者視点のデザインをする」というプロセスがないと、成果につながらないということですよね。

篠田：「困っているに違いない問題」は根深い

ですよ。相手に話を聞かないと、「困っているのはそこじゃない」ということになりがちです。

入山：「意外と困っていなかった」「よいものを作ったつもりなのに使ってもらえなかった」ということが、往々にしてありますよね。

「支援者自身」が変わる準備はできているか

──「困っているに違いない問題」というのは、支援する側の思い込みに終始して、問題の一面しか捉えていないという「視点」の問題ですね。それはシステムリーダーシップの話にもつながります。「02 システムリーダーシップの夜明け──変化を起こすのではなく、変化が生まれるように導く」という論文は、貧困で苦しんでいるように見える人たちのことを、自分がどんなフィルターを通して見ているのか、それを知ることなしには成果を出せないと説いています。自分自身のものの見方も含めた「システム全体」を見ることができるリーダーが必要だということです。

篠田：そこに、ソーシャルセクターにおけるガバナンスの難しさがあると思います。営利企業の場合は自己利益に走りすぎることが問題になりますが、ソーシャルセクターの場合は自分が「いい人」になろうとしすぎることが問題になるわけです。その結果、相手にいつまでも「かわいそうな人」であることを求めてしまうパラドックスが生まれる可能性もあります。

入山：うまくいっているNPOは、そこに自覚的なのでしょう。

篠田：支援をしようとしている対象から学び、支援をする自分自身

＊　ビル＆メリンダ・ゲイツ夫妻：この対談は、2021年5月の離婚報道の前に行われている

が変わることにオープンである場合に、うまくいくのだと思うのです。

そのことを強烈に感じたのは、メリンダ・ゲイツさんの本『いま、翔び立つとき──女性をエンパワーすれば世界が変わる』（光文社）を読んだときです。彼女は世界有数のフィランソロピストで、ビル＆メリンダ・ゲイツ財団を通じて開発途上国の女性の地位向上のためにさまざまな活動をしています。夫＊のビルさんがロジカルにものごとを決めてどんどん進めていくのに対し、カトリックのメリンダさんは現場でホームステイをし、一緒に水汲みなどを手伝いながら、ものすごくたくさんの人々の話を聴いているんです。

本当につらい状況の中にいる女性たちが、ゲイツ財団の支援を通じて人間としての尊厳を取り戻し、立ち上がっていく──そんな姿をたくさん見てきたメリンダさんは、自分も彼女たちと同じように自己変容しないと、本当の意味で手を差し伸べることはできないと感じ始めたそうです。「彼女たちと比べて、自分はなんて人間として安楽なんだろう」と思い至り、それがビルさんとの関係の見直しにつながっていくんです。

かつて、財団の年次報告書の巻頭言はビルさんが執筆していたのですが、メリンダさんが「途上国の女性の問題は私のイシューだ」と主張し、2人が大喧嘩した末に、夫妻が共同で執筆する形に変わりました。妻として従っていたメリンダさんが夫に立ち向かい、何年も粘って関係性を変えたわけです。

入山：そうだったんですか。

篠田：システム思考という表現だと抽象度が高いですが、要は「自分もシステムの一部として影響を受ける」ということなんですよね。そのことに対してオープンでいないと、既存のシステムに囚われたままで、それを変えることはできない

Stanford SOCIAL INNOVATION Review/Japan

でしょう。それによって、効果的な支援から遠ざかってしまう可能性もあります。

—— 自分もシステムの一部であると自覚することに加えて、システムリーダーシップにはもう1つのポイントがあります。それは、「周囲の人に働きかけ、相手がシステム全体を見渡せ、自身もシステムの一部であることを自覚できるようにすること」です。篠田さんのお話で言うと、メリンダさんの働きかけによってビルさんの視点を変化させたことも重要だと感じます。

異質な人との困難な対話を、どう乗り越えるのか

—— 10本の論文の締めくくりが「コレクティブ・インパクト」です。最初に入山さんがおっしゃった、「ソーシャルイノベーションは単体ではなく集合的（コレクティブ）なアプローチで結果を出すものである」というお話です。

入山：ここまでお話をしていて感じたのが、コレクティブ・インパクトの鍵は「対話」だということです。世の中には、同じゴールを目指しているのに別々に動いているケースがたくさんありますよね。インパクトを大きくするには協働が欠かせないですし、それを可能にするのが対話と理解です。
　たとえば霞が関を見ると、経産省、金融庁、文科省、環境省、国交省がそれぞれ個別にSDGsに取り組んでいます。大きなインパクトを生み出すには、これまで以上に省庁の枠を越えた対話が必要だと感じます。

篠田：霞が関だからとか日本だからということではなく、人間の性質なんでしょうね。人は「私が考えたこと」を大事にしたくなってしまうもの

じゃないでしょうか。他の人が似たようなことをやっていても「一緒にやりましょう」というよりは、つい違いに注目して「ここが私のやり方と違う」と捉えてしまいがちです。

入山：それで、流派のようなものができていくんですよね。

篠田：本当は同じ方向を向いているかもしれないのに、組織や役割が違うと文脈がずれ、視点がずれるので、そのことに気づけないのかもしれません。
　コーポレート・ガバナンスがご専門の伊藤邦雄さんがおっしゃっていてとても印象に残っているのが、「対話と会話は違う」ということです。「会話」は価値観が共通する者どうしで行うもの、「対話」は価値観がずれているかもしれない相手と行うものなんだと。経営者と社員は文脈が違うし、会社と株主も文脈が違う。この文脈の違う者どうしの対話が、日本の企業経営者は得意でないことが多いというお話をされていたのを思い出しました。

入山：それはダイバーシティの話にも通じますね。僕がダイバーシティについての講演でよく言うのは、「ダイバーシティがあると会議が揉めます」ということです。多様な人がいるんだから、当然です。たとえば、いままでは同質的な男性たちが集まってすぐに全会一致で決まっていた会議も、多様な人が入ってくることで「ちょっと違うかも」と言い出す人が出てきますから。

篠田：海外の大手機関投資家の方が講演の中でおっしゃっていたのも、そういうことでした。ただメンバーの属性が多様であるだけでは意味がなくて、多様な人たちをちゃんとインクルージョンできているかどうかを見なければいけない。

それを測る KPI の 1 つが「取締役会の長さ」で、以前よりも長くなっていればインクルージョンの観点から意味がある、ということでした。

入山：よくわかります。多様な人が集まった取締役会が 1 時間で終わるなんてあり得ないですから。僕が入っているところなんて 4 時間はかかりますよ。そのときに重要なのが「心理的安全性」ですよね。違う価値観を持つ人どうしが相互に理解し合うためには、安心してなんでも言える場が必要です。

　いま、日本の企業で一番変わらなきゃいけないのは管理職だと思います。「管理する仕事」は、今後 AI が全部担うようになるでしょう。その代わりに、管理職は「ファシリテーター」にならなければいけません。ファシリテーターの役割で重要だと思うのは「自分がしゃべらないこと」です。

　僕もファシリテーターをすることはしょっちゅうあるのですが、他の人が話しているのを聞いていると、正直僕の価値観には合わないと感じる意見も出てきます。でも、「それは違う」と言いたい気持ちをグッと抑えて「なるほど！」って言うんですよ（笑）。

　この「なるほど」というのは素晴らしい日本語で、僕の賛否にかかわらず、相手は嬉しくなってどんどんしゃべってくれます。僕のファシリテーションは「なるほど！ 何々さんはどう思う？」と聞いて、その答えにまた「なるほど！」って返してるだけなんですけど、それだけですごくいい感じになるんですよ。

篠田：それはいいですね。これはあくまで私が知っている範囲での話ですが、大企業の部長になられた方に「何がつらいか」と聞くと、かなりの確率で「部下の目線が低くて困る」とおっしゃるんです。これは、部長という役職になったときに頭ひとつ抜けることで、周囲との差をより強く

感じるようになるからではないでしょうか。

　管理職になる方が多様な人たちとの対話に慣れていない場合、視座の違う相手と理解し合うことにも難しさを感じるでしょう。このような違いは社外から見ればささいな異質性に思えますが、その小さな違いにもうまく対応できないという状況が生まれているのかもしれません。

── 視座の違いもダイバーシティの 1 つであり、役職が上がるとその違いに直面しやすいのかもしれませんね。先ほど、日本の経営層は異質な者どうしの「対話」が苦手だという話がありました。「部下の目線が低くて困る」という悩みを持つということは、異なる目線を認めるのではなく、相手に自分と同じ目線の高さを求めている、つまり異質性よりも同質性に価値を置きすぎているということなのでしょうか。

入山：同質性を尊重しようとすればするほど、ささいな違いが許容できなくなるのでしょう。

篠田：そうですね。これは、たとえば同じ学歴や似たようなバックグラウンドを持つ人たちとの交流が長い人ほど陥りやすい罠だと感じています。

　コレクティブ・インパクトを実現するためには価値観や文脈が違う人と「対話」して、理解していかなければならないわけです。そのときに、

意識の高い人どうしでわかり合える「会話」に慣れてしまっていると、実はその意識の高さは、視座の違いを許容できなくさせる弊害になってしまうかもしれませんね。

入山：これは大きな課題ですね。

ムーブメントは「自分が楽しむこと」から

—— 最後に、読者には SSIR をどのように使ってもらいたいか、おふたりの期待をお伺いします。

入山：最も重要なのは、「やっている自分たちが一番楽しい」という状態になることだと思うんです。ムーブメントというのは、そこから始まります。最初は 1 人しか踊っておらず、そこに 2 人目が加わった瞬間に、周りの人たちがワッと

寄ってきてみんなが踊り出す、という有名な動画があるでしょう。あれと同じで、何人かで楽しんでいると「何か面白いことをやってるな」とみんなが気づいて集まり出すんです。

SSIR も、まずはこのメディアのつくり手が「この本を作っていて、本当に楽しいよね。幸せだよね」という状態であることが大事だと思います。「世の中が変わってほしい」というところから入るんじゃなくて、「この誌面をつくるのが本当に楽しい」と、そう思えるコンテンツを提供していくことがすごく重要なんじゃないでしょうか。

—— 最初のお客さんは自分で、自分が面白くてついニヤニヤしちゃうようなことをやろうよ、ということですね？

篠田：本当にそう思いますね。間違いなくそれが出発点です。そうすると「何ニヤニヤしてる

の？」と話しかけてくる人が出てきます。「面白そうだから、一緒にやりたいです」みたいな話もあるかもしれない。そのときに、まずはお互いに話を聞き合うことが大事ですよね。お互いの「なんでニヤニヤしちゃうの？」というところを確かめ合うことが先で、どうやるかは二の次です。

入山：そうそう。まずはお互い何を考えているかの共有が大事ですよね。

篠田：話してみると、面白さを感じていたのは違うところだったと分かって「別々にやりましょう」となるかもしれないし、逆に「どうしてこの人が話しかけてきたんだろう」と思うような人と、すごく重なる部分が見つかるかもしれません。ここでお互いの話を聞き合えていると、その後がとてもやりやすいはずですよ。

入山：よい営業さんが何をしているかというと、ほとんど雑談なんですよ。いきなり「これ買ってください」と言っても買ってくれないじゃないですか。でも雑談をしていると、その人のことが分かってくるんです。そうしているうちに悩みや困りごとが見えてきて、「だったら、これがあり

ますよ」と商品やサービスを差し出すことができますから。

篠田：そうそう。対話といっても堅苦しいものではなくて、雑談でいいんです。ただ、SSIRのような題材があると本気の雑談がしやすいですよね。なにも材料がないところでいきなり自分の価値観を話せと言われても、なかなか言葉にしづらいものです。そういうときに、「これを一緒に読んで、感じることを自由に話してみよう」みたいなことができると、対話が始まります。そこで意見が違っても、「私とは全然違う読み解き方をしていて興味深い。もうちょっと教えて」みたいな形で深めていくことができます。

入山：「対話のきっかけにする」というのは面白いですね。ここに載っている論文を正解として学ぶのではなく、「反対意見でもいい。それぞれの考えを話してみよう」というのがいいですね。

篠田：これを読むことで自分の考えや想いを言葉にするきっかけが得られる、そんなメディアになるといいですね。

Stanford SOCIAL INNOVATION Review Japan

スタンフォード・ソーシャルイノベーション・レビュー 日本版

新しいコミュニティ

新しい自分と他者に出会い、行動し、
その経験からの学びを共有し、
ともに成長していくための対話が始まる場所。
それが SSIR-J コミュニティです。

出会う
Inspired

シェアする
Share

SSIR-J
Community

動く
Act

振り返る
Reflect

主語を「わたし」

いま、日本でも多様な背景を持つ人
たちが、それぞれの「わたし」が実現
したい社会のために行動を起こして
います。『スタンフォード・ソーシャル
イノベーション・レビュー 日本版』は、
「わたし」を主語にして「やってみる」
人の学びと実践を応援します。

SSIR日本版
2021年冬
創刊

スタンフォード大学内で2003年に生まれた雑誌とオンラインメディア。待ち望まれた日本語版をお届けします！

に戻す。

SSIR-Jについて
もっと知りたい方は
こちらをご覧ください！

▶ ssir-j.org

写真提供：iStock

これからの「社会の変え方」を、探しにいこう。

スタンフォード・ソーシャルイノベーション・レビュー ベストセレクション 10

発行日：2021 年 8 月 27 日　第 1 版　第 1 刷
　　　　2021 年 10 月 5 日　第 1 版　第 2 刷

共同発起人：井上英之　井上有紀　鈴木栄
SSIR-J チーム：中嶋愛　井土亜梨沙　瀬名波雅子

編集・プロモーション協力：原田英治　下田理　上村悠也　桑江リリー　石﨑優木　高野達成　田中三枝
　　　　　　　　　　　　　安村侑希子　平野貴裕　藤竹賢一郎　山下智也　鈴木美穂　山本有子
　　　　　　　　　　　　　渡邉吏佐子　中西さおり　関紀子　片山実咲　下村美来

デザイン：大森裕二

翻訳：田口未和　友納仁子　遠藤康子　森本伶　桑田由紀子
翻訳協力：株式会社アークコミュニケーションズ　株式会社トランネット

特別協力：入山章栄　篠田真貴子
執筆：やつづかえり
写真：和田剛

校正：株式会社ヴェリタ／山本菜花子

印刷：大日本印刷株式会社

Special Thanks：荒井淳佑　岩佐文夫　川上慎市郎　木下万暁　小泉愛子　小沼大地　小林立明
　　　　　　　　佐藤淳　須藤奈応　高槻大輔　千足容資　野村高文　原秀樹　番野智行
　　　　　　　　廣畑達也　福島沙世子　藤村隆　堀内勉　宮城治男　山崎繭加　Li Fan

発行：SSIR Japan［一般社団法人ソーシャル・インベストメント・パートナーズ］
　　　〒 150-0013　東京都渋谷区恵比寿 1-19-19　恵比寿ビジネスタワー 12F
　　　https://ssir-j.org/
発行人：鈴木栄

発売：英治出版株式会社
　　　〒 150-0022　東京都渋谷区恵比寿南 1-9-12　ピトレスクビル 4F
　　　電話　03-5773-0193
　　　FAX　03-5773-0194
　　　http://www.eijipress.co.jp/